只做好题
涉税服务实务

税务师职业资格考试辅导用书·基础进阶 全2册·上册

斯尔教育　组编

北京理工大学出版社
BEIJING INSTITUTE OF TECHNOLOGY PRESS

·北京·

图书在版编目（CIP）数据

只做好题.涉税服务实务 : 全2册 / 斯尔教育组编
. -- 北京 : 北京理工大学出版社, 2024.6
税务师职业资格考试辅导用书. 基础进阶
ISBN 978-7-5763-4122-5

Ⅰ.①只… Ⅱ.①斯… Ⅲ.①税收管理—中国—资格
考试—习题集 Ⅳ.①F810.42-44

中国国家版本馆CIP数据核字(2024)第110442号

| **责任编辑：** 时京京 | **文案编辑：** 时京京 |
| **责任校对：** 刘亚男 | **责任印制：** 边心超 |

出版发行 / 北京理工大学出版社有限责任公司

社　　址 / 北京市丰台区四合庄路6号

邮　　编 / 100070

电　　话 / （010）68944451（大众售后服务热线）
　　　　　　（010）68912824（大众售后服务热线）

网　　址 / http://www.bitpress.com.cn

版 印 次 / 2024年6月第1版第1次印刷

印　　刷 / 三河市中晟雅豪印务有限公司

开　　本 / 787mm×1092mm　1/16

印　　张 / 15.75

字　　数 / 406千字

定　　价 / 28.90元（全2册）

本篇文章是本习题集的使用指南。在正式开始做题之前，笔者将在此简单解答一些关于做题的问题，以帮助大家更高效、更有意义地做题。

第一，可不可以只听课不做题？

不可以。听课和复习，只是听懂和记住知识点的过程，但做题时需要将你记忆中的知识点用于解决问题。如果只听课不做题，你也许听懂了、记住了，但在考场看到题目时却会发现自己毫无头绪、感到无从下手。做题的过程实际上是将学习的知识点从记忆中调取并运用的一个过程。做题可以帮助我们加深对知识点的理解、把握考试中的考点、对学习中存在的薄弱部分进行复习，为我们后续的学习提供方向。

第二，"题海战术"有必要吗？

不推荐。税务师考试涉及的知识点非常细碎且深入，再多的题也很难做到全面覆盖。最行之有效的做法，是研究历年真题的特点、重点，摸清考试规律，如此才能以不变应万变。如果将同样的时间花在"题海战术"上，可能会导致复习无效，或者钻进偏题、难题、怪题的圈子，继而忽略了对于其他重要知识点的复习。本书题目以历年的经典真题为基础，经过筛选，并按照最新的教材内容进行了改编，是值得多次练习的好题。

第三，该怎么做题？

首先，在学习和复习的过程中，要以章节为单位学习并穿插习题训练。特别是在对知识点的复习和记忆产生厌倦情绪或者遇到"瓶颈期"的时候，你可以将做题作为"换项训练"的方式，找回自己学习的新鲜感和动力源。

其次，做题的时候一定要把题做透。很多同学做完一批题目后，就兴高采烈地对答案，打上大大的对错符号，匆匆看一下错题解析，草草得出结论：粗心、审题错误、没记住——然后就结束了。这远远未达到把题做透的效果。每当你做完一道题目，在还没有判断对错之前，就要先把你拿不准的、模棱两可的选项或是题目用荧光笔标记出来。无论对错，这些选项都属于你日后一定要总结和重温的"错题"；此外，针对这些"错题"，对答案仅仅是第一步，更重要的是以题为切入点，连带着复习相关知识点，这样，做的虽然只是一道题，但复习的是"一片题"，选项再怎样变换也不怕。

最后，即使做错一道题的原因真的是"粗心""审题不仔细"，我们也需要反思为何会出现此类低级错误。考场上扣分不看你做错的原因，因此，我们需要总结错误，帮助自己尽量少因此类原因而丢分。至此，这些题目才算真正发挥了它的价值。

若你对上述三个问题已经有了答案，那么相信你可以信心满满地翻开这本书了。本考季的"只做好题"，我们根据同学们的需求增加了题目数量，并且将每章的题目划分为"做经典""做新变"两个模块。"做经典"模块主要为历年考试中的高频考点，知识点覆盖面广，需要同学们全面掌握。"做新变"模块是根据官方教材新变化的知识点命制的新题目，由于税务师考试"考新考变"的特点，此模块需要同学们重点掌握。希望这本习题集能够在"取证"的道路上助你一臂之力。

·目　录·

第一章　导　论

一、单项选择题

1.1　税务师在提供涉税专业服务时，应独立行使专业服务权和履行自己的职责，不受税务机关控制，这体现了涉税专业服务的（　　）特点。

A. 公正性

B. 自愿性

C. 专业性

D. 独立性

1.2　下列表述中，体现涉税专业服务公正性特点的是（　　）。

A. 涉税专业服务行业与征纳双方没有任何利益冲突

B. 涉税专业服务签订合同时要符合双方共同的意愿

C. 涉税专业服务中双方均有选择的权利

D. 税务师利用专业知识进行合理职业判断，提供具有专业水准的服务

1.3　下列各项中，不能从事税收策划业务的是（　　）。

A. 税务咨询公司

B. 会计师事务所

C. 税务师事务所

D. 律师事务所

1.4　下列各项关于税务师执业的说法中错误的是（　　）。

A. 税务师从事纳税情况审查业务时，应从形式上保持独立

B. 税务师执业应依托于税务师事务所或其他涉税专业服务机构

C. 税务师执业应依法取得税务师职业资质证书

D. 税务师与委托人存在直接经济利益关系的，应请求回避

1.5　下列关于税务师职业道德的说法中正确的是（　　）。

A. 税务师可以私下联系税务师事务所拥有的客户资源，独立开展业务

B. 如果有理由相信相关因素对于独立性将产生不利影响，应当拒绝接受委托

C. 经委托人同意后，可以将委托人所托事务转托他人办理

D. 税务师事务所可以为委托人进行纳税筹划，帮助委托人少缴税款

1.6 甲公司委托 ABC 税务师事务所的税务师陈某为其 2023 年度企业所得税汇算清缴进行鉴证，在陈某要求甲公司提供相关银行贷款合同时，甲公司拒不提供贷款合同，经过多次沟通后甲公司提供了一份虚假伪造的贷款合同。关于税务师陈某的下列说法中正确的是（ ）。

    A. 应照常出具报告

    B. 应拒绝出具报告并终止服务

    C. 应照常出具报告并在报告中注明此事项

    D. 应提请税务师事务所决定

1.7 下列关于税务师可提供的涉税专业服务业务的说法中，错误的是（ ）。

    A. 可以接受代收代缴消费税的委托

    B. 可以开展税收策划业务

    C. 可以承办企业所得税汇算清缴申报鉴证

    D. 可以接受代理记账的委托

1.8 下列关于税务师权利和义务的说法，错误的是（ ）。

    A. 税务师对委托人违反税收法律、法规行为的委托，应当告知委托人，同时有权拒绝委托

    B. 除国家法律法规另有规定的，税务师对在执业过程中知悉的委托人的商业秘密，负有保密义务

    C. 税务师可以对税收政策存在的问题向税务机关提出意见和修改建议

    D. 税务师在执业过程中发现委托人的行为不当，可以将所托事项转托其他税务师事务所办理

1.9 税务师事务所合伙人或者股东中，税务师占比应高于（ ）。

    A.30%   B.40%

    C.50%   D.60%

1.10 税务师事务所应当自取得营业执照之日起（ ）个工作日内办理税务师事务所行政登记。

    A.30   B.20

    C.15   D.10

1.11 下列关于税务师事务所独立性制度的说法中，错误的是（ ）。

    A. 独立性制度应覆盖所有涉税服务人员和业务流程

    B. 要求保持独立性的人员，每年至少一次提供独立性书面确认函

    C. 应列举独立性的威胁情形以及应采取的应对措施

    D. 针对税务师事务所内不同业务板块和业务类型制定的独立性政策应相同

1.12 税务师事务所在进行商事登记后，应当向（ ）办理行政登记。

    A. 省税务机关   B. 主管税务机关

    C. 县税务机关   D. 市税务机关

1.13　甲税务师事务所首次接受乙公司的委托，为其提供专业税务顾问服务。甲税务师事务所在提供服务之前，应当报送的是（　　　）。

A. 业务委托协议原件

B.《年度涉税专业服务总体情况表》

C.《专项业务报告要素信息采集表》

D.《涉税专业服务协议要素信息采集表》

二、多项选择题

1.14　下列涉税专业服务中，只能由税务师事务所、会计师事务所、律师事务所从事的有（　　　）。

A. 国际税收

B. 司法机关委托的纳税情况审查

C. 纳税申报咨询

D. 研发费用加计扣除鉴证

E. 专业税务顾问

1.15　下列关于税务师和涉税专业服务行业的表述中，正确的有（　　　）。

A. 涉税服务人员只能是考取职业资格的税务师

B. 税务师不得代理应由税务机关行使的行政职权

C. 发展涉税专业服务行业有助于提高税收征管效能

D. 我国目前对涉税专业服务人员不采取实名制管理

E. 涉税服务应当为有偿服务

1.16　代理记账机构可以承接的涉税业务包括（　　　）。

A. 纳税申报代理　　　　　　　　B. 一般税务咨询

C. 专业税务顾问　　　　　　　　D. 税收策划

E. 纳税情况审查

1.17　下列选项中，是税务师在执业中依法享有的权利的有（　　　）。

A. 对委托人违反税收法律、法规行为的委托，有权拒绝委托

B. 对行政处罚决定不服的，可以依法申请行政复议或向人民法院起诉

C. 可以向税务机关查询税收法律、法规、规章和其他规范性文件

D. 可以对委托方的违法、违规行为进行处罚

E. 可以对税收政策存在的问题向税务机关提出意见和修改建议

1.18　下列各项关于涉税专业服务实名制管理和信息采集的表述中，正确的有（　　　）。

A. 对于在信息报送中难以区分"一般税务咨询""专业税务顾问"和"税收策划"三类涉税业务的，暂按"专业税务顾问"填报

B. 涉税专业服务业务委托协议的原件无须报送，应留存备查

C. 涉税专业服务机构应于每年的 5 月 31 日前，报送《年度涉税专业服务总体情况表》

D.涉税专业服务机构应当于首次提供涉税专业服务前，报送涉税专业服务人员的实名制信息

E.对于提供纳税申报服务而不签署纳税申报表的，应按"一般税务咨询"报送信息

1.19 我国对涉税专业服务机构和涉税专业服务人员实行信用评价管理体系。下列关于现行的信用评价方式的说法中，正确的有（　　　）。

A.省级税务机关负责信用等级评价

B.在一个评价周期内新设立的涉税专业服务机构，不纳入当期的信用评价范围

C.涉税专业服务机构发生严重违法违规情形的，纳入涉税服务失信名录，期限为2年

D.涉税专业服务机构未参加纳税信用评价的，第一个评价周期的信用积分以70分作为基础分

E.对于涉税专业服务人员的违规行为，采取积分扣减和降低信用等级的处理方式

1.20 除国家税务总局另有规定外，税务师事务所可采取的组织形式有（　　　）。

A.普通合伙税务师事务所

B.个体工商户制税务师事务所

C.特殊普通合伙税务师事务所

D.有限责任制税务师事务所

E.股份公司制税务师事务所

1.21 下列关于税务师事务所行政登记的说法中，正确的有（　　　）。

A.应当自取得营业执照之日起20个工作日内向所在地的省税务机关提交登记材料

B.未经工商登记不得使用"税务师事务所"名称

C.税务师事务所注销行政登记前，应当办理终止工商登记

D.合伙人或者股东由税务师、注册会计师、律师担任

E.税务师、注册会计师、律师不得同时在两家以上税务师事务所从业

1.22 下列关于税务师事务所质量控制要求的说法，正确的有（　　　）。

A.税务师事务所的法定代表人对质量控制制度的建立承担责任

B.税务师事务所的法定代表人和项目负责人对业务结果的质量承担最终责任

C.项目组的其他成员为其所承担的工作质量承担责任

D.质量控制制度应遵循全面性、制衡性、重要性、适应性、成本效益原则

E.项目负责人负责质量控制制度的制定，对质量控制承担管理责任

三、简答题

1.23 某税务师事务所的税务师陈某为了获取更多的收入，以自己的名义承揽了企业所得税汇算清缴申报的鉴证业务，在一次活动中无意对外泄露了委托人的财务数据。另外，在执业过程中，陈某了解到委托人存在多计费用的情况。陈某不但没有进行制止，还针对上述业务出具了无保留意见的涉税鉴证报告，最终造成委托人少缴纳税款30 000元。

要求：

针对上述情况，请简要指出税务师陈某的哪些行为不符合税务师职业道德的要求。

一、单项选择题

1.24 涉税专业服务机构应当在业务完成（　　）日内将整理的业务协议、业务成果、工作底稿等相关资料形成电子或纸质的业务档案。

A.30

B.60

C.90

D.120

二、多项选择题

1.25 从事涉税专业服务应当遵循的原则有（　　）。

A. 客观原则

B. 独立原则

C. 公正原则

D. 专业原则

E. 规范原则

1.26 下列选项符合涉税专业服务机构及其涉税服务人员职业道德的有（　　）。

A. 从事涉税专业服务应当秉持专业精神和职业操守

B. 从事涉税鉴证、纳税情况审查服务，不得与被鉴证人、被审查人存在影响独立性的利益关系

C. 对委托事项存在涉及税收违法违规风险的，应当向税务机关举报

D. 不得采取隐瞒、欺诈、贿赂、串通、回扣、不当承诺、恶意低价和虚假宣传等不正当手段承揽业务

E. 不得歪曲解读税收政策，不得诱导、帮助委托人实施涉税违法违规活动

错 题 整 理 页

第二章　税收征收管理

一、单项选择题

2.1 企业发生的下列项目中，不需要办理变更税务登记的是（　　）。

A. 改变产权关系

B. 改变注册资本

C. 变更经营范围

D. 纳税人被市场监督管理机关吊销营业执照

2.2 在办理税务注销时，对未处于税务检查状态、无欠税及罚款、已缴销增值税专用发票及税控专用设备，符合下列情形之一的纳税人，不得采取"承诺制"容缺办理的是（　　）。

A. 纳税信用级别为 B 级的纳税人

B. 控股母公司纳税信用级别为 B 级的 M 级纳税人

C. 未达到增值税纳税起征点的纳税人

D. 省级人民政府引进人才创办的企业

2.3 从事生产、经营的纳税人应当自领取税务登记证件之日起（　　）日内将其财务、会计制度或者财务、会计处理办法和会计核算软件等报送税务机关备案。

A. 10　　　　　　　　　　　　　　　　B. 15

C. 30　　　　　　　　　　　　　　　　D. 60

2.4 增值税一般纳税人取得的下列增值税普通发票中，可以抵扣增值税进项税额的是（　　）。

A. 定额发票

B. 手撕发票

C. 收费公路通行费增值税电子普通发票

D. 印有本单位名称的增值税普通发票

2.5 临时到本省、自治区、直辖市以外从事经营活动的单位或者个人，应当向机构所在地税务机关填报《跨区域涉税事项报告表》，对按规定需要领用经营地发票的，应先（　　）。

A. 提供税务登记证

B. 预缴税款

C. 提供保证人或交纳保证金

D. 提供工商营业执照副本及税务登记证副本

2.6 辅导期一般纳税人增值税专用发票的领用实行按次限量控制，每次领用增值税专用发票数量不得超过（　　）份。

A.30

B.25

C.20

D.15

2.7 自2021年5月1日起，向消费者销售机动车，应通过增值税发票管理系统开票软件中的机动车发票开具模块在线开具（　　）。

A. 机动车销售统一发票

B. 通用定额发票

C. 增值税专用发票

D. 增值税普通发票

2.8 关于发票的开具要求，下列说法中错误的是（　　）。

A. 应按照增值税纳税义务的发生时间开具

B. 单位和个人在开具纸质发票时，必须做到按照号码顺序填开，填写项目齐全，内容真实，字迹清楚，全部联次一次打印，内容完全一致，并在发票联和抵扣联加盖公司公章

C. 开具纸质发票后，如发生销售退回需要作废发票的，应当收回原发票全部联次并注明"作废"字样后作废发票

D. 纸质发票丢失时，应当于发现丢失当日书面报告税务机关

2.9 已经开具的发票存根联，应当保存（　　）年。

A.15

B.10

C.5

D.3

2.10 下列情形中，应由购买方向销售方开具发票的是（　　）。

A. 企业发生销售货物退回

B. 加油站发售加油卡

C. 企业销售免税商品

D. 食品加工企业向农民个人收购其自产农产品

2.11 下列关于日常经营活动中发票领用数量表述正确的是（　　）。

A. 实行纳税辅导期的一般纳税人，每次领用增值税专用发票的数量不得超过25份

B. 纳税信用评级为A级的纳税人，每次领用增值税专用发票的数量不得超过25份

C. 纳税信用评级为B级的纳税人，每次领用增值税专用发票的数量不得超过50份

D. 纳税信用评级为A级的纳税人，每次领用增值税普通发票的数量不得超过50份

2.12 下列发票中，已纳入新版增值税发票管理系统的是（　　）。

A. 定额发票

B. 卷式增值税普通发票

C. 过桥费发票

D. 门票

2.13 ETC 预付费用户如果选择在充值时索取发票，应向其开具（　　）。

A. 通行证征税发票

B. 财政电子票据

C. 通行费不征税发票

D. 增值税专用发票

2.14 下列关于增值税一般纳税人丢失增值税专用发票后的处理，正确的是（　　）。

A. 纳税人丢失已开具增值税专用发票抵扣联，可凭相应发票的记账联复印件，作为增值税退税凭证

B. 纳税人同时丢失已开具增值税专用发票的发票联和抵扣联，可凭加盖销售方发票专用章的相应发票记账联复印件，作为进项税额的抵扣凭证、退税凭证或记账凭证

C. 购买方丢失已开具增值税专用发票的抵扣联，不得抵扣进项税额

D. 购买方丢失已开具增值税专用发票的发票联，需退回抵扣联并要求对方重新开具

2.15 下列关于电子发票的说法，正确的是（　　）。

A. 纳税人取得的电子发票必须同时以纸质形式保存

B. 电子发票的纸质打印件入账时应加盖开具方的发票专用章

C. 电子发票与纸质发票具有同等法律效力

D. 电子发票的纸质打印件可以单独作为报销入账归档依据使用

2.16 发生发票丢失情形时，应当于发现发票丢失的（　　）向税务机关书面报告。

A. 当日

B. 2 日内

C. 3 日内

D. 5 日内

2.17 下列行为中，应认定为非法代开发票行为的是（　　）。

A. 为他人开具与实际经营业务情况不符的发票

B. 为与自己没有发生直接购销关系的他人开具发票

C. 让他人为自己开具与实际经营业务情况不符的发票

D. 介绍他人开具与实际经营业务情况不符的发票

2.18 纳税信用信息不包括（　　）。

A. 纳税人信用历史信息

B. 税务内部信息

C. 外部信息

D. 纳税人关联方信息

2.19 增值税一般纳税人抵扣进项税额存在异常凭证时，异常凭证进项税额累计占同期全部增值税专用发票进项税额（　　）（含）以上的，且异常凭证进项税额累计超过（　　）万元的，其对应开具的增值税专用发票列入异常凭证范围。

A.50%；10

B.50%；5

C.70%；5

D.70%；10

2.20 下列纳税人中，可以实行简易申报、简并征期等申报纳税方式的是（　　）。

A. 当期未发生纳税义务的生产企业

B. 实行定期定额方式缴纳税款的个体工商户

C. 不能按期纳税且有特殊困难的生产企业

D. 当期开始享受免税待遇的生产企业

2.21 滞纳金计算应从（　　）起到实际缴纳税款之日止，按日加收滞纳税款万分之五的滞纳金。

A. 纳税期限届满的当日

B. 纳税期限届满的次日

C. 纳税期限届满的次月 15 日

D. 纳税期限届满的次月 10 日

2.22 某公司拖欠 2022 年度增值税 42 万元，经税务机关责令其限期缴纳后仍不缴纳，经县级税务局局长批准，2023 年 3 月，税务机关扣押并拍卖其价值相当于应纳税款的货物，以拍卖所得抵缴税款。这一行政行为属于（　　）。

A. 提供纳税担保

B. 税收保全措施

C. 强制执行措施

D. 税务行政协助

2.23 当需要采取税收保全措施时，下列被执行人的财产中不能被纳入税收保全措施范围的是（　　）。

A. 唯一的一辆机动车

B. 新购入的价值 4 000 元的家具

C. 别墅

D. 金银首饰

2.24 税务机关采取税收保全措施须经（　　）批准。

A. 县（市）稽查局局长

B. 县以上税务局（分局）局长

C. 税务所所长

D. 企业所在地税务局处长

2.25 欠缴税款数额较大的纳税人在处分其不动产或大额资产前，应当向税务机关报告。其中欠缴税款数额较大是指欠缴税款数额在（　　）万元以上。

A.2

B.3

C.5

D.10

2.26 欠缴税款的纳税人放弃到期债权，无偿转让财产，或者以明显不合理的低价转让财产而受让人知道该情形，对国家税收造成损害的，税务机关可依法申请人民法院行使（　　）。

A. 撤销权

B. 留置权

C. 处分权

D. 代位权

2.27 下列关于税务机关有权进行税务检查的范围的说法中错误的是（　　）。

A. 到车站、码头、机场检查纳税人托运的应纳税商品、货物的相关单据

B. 询问纳税人与纳税有关的问题和情况

C. 检查扣缴义务人与代扣代缴、代收代缴税款无关的经营情况

D. 检查纳税人的账簿、记账凭证、报表和有关资料

2.28 下列不属于纳税人的义务的是（　　）。

A. 依法接受纳税检查

B. 委托涉税专业服务机构代理涉税事宜

C. 报告纳税人的全部银行账号信息

D. 欠缴税款在 5 万元以上时，处分大额财产应向税务机关报告

2.29 因纳税人计算错误导致少缴纳税款的，税务机关可以在（　　）年内追征税款。

A.5   B.3

C.2   D.1

2.30 纳税人因某些特殊困难，经省、自治区、直辖市税务局批准，可以延期缴纳税款，但是最长不得超过（　　）个月。

A.1   B.2

C.4   D.3

2.31 扣缴义务人未按规定设置、保管代扣代缴、代收代缴税款账簿或者保管代扣代缴、代收代缴税款记账凭证及有关资料的，由税务机关责令改正；情节严重的，处以（　　）的罚款。

A.2 000 元以下

B.2 000 元以上 5 000 元以下

C.2 000 元以上 1 万元以下

D.1 万元以上 5 万元以下

二、多项选择题

2.32 税收征收管理是国家税务机关依照税收政策、法令、制度对税收分配全过程所进行的（　　）的一种管理活动。

A. 计划组织　　　　　　　　　B. 申诉

C. 协调　　　　　　　　　　　D. 监督控制

E. 统计

2.33 根据新时代深化税收征管体制改革要求，下列各项属于全面推进税收征管数字化升级和智能化改造的主要方向的有（　　）。

A. 国地税合并

B. 发票电子化改革

C. 税收大数据共享应用

D. 强化税务执法监督

E. 智慧税务建设

2.34 纳税人在办理下列事项时，必须提供税务登记证的有（　　）。

A. 申请延期缴纳税款

B. 领用发票

C. 申请减税、免税

D. 办理月度纳税申报

E. 开立银行账户

2.35 2016年10月1日起，"五证合一"登记制度开始推行，下列各项中不属于"五证"的有（　　）。

A. 商标证

B. 组织机构代码证

C. 税务登记证

D. 卫生许可证

E. 社会保险登记证

2.36 下列关于税收征管的表述，正确的有（　　）。

A. 从事生产、经营的企业均应办理税务登记

B. 未采用"多证合一、一照一码"制度设立的企业应自领取工商营业执照之日起30日内办理税务登记

C. 企业在银行开户后应向主管税务机关报告所有的银行账号

D. 企业申请减免税期间应正常进行纳税申报

E. 从事生产经营的纳税人跨区域外出经营时，需要开具《外出经营活动税收管理证明》

2.37 下列属于行业专业发票的有（　　）。

A. 公路、铁路客运发票

B. 金融企业的存贷、汇兑、转账凭证

C. 保险企业的增值税普通发票

D. 商贸企业零售劳保用品的发票

E. 航空运输电子客票行程单

2.38 纳税人支付下列款项取得的增值税普通发票或增值税电子普通发票，发票税率栏填写"不征税"的有（　　）。

A. 按差额征税办法缴纳增值税的劳务派遣费

B. ETC 后付费客户通过政府还贷性收费公路的通行费

C. 商业预付卡充值

D. 建筑服务预收款

E. 房地产开发企业销售自行开发项目的预收款

2.39 下列纳税人中，暂不允许离线开具发票的有（　　）。

A. 自首次开票之日起 6 个月内使用网络办税的新办理增值税一般纳税人登记的纳税人

B. 经大数据分析发现存在涉税风险的纳税人

C. 使用增值税电子发票公共服务平台开具增值税电子普通发票的纳税人

D. 纳税信用评价为 C 级的纳税人

E. 自首次开票之日起 3 个月内使用网络办税的新办理增值税一般纳税人登记的纳税人

2.40 企业发生的下列行为中，在开具发票时应在发票备注栏注明经营业务的有（　　）。

A. 提供建筑服务

B. 出租不动产

C. 货物运输服务

D. 销售机器设备

E. 保险公司代收车船税

2.41 增值税一般纳税人发生的下列业务中，可以开具增值税专用发票的有（　　）。

A. 金融商品转让

B. 销售古旧图书

C. 销售 2018 年建造的房屋

D. 销售使用了 2 年的机动车

E. 销售存货

2.42 下列情形中，可以开具增值税专用发票的有（　　）。

A. 留学中介向服务接受方收取的签证费

B. 超市向消费者个人销售食品

C. 小规模纳税人（其他个人除外）向企业客户销售货物

D. 纳税人销售自己使用过的不得抵扣且未抵扣过进项税额的固定资产，纳税人放弃减税后按照 3% 征收率正常缴纳增值税的

E. 一般纳税人销售自己使用过的不得抵扣且未抵扣过进项税额的固定资产，纳税人选择按照简易办法依照 3% 征收率减按 2% 计算纳税的

2.43 走逃（失联）企业存续经营期间发生（　　）情形的，所对应属期开具的增值税专用发票列入异常凭证范围。

A. 商贸企业购进、销售货物名称严重背离

B. 生产企业无实际生产加工能力且无委托加工

C. 延期申报

D. 购进货物并不能直接生产其销售的货物且无委托加工

E. 直接走逃失联不纳税申报

2.44 纳税人取得异常增值税扣税凭证后发生的下列情况中，应作进项税额转出处理的有（　　）。

A. 纳税信用 A 级的纳税人已经申报抵扣增值税进项税额，经税务机关核实，可继续申报抵扣

B. 纳税信用 A 级的纳税人已经申报抵扣增值税进项税额，自接到税务机关通知之日起 10 个工作日内，向主管税务机关提出核实申请

C. 纳税信用 A 级的纳税人未在接到税务机关通知之日起 10 个工作日内，向主管税务机关提出核实申请

D. 纳税信用 A 级以外的纳税人已经申报抵扣增值税进项税额，自接到税务机关通知之日起 10 个工作日内，向主管税务机关提出核实申请

E. 纳税信用 A 级以外的纳税人尚未申报抵扣增值税进项税额的

2.45 对违反发票管理规定 2 次以上的单位和个人，税务机关可以公告纳税人发票违法的情况，公告内容包括（　　）。

A. 纳税人名称

B. 经营内容

C. 法定代表人姓名

D. 纳税人识别号

E. 经营地点

2.46 下列对于不同风险等级纳税人的应对策略的说法中，正确的有（　　）。

A. 对于低风险的纳税人，应当避免不当打扰

B. 对于中风险的纳税人，应当进行风险提示提醒

C. 对于无风险纳税人，应当避免不当打扰

D. 对于低风险纳税人，可以采取纳税服务提醒函的形式进行风险提醒

E. 对于涉嫌虚开发票的纳税人，应当实施税务稽查

2.47 下列纳税人应作为纳税评估重点分析对象的有（　　）。

A. 税务稽查中未发现问题的纳税人

B. 重点税源户

C. 纳税信用等级低下的纳税人

D. 办理延期纳税申报的纳税人

E. 税负异常变化的纳税人

2.48 下列关于纳税评估结果的处理，正确的有（　　　）。

　　A.税务约谈的对象限于企业财务会计人员，不得约谈企业其他相关人员

　　B.对纳税评估中发现的计算和填写错误，可提请纳税人自行改正

　　C.纳税评估中发现的需要提请纳税人进行陈述说明的问题，应由主管税务机关约谈纳税人

　　D.对约谈中发现的必须到生产经营现场了解情况的问题，应正式移交税务稽查部门处理

　　E.税务约谈必须由纳税人参加，不得委托涉税服务人员参加

2.49 下列各项中，属于纳税申报方式的有（　　　）。

　　A.自行申报

　　B.邮寄申报

　　C.电子方式

　　D.代理申报

　　E.代扣代缴

2.50 纳税人因不可抗力，不能按期办理纳税申报的，应（　　　）。

　　A.自行延期申报

　　B.向税务机关申请，核准后延期申报

　　C.预缴税款

　　D.延期缴纳税款

　　E.在不可抗力情形消除后立即向税务机关报告

2.51 纳税信用等级评价中，本评价年度不能评为 A 级的情形有（　　　）。

　　A.实际生产经营期不满 5 年的

　　B.未发生严重失信行为的当年新设立企业

　　C.当年非经常性指标缺失且有违规行为导致扣分的

　　D.在规定期限内未按税务机关的要求足额缴纳税款和滞纳金的

　　E.上一评价年度纳税信用评价结果为 C 级的

2.52 下列情形中，税务机关有权核定纳税人应纳税额的有（　　　）。

　　A.依法应当设置但未设置账簿的

　　B.长期零申报的

　　C.擅自销毁账簿或者拒不提供纳税资料的

　　D.企业连续亏损 3 年的

　　E.依法可以不设置账簿的

2.53 下列各项中，属于税款征收措施的有（　　　）。

　　A.阻止出境

　　B.采取强制执行措施

　　C.委托代征

　　D.采取税收保全措施

　　E.由主管税务机关核定应纳税额

2.54 下列关于纳税人欠税处理的说法中，正确的有（   ）。

A. 税务机关应对纳税人的欠税情况保密

B. 税款优先的原则要求在清理欠税时，税款优先于各类债权执行

C. 欠税数额在 5 万元以上的纳税人在处分其不动产以前，应向税务机关报告

D. 尚有欠税的纳税人出境时，税务稽查部门可以直接阻止其出境

E. 纳税人欠缴税款同时又被行政机关决定处以罚款的，税收优先于罚款

2.55 下列各项中属于纳税人应享有的权利的有（   ）。

A. 享受国家税法规定的税收优惠

B. 要求税务机关对自己的财务状况保守秘密

C. 依法申请退还多缴的税款

D. 申请延期申报和延期缴纳税款

E. 认为税务机关具体行政行为不当，纳税人有权拒绝履行纳税义务

2.56 纳税人有抗税行为，情节轻微，未构成犯罪时，正确的处理有（   ）。

A. 进行税务约谈

B. 处拒缴税款 1 倍以上 5 倍以下的罚款

C. 处 2 000 元以上 5 000 元以下的罚款

D. 责令限期改正

E. 由税务机关追缴拒缴的税款、滞纳金

2.57 下列关于税务机关权力的说法中，正确的有（   ）。

A. 税收管理权是税务机关在税款征收管理过程中享有的最主要的职权

B. 在规定的权限内，对纳税人的减免税申请予以审批，但不得违法擅自作出减税免税的规定

C. 由于税务机关的原因，导致税款少缴的，税务机关可以在 3 年内要求纳税人、扣缴义务人补缴税款，且不得加收滞纳金

D. 纳税人当期货币资金在扣除行政罚款后，不足以缴纳税款的，经省、自治区、直辖市税务局批准，可以延期缴纳税款

E. 税款征收权主要包括依法计征权、核定税款权、税收保全和强制执行权

三、简答题

2.58 增值税发票可以分为增值税专用发票和增值税普通发票。根据现行政策规定，纳税人取得部分种类的增值税普通发票可以抵扣进项税额。请列举至少三种可以抵扣进项税额的增值税普通发票。

2.59 某新办纳税人在市场监督管理部门办理了"多证合一、一照一码"登记，并拟于一个月后正式开展经营。为了提前做好准备，该纳税人向税务师事务所的税务师 A 咨询其在正式开展经营前应办理的涉税事项及办理方式。请代税务师 A 回答纳税人的下列问题：

(1) 正式开展经营前，应办理哪些涉税事项？

(2) 新办纳税人首次申领增值税发票的数量和限额分别为多少？纳税人在符合哪些条件时，主管税务机关应当自受理申请之日起 2 个工作日内办结？

2.60 在特定情形下，纳税人虽已收取款项但尚未发生销售行为或未产生纳税义务，请简述应该如何开具发票，并列举至少三种情形。

2.61 根据现行政策，有些经营业务在开具发票时，必须在备注栏注明相关信息。请写出至少四类业务以及其应在备注栏注明的信息。

2.62 某企业 2023 年 1 月销售一批货物并开具增值税专用发票，购买方已经将该发票用于申报抵扣进项税额，3 月由于货物质量问题发生销售退回。该企业财务人员找到 A 税务师事务所税务师小陈咨询应如何进行处理。请代小陈回答该企业财务人员的问题，并逐步详细说明该如何进行发票处理。

2.63 请简述至少两种属于虚开发票的情形，并说明如果受票方属于善意取得虚开的增值税专用发票，该如何处理。

2.64 请列出至少两种增值税异常扣税凭证。

2.65 某企业（系增值税一般纳税人）购进一批货物，销售方开具的增值税专用发票的抵扣联和发票联在邮寄给该企业时丢失。该企业向税务师咨询应如何处理，请代税务师回答该问题。

2.66 请列出至少两种应核定应纳税额的情形。

2.67 某纳税人因为资金紧张，拖欠债权人贷款，同时还存在欠缴税款和欠缴行政机关罚款的情况。请简述此情形涉及的税收优先原则。

2.68 某公司 2023 年企业所得税汇算清缴时因计算错误多缴税款。该公司多缴的税款是否可以退还？请简述政策规定。

2.69 陈某在甲市经营一家登记为个体工商户的包子铺。2023 年 12 月，陈某以生意惨淡经营亏损为由，没有在规定的期限办理纳税申报，所在地税务机关责令陈某限期申报，但陈某逾期仍不申报。随后，税务机关核定其应缴纳税款 1 000 元，并送达税务事项通知书，限其于15 日内缴清税款。陈某在限期内未缴纳税款，并对税务机关核定的税额提出异议，税务机关无视其申辩，直接扣押了其价值 3 000 元的一批厨用设备。扣押后陈某仍未缴纳税款，税务机关遂将该批设备以 1 000 元的价格委托某旧货经营商代为销售，以抵缴税款。

要求：

(1) 根据税法规定，回答税务机关应如何处理陈某的行为。

(2) 分析税务机关的执法行为有何不妥。

2.70 某企业财务人员 2019 年 7 月采用虚假纳税申报手段少缴纳税款 30 万元，2023 年 3 月，税务机关在纳税检查中发现这一问题，要求追征这笔税款。该企业认为缴纳税款期限已过三年，超过了追征期，税务机关应不再追缴这笔税款。

要求：

根据上述资料，回答下列问题。

(1) 税务机关是否可以追征？

(2) 税收征收管理法中对上述情况的追征期是如何确定的？

(3) 由于税务机关的责任造成未缴或少缴税款的追征期是如何规定的？

(4) 由于纳税人计算错误等失误造成未缴或少缴税款的追征期是如何规定的？

做新变 new

new

一、单项选择题

2.71 下列情形中不符合简易注销程序要求的纳税人是（　　）。

A. 纳税人未办理过涉税事宜

B. 办理过涉税事宜但未领用发票（含代开发票）、无欠税（滞纳金）及罚款且没有其他未办结涉税事项的纳税人

C. 已办结缴销发票、结清应纳税款等清税手续的纳税人

D. 无欠缴滞纳金、罚款，有待缴纳社会保险费的纳税人

2.72 根据会计法律制度的规定，纳税人凭证、账簿等主要会计档案应至少保管（　　）年。

A.5　　　　　　　　　　　　　　B.10

C.20　　　　　　　　　　　　　D.30

2.73 辅导期纳税人1个月内多次领用专用发票的，应从当月第二次领用专用发票起，按照上一次已领用并开具的专用发票销售额的（　　）预缴增值税。

A.1%　　　　　　　　　　　　　B.3%

C.5%　　　　　　　　　　　　　D.10%

2.74 纳税人申请领用发票时，主管税务机关根据领用单位和个人的经营范围、规模和风险等级，在（　　）个工作日内确认领用发票的种类、数量以及领用方式。

A.1　　　　　　　　　　　　　　B.3

C.5　　　　　　　　　　　　　　D.7

2.75 纳税人因涉嫌税收违法被立案查处尚未结案，未参与当年纳税信用评价的，待此情形解除后，可填写（　　），向主管税务机关申请补充评价。税务机关应自受理申请之日起（　　）个工作日内完成补评工作。

A.《纳税信用补评申请表》；10

B.《纳税信用复评申请表》；10

C.《纳税信用补评申请表》；15

D.《纳税信用复评申请表》；15

二、多项选择题

2.76 下列关于税务机关受理纳税人注销税务登记流程的相关表述中，正确的有（　　）。

A. 纳税人提交资料齐全、符合法定形式的，受理纳税义务人清税申报申请

B. 纳税人提交资料不全的，可以口头告知纳税人须补正的内容

C. 纳税人提交资料不符合法定形式的，制作《税务事项通知书》，一次性告知纳税人须补正的内容

D. 依法不属于本机关职权的，制作《税务事项通知书》，告知纳税人不予受理的原因

E. 依法不属于本业务受理范围的，无须告知不予受理的原因，但须告知纳税人应申请的办税流程

2.77 下列关于发票管理的说法中，正确的有（　　）。

A. 纳税人申请领用发票时应配合税务机关进行身份验证，完成实名办税

B. 为提升发票使用体验，纳税人可以拆本使用发票

C. 纳税人不得扩大发票使用范围

D. 纳税人不得窃取、截留、篡改、出售、泄露发票数据

E. 对违反发票管理法规的行为进行处罚时，若罚款额在 2 000 元以下的，可由税务所决定

2.78 下列关于全面数字化的电子发票（简称"数电票"）的描述中，正确的有（　　）。

A. 数电票的法律效力、基本用途等与现有纸质发票相同

B. 数电票无联次

C. 纳税人通过身份验证后，无须使用税控专用设备即可通过电子发票服务平台开具发票

D. 纳税人领用数电票需先进行发票验旧操作

E. 数电票仅通过电子发票服务平台进行自动交付

第三章　涉税专业服务程序与方法

一、单项选择题

3.1　税务师事务所应当根据自身情况制定业务工作底稿，下列关于工作底稿的表述错误的是（　　）。

A. 税务师事务所业务档案至少保存 10 年

B. 工作底稿应当反映税务师事务所的业务质量控制过程

C. 业务工作底稿必须以纸质原件留存

D. 应当于业务完成后 60 日内形成电子或纸质的业务档案

3.2　提供涉税专业服务应签署业务委托协议。业务委托协议一般由（　　）起草。

A. 项目组负责人

B. 税务师事务所业务负责人

C. 评估项目涉税风险的涉税服务人员

D. 税务师事务所法定代表人

3.3　项目负责人可以根据业务需要，请求外部专家协作开展工作，该外部专家的工作成果由（　　）负责。

A. 项目经理

B. 项目助理

C. 外部项目专家

D. 项目负责人

3.4　下列选项中，属于业务类工作底稿的是（　　）。

A. 业务计划

B. 执业过程中收集的相关证据

C. 业务委托协议

D. 归档和查阅记录

3.5　在纳税审核基本方法中，下列不属于顺查法的特点的是（　　）。

A. 运用简单

B. 可避免遗漏

C. 能够抓住重点

D. 工作量大

3.6　下列纳税审核的基本方法中，适合经济业务体量比较大、会计核算比较健全的纳税人的是（　　）。

A. 顺查法

B. 详查法

C. 抽查法

D. 鉴定法

二、多项选择题

3.7　下列方法中，属于纳税审核的基本方法的有（　　）。

A. 评估法

B. 查询法

C. 综合调整法

D. 控制计算法

E. 观察法

3.8　下列涉税专业服务项目中，要求税务师必须具备纳税审核技术的有（　　）。

A. 一般税务咨询

B. 涉税鉴证

C. 税收策划

D. 纳税情况审查

E. 纳税申报代理

多项选择题

3.9 涉税专业服务机构承接的下列业务中，应当实施两级以上复核的业务有（　　）。

A. 税收策划

B. 涉税鉴证

C. 纳税情况审查

D. 一般税务咨询

E. 专业税务顾问

第四章　实体税种的纳税审核和纳税申报

一、单项选择题

4.1　2023年1月，某运输公司（增值税一般纳税人）取得货运收入1 000万元、装卸搬运收入80万元、仓储收入120万元，将闲置的汽车出租取得租金收入20万元。上述收入均为不含增值税收入。当月该运输公司应计算的增值税"销项税额"为（　　）万元。

A.155.4　　　　　　　　　　　　　B.103.2

C.158.6　　　　　　　　　　　　　D.104.6

4.2　税务师受托对某公司增值税纳税情况进行审核，发现该公司存在下列税务处理，其中错误的是（　　）。

A. 将交付他人代销的货物销售额并入应税销售额

B. 销售时已开具增值税普通发票的货物发生退货，向购买方开具红字增值税普通发票，冲减了应税销售额

C. 在进项税额抵扣中，抵扣了为生产免税项目购进货物发生的运费对应的增值税

D. 企业凭技术维护服务单位开具的技术维护费发票，将缴纳的防伪税控技术维护费在增值税应纳税额中全额抵减

4.3　甲公司为增值税一般纳税人，2023年4月销售笔记本电脑取得收入880万元（不含增值税，下同），提供设计服务取得收入300万元，购入商品取得的增值税专用发票上注明的税额为90万元，购入生产设备一台，取得的增值税专用发票上注明的税额为20万元（既用于免税项目又用于应税项目），则当月甲公司应纳增值税（　　）万元。

A.37.4

B.43.4

C.42.4

D.22.4

4.4　某企业为增值税一般纳税人，2023年3月销售旧设备一台，取得处置价款70.2万元（含税），该设备2015年购进时取得了增值税专用发票，发票上注明的价款为75万元，已抵扣进项税额。该企业销售此设备应确认销项税额（　　）万元。

A.0　　　　　　　　　　　　　　　B.0.09

C.1.36　　　　　　　　　　　　　D.8.08

4.5　甲公司为增值税一般纳税人，2023 年 1 月 4 日购入某上市公司股票 200 万股，支付购买价款 1 800 万元（含税，下同），至 2023 年 4 月 30 日，该股票的公允价值为 2 100 万元。2023 年 6 月 4 日，甲公司将其持有的上述股票全部出售，取得价款 2 400 万元。不考虑手续费等因素，甲公司该项业务应缴纳的增值税为（　　）万元。

A.48

B.33.96

C.18

D.16.98

4.6　甲房地产开发企业为增值税一般纳税人，2023 年 2 月采用预售方式销售其自行开发的商品房，当月收到预收款 5 000 万元（含税）。已知该房地产开发项目采用一般计税方法，该企业当月应预缴增值税（　　）万元。

A.137.61

B.150

C.495.5

D.145.63

4.7　甲公司为房地产开发企业（增值税一般纳税人），2021 年 6 月 18 日开工建设某住宅小区，至 2023 年 1 月 31 日全部竣工决算。甲公司按一般计税方法计算缴纳增值税。开发成本中向政府支付的地价款为 12 000 万元，土地面积为 10 000 平方米，建筑面积为 42 000 平方米，可供销售的建筑面积为 37 500 平方米。2 月甲公司销售收入为 20 000 万元（含税），销售建筑面积为 15 000 平方米。则甲公司当期的销项税额为（　　）万元。

A.1 981.98

B.1 255.05

C.1 453.98

D.1 603.33

4.8　甲公司为增值税一般纳税人，2023 年 1 月销售一栋办公楼（2015 年初购入），取得收入 4 800 万元（含税）。该办公楼的入账价值为 2 000 万元（含契税），甲公司无法提供购入时的发票，但能够提供契税完税证明，契税完税证明上注明的计税价格为 1 925 万元。甲公司选择按简易计税方法计税，则甲公司应缴纳的增值税为（　　）万元。

A.133.33

B.136.9

C.228.57

D.86.25

4.9 2023 年 1 月 1 日，某增值税一般纳税人出租其于 2016 年 1 月 30 日购入的另一城市的写字楼，取得全年租金收入 120 万元（含税）。该企业选择一般计税方法，则该企业应预缴的增值税为（　　）万元。

A.3.3

B.3.6

C.9.9

D.5.71

4.10 2021 年 2 月，某公司（增值税一般纳税人）购入不动产作为办公楼使用，取得的增值税专用发票上注明的金额为 2 200 万元、税额 198 万元，进项税额已按规定申报抵扣。2023 年 3 月，该办公楼改作职工宿舍，当期账面净值 2 000 万元，账面价值 1 950 万元。该办公楼应转出进项税额（　　）万元。

A.175.5

B.180

C.193.05

D.198

4.11 某商业银行（增值税一般纳税人）2023 年第三季度提供贷款服务取得含税利息收入 3 600 万元，提供直接收费服务取得含税收入 160 万元，开展贴现业务取得含税利息收入 654 万元，该银行上述业务的销项税额为（　　）万元。

A.203.77

B.212.83

C.240.79

D.249.85

4.12 某制药厂（增值税一般纳税人）3 月份销售抗生素药品取得含税收入 113 万元，销售免税药品取得收入 50 万元，当月购入生产用原材料一批，取得的增值税专用发票上注明的税款为 6.8 万元，抗生素药品与免税药品无法划分耗料情况。此外，本月企业缴纳税控设备技术维护费 280 元，取得增值税专用发票。不考虑其他事项，则该制药厂当月应纳增值税（　　）万元。

A.12.7

B.8.47

C.8.44

D.13

4.13 二手车经销商甲公司为增值税一般纳税人。甲公司于 2023 年 1 月从乙公司收购二手车，取得了乙公司开具的 3% 征收率的增值税专用发票，发票上注明的金额为 10 万元、税额 0.3 万元。甲公司当月将该二手车对外出售，取得价税合计金额 15 万元。甲公司的下列处理中正确的是（　　）。

A. 增值税专用发票上注明的 0.3 万元税额可以作为进项税额抵扣

B. 甲公司应纳增值税 4 500 元

C. 甲公司应纳增值税 16 500 元

D. 甲公司应纳增值税 746.27 元

4.14 位于 A 市的某互联网企业为增值税一般纳税人。该企业 2023 年 1 月出售位于 B 市的一栋外购办公楼，取得价税合计金额 9 200 万元。该办公楼系 2015 年 1 月 4 日购入，购置时支付价款 5 500 万元。企业选择采用简易计税方法，该纳税人应在办公楼所在地预缴的增值税为（　　）万元。

A.438.1

B.176.19

C.105.71

D.169.72

4.15 在 2024 年期间，下列企业不适用加计抵减政策的是（　　）。

A. 集成电路企业

B. 工业母机企业

C. 电信企业

D. 先进制造业企业

4.16 某先进制造业企业为增值税一般纳税人，适用增值税进项税额加计抵减政策。2023 年 5 月一般计税项目销项税额为 500 万元，当期可抵扣进项税额 180 万元，进项税额转出金额 30 万元。上期结转的加计抵减额余额为 10 万元。则当期可抵减加计抵减额（　　）万元。

A.17.5   B.9

C.7.5   D.25

4.17 根据最新的留抵退税政策，下列关于存量留抵税额和增量留抵税额的说法中，正确的是（　　）。

A. 纳税人申请存量留抵退税前的存量留抵税额是指 2019 年 3 月 31 日期末留抵税额

B. 纳税人获得一次性存量留抵退税后，增量留抵税额为当期期末留抵税额

C. 纳税人不能同时申请增量留抵退税和存量留抵退税

D. 纳税人获得一次性存量留抵退税后，存量留抵税额为当期期末留抵税额

4.18 某皮草制品企业为增值税一般纳税人，2019 年 4 月至 2023 年 3 月底的增值税进项税额中，增值税专用发票的进项税额为 600 万元，公路通行费电子普通发票的进项税额为 200 万元，海关进口增值税专用缴款书的进项税额为 100 万元，国内旅客运输服务电子客票行程单和铁路车票上注明的进项税额为 150 万元，农产品收购发票抵扣的进项税额为 50 万元。2021 年 10 月，因管理不善发生非正常损失转出增值税进项税额 60 万元。则企业在 2023 年 4 月申请留抵退税金额时，该企业的进项构成比例为（　　）。

A.100%

B.81.82%

C.80.77%

D.86.54%

4.19 根据现行增值税相关规定，下列说法中不正确的是（　　）。

A.增值税小规模纳税人可以选择以 1 个月或 1 个季度为 1 个纳税期

B.纳税人以 1 个月或者 1 个季度为 1 个纳税期的，自期满之日起 15 日内申报纳税

C.《增值税及附加税费申报表附列资料（三）》（服务、不动产和无形资产扣除项目明细）必须填报

D.《增值税减免税申报明细表》仅在享受增值税减免税优惠政策时要求填报

4.20 关于 2023 年小规模纳税人发生的各项业务，下列说法正确的是（　　）。

A.销售自己使用过的不动产，可以选择以 3% 征收率减按 2% 计算缴纳增值税

B.发生的应税销售行为，均可选择享受减按 1% 征收率征收的税收优惠

C.月销售额（以 1 个月为 1 个纳税期）未超过 15 万元的，免征增值税

D.在判断小规模纳税人免税政策适用时，针对增值税差额征税的项目，以差额后的金额确定销售额

4.21 下列增值税一般纳税人中，适用以一个季度为纳税申报期限的规定的是（　　）。

A.房地产开发企业

B.代理记账公司

C.财务公司

D.涉税服务专业机构

4.22 下列各项中，属于消费税征税范围的是（　　）。

A.电动汽车

B.一次性竹制筷子

C.轮胎

D.果啤

4.23 下列业务不发生消费税纳税义务的是（　　）。

A.汽车销售公司零售超豪华小汽车

B.礼品店销售高档手表

C.首饰店销售金银首饰

D.电子烟批发商销售电子烟给零售商

4.24 下列各项中属于消费税法规中规定的"委托加工"业务的是（　　）。

A.由委托方提供原材料委托受托方加工应税消费品

B.由受托方提供原材料生产的应税消费品

C.受托方先将原材料卖给委托方，再接受加工的应税消费品

D.由受托方以委托方名义购进原材料生产的应税消费品

4.25 根据消费税法律制度的规定，下列各项以外购应税消费品连续生产出的消费品中，允许扣除外购应税消费品的已纳消费税额的是（　　）。

A.外购已税白酒生产的高档白酒

B.外购已税小汽车生产的超豪华小汽车

C. 外购已税珠宝玉石为原料生产的铂金首饰

D. 外购已税烟丝生产的卷烟

4.26 某鞭炮生产企业为增值税一般纳税人，2023 年 12 月将自产的 1 000 箱焰火作价 10 万元，换取该市另一家企业生产资料一批。相同批量自产焰火的最高售价单价为 150 元 / 箱，平均售价为 125 元 / 箱，上述售价均不含增值税。则该批自产焰火应缴纳消费税（   ）万元。（消费税税率为 15%）

A.0

B.1.5

C.1.875

D.2.25

4.27 甲卷烟厂从乙烟丝生产企业购进烟丝，取得增值税专用发票，发票上注明的价款为 50 万元、税额为 6.5 万元；当月领用其中 60% 用于生产 A 牌卷烟（甲类卷烟）；本月销售 A 牌卷烟 80 箱（标准箱），取得不含税销售额 400 万元。已知：甲类卷烟的消费税税率为 56% 加 150 元 / 标准箱、烟丝消费税税率为 30%。当月该卷烟厂应纳的消费税税额为（   ）万元。

A.210.2

B.216.2

C.224

D.225.2

4.28 税务师审核某消费税应税消费品生产企业纳税情况时，发现企业在销售应税消费品时，除了收取价款外，还向购货方收取了其他费用。按照现行税法规定，下列费用中不应并入应税销售额中计税的是（   ）。

A. 将承运部门开具给购买方的运费发票转交给购买方而向购买方收取的代垫运费

B. 因采用新的包装材料而向购买方收取的包装费

C. 因物价上涨向买方收取的差价补贴

D. 购货方违约延期付款支付的利息

4.29 下列有关消费税征税规定的表述，正确的是（   ）。

A. 商场零售金银首饰时连同包装物一起销售，其销售的包装物能分别核算的，不计征消费税

B. 收取的啤酒包装物押金逾期不再退还的，该押金应计征消费税

C. 收取的逾期应税高档化妆品包装物押金不再征收消费税

D. 白酒的包装物押金无论如何核算均在收取当期计征消费税

4.30 下列关于消费税的说法，正确的是（   ）。

A. 自产的应税消费品用于连续生产应税消费品的，于领用时纳税

B. 委托方收回委托加工的已税消费品，以不高于受托方的计税价格出售的，不再缴纳消费税

C. 纳税人将适用不同税率的应税消费品组成成套消费品销售的，应当分别核算，分别适用税率

D. 纳税人兼营不同税率的应税消费品的，从高适用税率计算消费税

4.31 下列关于消费税税收管理的表述中，正确的是（ ）。

A. 消费税收入分别入中央库和地方库

B. 委托个体工商户加工应税消费品应纳的消费税由受托方代扣并向其所在地主管税务机关申报缴纳

C. 进口环节的消费税由海关代征

D. 消费税纳税人总分机构在同一地级市的不同县的，由市级税务机关审批同意后汇总缴纳消费税

4.32 下列关于企业所得税收入确认的时间的说法中，符合规定的是（ ）。

A. 转让股权收入，应于股权变更手续完成的日期确认收入的实现

B. 接受捐赠收入，应按照捐赠合同生效的日期确认收入的实现

C. 租金收入，应在租赁期内按照月份平均确认收入的实现

D. 股息、红利等权益性投资收益，应按照被投资方作出利润分配决定的日期确认收入的实现

4.33 税务师受托对某居民企业投资收益税务处理情况进行审核时，发现的下列处理中错误的是（ ）。

A. 将国债利息收入作为免税收入进行处理

B. 将持有上市公司股票不足 12 个月时收到的股息、红利作为应税收入处理

C. 将直接持有的非上市居民企业股权取得的股息、红利作为免税收入处理

D. 将购买企业债券取得的利息收入作为免税收入进行纳税调减

4.34 2023 年初，甲企业以现金 1 000 万元直接投资于乙企业，取得乙企业 60% 的股权。2023 年 11 月，甲企业将其持有的乙企业的股权全部转让，取得转让收入 1 100 万元，转让时，乙企业在甲企业投资期间取得的未分配利润为 200 万元。下列关于该项投资业务的说法，正确的是（ ）。

A. 甲企业取得投资转让所得 100 万元

B. 甲企业应确认投资的股息所得 120 万元

C. 甲企业应确认的应纳税所得额为 −20 万元

D. 甲企业投资转让所得不需要缴纳企业所得税

4.35 甲公司 2022 年 11 月 1 日购入一笔长期国债，按照票面面值支付价款 625 万元，该项国债按照票面利率 4% 计息，并于每年 10 月 31 日支付。2023 年 7 月 1 日，甲公司将该国债出售，取得价款 655 万元。则此项交易应计入 2023 年的应纳税所得额的金额为（ ）万元。

A. 0   B. 30

C. 16.58   D. 13.42

4.36 企业下列支出中，在计算企业所得税应纳税所得额时准予扣除的是（　　）。

A. 环境保护部门所处的罚款

B. 银行对逾期贷款加收的罚息

C. 税务机关加收的滞纳金

D. 市场监督管理机关罚没的物品

4.37 某公司 2023 年度实现会计利润总额 25 万元。经税务师审核，"财务费用"账户中列支有一笔利息费用：向本企业职工借入生产用资金 120 万元，借用期限 5 个月，支付借款利息 3.5 万元，签订了借款合同。已知银行同期同类贷款利率为 5%，不考虑其他项目，则该公司在企业所得税汇算清缴时的应纳税所得额为（　　）万元。

A. 21

B. 26

C. 30

D. 33

4.38 甲公司（制造业企业）2023 年委托境内乙公司（非关联方）进行研发。经与乙公司结算后，委托研发费用为：研发人员人工费 30 万元，研发耗用材料费 100 万元，研发用设备折旧费 10 万元，与研发活动直接相关的其他费用 10 万元。已经取得乙公司开具的相关合法凭证。则甲公司当年税前加计扣除的研发费用为（　　）万元。

A. 140

B. 40

C. 150

D. 120

4.39 某中型企业 2023 年实际发生并取得合规票据的下列支出中，允许在当年企业所得税前一次性全额扣除的是（　　）。

A. 购建一条单位价值 800 万元的生产线

B. 购进单位价值 600 万元的龙门吊车

C. 建造竣工交付使用单位价值 2 500 万元的生产车间

D. 购进单位价值 30 万元的二手小汽车

4.40 2023 年某软件生产企业实际发放的合理工资总额为 200 万元；实际发生职工福利费 35 万元、拨缴工会经费 3.5 万元、职工教育经费 8 万元（其中职工培训费用 4 万元）；另为职工支付补充养老保险费 12 万元、补充医疗保险费 8 万元。该企业进行企业所得税汇算清缴时就上述费用应调增应纳税所得额（　　）万元。

A. 7

B. 9

C. 12

D. 22

4.41 某企业 2023 年 10 月接受某广告公司提供广告服务，并以转账方式支付广告费 30 万元，广告公司提供了从其他单位代开的增值税专用发票，若该广告公司目前处于正常经营状态，该企业 2023 年度企业所得税汇算清缴时，下列对该笔广告费的相关处理中正确的是（　　）。

A. 在 2024 年 5 月 31 日前向广告公司换开增值税专用发票后于税前扣除

B. 凭企业制作的内部凭证，在企业所得税税前扣除

C. 凭广告公司签订的合同协议及转账付款等证明材料于税前扣除

D. 可以直接在企业所得税税前扣除

4.42 甲公司持有乙公司 90% 的股权，共计 3 000 万股。2023 年 1 月丙公司决定收购甲公司持有的乙公司全部股权，该股权每股计税基础为 10 元，收购日每股公允价值为 12 元。在收购协议中约定，丙公司以公允价值为 32 400 万元的股权以及 3 600 万元银行存款作为支付对价。假定该收购行为符合相关条件，公司选择进行特殊性税务处理，则甲公司股权转让的应纳税所得额为（　　）万元。

A.600

B.5 400

C.300

D.6 000

4.43 甲企业拟以股权和现金为交易对价收购乙企业股权，对于此收购交易适用特殊性税务处理的下列说法中，正确的是（　　）。

A.适用特殊性税务处理的条件之一为甲企业支付的交易对价中股权支付金额不得低于交易支付总额的 50%

B.若适用特殊性税务处理，甲企业取得乙企业股权的计税基础应按公允价值确定

C.乙企业原享受的企业所得税税收优惠不得继续享受

D.若适用特殊性税务处理，甲企业取得乙企业股权的计税基础中，股权对价所对应的部分应以原有计税基础确定

4.44 某企业适用的企业所得税税率为 25%，2017—2023 年经营情况如下：

年度	2017 年	2018 年	2019 年	2020 年	2021 年	2022 年	2023 年
未弥补亏损前的应纳税所得额	−100 万元	−50 万元	+20 万元	+50 万元	−10 万元	+20 万元	+65 万元

该企业 7 年共计缴纳企业所得税（　　）万元。

A.1.25

B.3.75

C.9.75

D.16.25

4.45 某企业 2023 年 9 月 10 日开业，在进行 2023 年度企业所得税汇算清缴时，其税款所属期间应为（　　）。

A.2023 年 9 月 10 日至 2023 年 12 月 31 日

B.2023 年 10 月 1 日至 2023 年 12 月 31 日

C.2023 年 9 月 1 日至 2023 年 12 月 31 日

D.2023 年 1 月 1 日至 2023 年 12 月 31 日

4.46 我国居民个人取得的下列所得中，属于来源于境外的所得的是（　　）。

A. 在中国境内提供受雇劳务期间由外国雇主发放的奖金

B. 在境外工作期间从中国境内上市公司取得的股息

C. 由外国企业支付的稿酬所得

D. 转让中国境内不动产取得的所得

4.47 居民个人取得的下列收入中，不可以按照累计预扣法预扣预缴个人所得税的是（　　）。

A. 正在接受全日制学历教育的学生因实习取得的劳务报酬所得

B. 稿酬所得

C. 证券经纪人取得的佣金收入

D. 保险营销员取得的佣金收入

4.48 中国公民陈某为某会计师事务所职员。2023 年 12 月份，与事务所的同事威廉（外籍个人）合作出版了一本研究美国与中国税法规定差异的书籍，两人共获得稿酬 56 000 元，陈某与威廉事先约定按 6∶4 比例分配稿酬。则陈某稿酬所得应预扣预缴的个人所得税为（　　）元。

A.2 240

B.3 763.2

C.8 960

D.5 376

4.49 小张为甲单位员工，2023 年 1—12 月在甲单位取得工资薪金 48 000 元，单位为其办理了 2022 年 1—12 月的工资、薪金所得个人所得税全员全额明细申报。2023 年，甲公司每月给其发放工资 8 000 元、个人按国家标准缴付"三险一金" 2 000 元。在不考虑其他扣除情况下，计算 2023 年 3 月甲公司应为小张预扣预缴的个人所得税税额为（　　）元。

A.0

B.30

C.60

D.180

4.50 符合条件的非上市公司实施股权激励，对应缴纳的个人所得税可递延到该股权转让时缴纳，适用的所得项目是（　　）。

A. 财产转让所得

B. 利息、股息、红利所得

C. 工资、薪金所得

D. 偶然所得

4.51 根据个人所得税的相关规定，下列关于个人养老金的表述中，错误的是（　　）。

A. 个人养老金的扣除限额为 12 000 元 / 年

B. 个人缴纳的个人养老金，在限额内可以选择在分类所得中据实扣除

C. 个人养老金投资环节产生的投资收益暂不征收个人所得税

D. 个人养老金在领取时，不并入综合所得，单独按照 3% 的税率计算缴纳个人所得税

4.52 2024 年 5 月，公民小乔将持有的境内上市公司限售股转让，取得转让收入 40 万元。假设该限售股原值无法确定，则其转让限售股应缴纳个人所得税（　　）万元。

A.5.44

B.6.4

C.6.8

D.8

4.53 税务师在审核个人独资企业个人所得税时，发现该个人独资企业从投资的有限责任公司取得了分红，对于该分红正确的处理是（　　）。

A. 并入经营所得，按经营所得缴纳个人所得税

B. 不并入经营所得，单独按利息、股息、红利所得缴纳个人所得税

C. 不并入经营所得，作为税后利润分配免征个人所得税

D. 并入经营所得，作为权益性投资收益免征个人所得税

4.54 位于市区的甲企业有一栋原值为 300 万元的厂房，2023 年 8 月初对该厂房进行加固和扩建，当月月底完成竣工手续，改扩建成本为 70 万元，已计入固定资产核算。已知当地政府规定计算房产余值的扣除比例为 20%，2023 年全年该企业应缴纳房产税（　　）万元。

A.3.04

B.2.94

C.3.1

D.2.8

4.55 某矿产企业将外购铜矿原矿和自采铜矿原矿按照 1∶2 的比例混合在一起对外销售，2023 年 5 月销售混合铜矿原矿 900 吨，取得不含增值税销售额 100 万元，外购铜矿原矿所取得的增值税发票上注明外购铜矿原矿单价 800 元 / 吨（不含增值税），该铜矿原矿适用的资源税税率为 6%，当期该矿产企业应纳的资源税为（　　）万元。

A.1.68

B.4.32

C.4.56

D.6

4.56 下列情形中，应计算缴纳房产税的是（　　）。

A. 房地产开发企业建造的尚未出售且未使用的商品房

B. 某社区医疗服务中心自用房产

C. 某公园的办公用房

D. 某大学出租的房产

4.57 下列房产税处理中，不符合房产税政策规定的是（　　）。

A. 对外出租的商铺在免租期间，由产权所有方按照房产的计税余值缴纳房产税

B. 未将完全建在地面以下的地下人防设施计入房产原值，计征房产税

C. 将与地上房屋相连的地下停车场计入房产原值，计征房产税

D. 针对经营自用的厂房，将取得厂房时支付的地价款计入房产原值中一并计算缴纳房产税

4.58 城镇土地使用税的计税依据为纳税人（　　）的土地面积。

A. 实际占用

B. 自用

C. 经税务机关核定

D. 拥有

4.59 下列关于城镇土地使用税减免税优惠的说法中，错误的是（　　）。

A. 企业办的幼儿园自用的土地，免征城镇土地使用税

B. 公园、名胜古迹自用的土地，免征城镇土地使用税

C. 企业厂区以内的公路用地，免征城镇土地使用税

D. 直接用于农、林、牧、渔业的生产用地，免征城镇土地使用税

4.60 某省规定土地增值税清算时利息支出以外的其他房地产开发费用扣除比例为5%。房地产开发企业利息支出能够按清算对象分摊并能够提供金融机构证明，能够单独计算扣除，在进行土地增值税清算时，作为清算对象扣除项目中的"房地产开发费用"金额应是（　　）。

A. 利息＋销售费用＋管理费用

B. 利息＋［取得土地使用权所支付的金额＋房地产开发成本（不含利息支出）］×5%

C. 利息＋［取得土地使用权所支付的金额＋房地产开发成本（含利息支出）］×5%

D. 利息＋［取得土地使用权所支付的金额＋房地产开发成本（含利息支出）］×（5%+20%）

4.61 房地产开发企业在进行土地增值税清算时，为取得土地使用权所支付的契税可以扣除。应计入的扣除项目是（　　）。

A. 与转让房地产有关的税金

B. 取得土地使用权所支付的金额

C. 房地产开发成本

D. 房地产开发费用

4.62 下列合同中，不属于印花税征收范围的是（　　）。

A. 融资租赁合同

B. 家庭财产两全保险合同

C. 电网与用户之间签订的供用电合同

D. 发电厂与电网之间签订的购售电合同

4.63 关于印花税的计税依据，下列说法正确的是（　　）。

A. 财产保险合同以所保财产的金额为计税依据

B. 融资租赁合同以合同所载租金总额为计税依据

C. 易货合同以合同所载的换出货物价值为计税依据

D. 建筑工程总承包合同以总承包合同金额扣除分包合同金额后的余额为计税依据

4.64 甲企业与运输公司签订货物运输合同，记载装卸费 20 万元、保险费 10 万元、运输费 30 万元，则甲企业按"运输合同"税目计算缴纳印花税的计税依据为（　　）万元。

A.30

B.60

C.40

D.50

4.65 下列关于环境保护税征收的规定中，说法正确的是（　　）。

A. 对于大气污染物，按照每一排放口排放的污染物的排放量从小到大进行排序，对前三项污染物征收环境保护税

B. 对第一类水污染物按照污染当量数从大到小排序，对前三项征收环境保护税

C. 应税固体废物按照废物的产生量确定计税依据

D. 对于工业噪声，声源一个月内超标不足 15 天的，减半计算应纳税额

4.66 2023 年 5 月，自然人王某与甲公司签订协议，将自有商铺出租给甲公司，租赁期一年，租金总额 12 万元，于签订协议当月一次性支付。王某当月无其他应税行为。下列关于该租赁免税的说法，正确的是（　　）。

A. 免缴房产税

B. 免缴增值税

C. 免缴印花税

D. 免缴个人所得税

4.67 房地产开发企业 2023 年度申报应预缴的土地增值税时，应使用的申报表为（　　）。

A.《财产和行为税纳税申报表》

B.《预缴土地增值税税源明细表》

C.《土地增值税纳税申报表》

D.《土地增值税预缴申报表》

二、多项选择题

4.68 下列关于增值税一般纳税人资格认定的年应税销售额的表述，正确的有（　　）。

A.纳税人出租不动产的销售额，不计入年应税销售额

B.纳税人偶然发生的销售无形资产、转让不动产的销售额，不计入年应税销售额

C.纳税人销售不动产按照税法规定有扣除项目的，年销售额按扣除允许扣除的项目之后的差额计算

D.年应税销售额，是指纳税人在连续不超过 12 个月或四个季度的经营期内累计应征的增值税销售额

E.年应税销售额包括纳税申报销售额、稽查查补销售额、纳税评估调整销售额

4.69 某增值税一般纳税人发生的下列经济业务中，应按 6% 税率征收增值税的有（　　）。

A.汽车融资租赁业务

B.融资性售后回租业务

C.有资质的二手车经销业务

D.人力资源服务

E.水路运输期租业务

4.70 某增值税一般纳税人发生的下列应税行为中，应按"物流辅助服务"缴纳增值税的有（　　）。

A.港口设施保安费　　　　　　　　B.打捞救助服务

C.航空地面服务　　　　　　　　　D.仓储服务

E.无运输工具承运业务

4.71 向购买方收取的下列各项款项中，应计入增值税应税销售额计算销项税额的有（　　）。

A.品牌使用费

B.违约金

C.符合条件的代垫运费

D.延期付款利息

E.代收代缴的消费税

4.72 下列各项中，关于增值税一般纳税人特殊交易的表述正确的有（　　）。

A.折扣销售一律按折扣后的金额计算增值税

B.现金折扣不影响增值税的计算

C.销售折让符合条件可以冲减折让当期的销项税额

D.以旧换新的，按新货物的售价计算增值税

E.还本销售的销售额不得扣除还本支出

4.73 从事货物生产和批发零售的企业发生的下列行为中，必须将全部销售额按照销售货物计算缴纳增值税的有（　　）。

A.销售自产数控机床的同时提供信息技术服务

B.销售自产钢结构件的同时提供安装服务

C. 销售自产广告灯箱的同时提供设计服务

D. 销售外购电梯的同时提供安装服务

E. 销售自产轧棉机的同时提供送货上门服务

4.74 增值税一般纳税人购进的下列服务的进项税额，不能从销项税额中抵扣的有（　　）。

A. 住宿服务

B. 贷款服务

C. 餐饮服务

D. 交通运输服务

E. 娱乐服务

4.75 纳税人发生的下列情形中需要预缴增值税的有（　　）。

A. 知名品牌手机预售收到款项

B. A 市李某收到位于 B 市的三居室租金

C. A 市施工单位在外省 B 市提供建筑物收到工程进度款

D. 施工单位提供建筑服务预收工程款

E. 房地产开发商收到楼盘预售款

4.76 房地产开发企业中的增值税一般纳税人，销售其开发的房地产项目（选择简易计税方法的房地产老项目除外），其增值税销售额应以取得的全部价款和价外费用扣除受让土地时（　　）。

A. 向政府部门支付的拆迁补偿费用

B. 向政府部门支付的征地费用

C. 向建筑企业支付的土地前期开发费用

D. 向其他单位或个人支付的土地出让收益

E. 向其他单位或个人支付的拆迁补偿费用

4.77 下列经济事项中，既属于增值税视同销售，又属于企业所得税视同销售确认收入的项目的有（　　）。

A. 将生产的产品用于分配股利

B. 将生产的产品用于投资

C. 将生产的产品用于职工福利

D. 将生产的产品用于本企业办公楼在建工程

E. 将资产在总机构及外省分支机构之间转移用于销售

4.78 某生产企业为增值税一般纳税人，企业发生的下列经济业务均取得了增值税专用发票，其注明的增值税额允许从当期销项税额中抵扣的情形有（　　）。

A. 购买一批生活用品用于向地震灾区捐赠

B. 修理卡车发生的修理费支出

C. 因管理不善发生霉烂变质的库存材料

D. 免税产品制造车间购买的原材料

E. 用于个人消费的外购礼品

4.79 下列服务中，一般纳税人可以选择简易计税的有（　　）。

A. 公共交通运输服务

B. 劳务派遣服务

C. 以清包工方式提供的建筑服务

D. 融资性售后回租服务

E. 人力资源外包服务

4.80 增值税纳税人发生的下列事项中可以免征增值税的有（　　）。

A. 养老机构提供的养老服务

B. 个人转让著作权

C. 个人销售非自建经营用房

D. 医疗机构提供的医疗服务

E. 从事学历教育的学校提供的教育服务

4.81 下列各项中，关于增值税纳税义务发生时间的说法正确的有（　　）。

A. 采取直接收款方式销售货物的，为收到销售款或者取得索取销售款凭据的当天，但货物尚未发出的除外

B. 采取托收承付和委托银行收款方式销售货物的，为发出货物并办妥托收手续的当天

C. 采取赊销方式销售货物的，为货物发出的当天

D. 租赁服务采取预收款方式的，为收到预收款的当天

E. 采取预收货款方式销售货物的，一律为货物发出的当天

4.82 卷烟厂（增值税一般纳税人）委托其他企业加工烟丝，收回后用于生产卷烟。下列选项中应计入收回烟丝成本的有（　　）。

A. 随同加工费支付的取得的普通发票包含的增值税

B. 发出的用于委托加工烟丝的材料成本

C. 加工企业代收代缴的消费税

D. 随同加工费支付的增值税专用发票注明的增值税

E. 支付的委托加工费

4.83 A 烟花厂委托 B 烟花厂加工一批烟花，A 烟花厂提供的材料成本为 65 万元，B 烟花厂收取加工费 20 万元（不含增值税，下同），其中含代垫辅助材料费 2 万元。B 烟花厂按税法规定代收代缴了消费税（B 烟花厂无同类应税消费品销售价格）。A 烟花厂收回加工完成的烟花后以 180 万元的价格将该批烟花售出，烟花消费税税率为 15%，下列关于消费税处理的说法正确的有（　　）。

A.B 烟花厂需要代收代缴消费税 20 万元

B.B 烟花厂需要代收代缴消费税 15 万元

C.A 烟花厂不用缴纳消费税

D.A 烟花厂需要缴纳消费税 12 万元

E.A 烟花厂需要缴纳消费税 15 万元

4.84 下列选项中，可按生产领用量抵扣委托加工收回应税消费品已纳消费税的有（　　）。

    A. 首饰厂将委托加工收回的已税玉珠抛光打孔串成玉珠项链

    B. 葡萄酒厂将委托加工收回的已税葡萄酒用于生产高档葡萄酒

    C. 首饰厂将委托加工收回的已税蓝宝石戒面制成 18K 黄金镶嵌项坠

    D. 化妆品厂将委托加工收回的已税高档化妆品生产成高档化妆品

    E. 企业以委托加工收回的已税润滑油为原料生产的润滑油

4.85 下列关于金银首饰消费税的规定中，表述正确的有（　　）。

    A. 铂金首饰在零售环节加征消费税

    B. 翻新改制方式销售的金银首饰，按新首饰的零售价格确定销售额

    C. 金银首饰用于样品时应当按规定征收消费税

    D. 金银首饰连同包装物销售，其包装物单独计价并在会计处理上单独核算的，不计入金银首饰计征消费税的计税依据

    E. 带料加工的金银首饰，受托方没有同类金银首饰销售价格的，按照组成计税价格计算纳税

4.86 下列选项中，不计入企业的收入总额计算缴纳企业所得税的有（　　）。

    A. 政策性搬迁收入

    B. 国债利息收入

    C. 已作坏账损失处理后又收回的应收款项

    D. 股东划入资产，协议约定作为资本金且企业在会计上已作实际处理的

    E. 县级以上人民政府将国有资产明确以股权投资方式投入企业，企业作为国家资本金计入实收资本

4.87 某税务师在对 A 企业进行审核时发现"营业外支出"科目发生额为 150 万元，下列项目中可以税前扣除的有（　　）。

    A. 银行罚息 20 万元

    B. 环境污染罚款 50 万元

    C. 民事诉讼费用 30 万元

    D. 合同违约金 40 万元

    E. 税收滞纳金 10 万元

4.88 依据企业所得税法规定，下列支出项目中，税务师在进行企业所得税汇算清缴时，企业应作纳税调整增加的有（　　）。

    A. 计提的未实际发生的资产减值准备

    B. 安置残疾人员的工资费用

    C. 企业按规定缴纳的公众责任险

    D. 超过税法规定标准的业务招待费

    E. 计入营业外支出的因非正常损失不得抵扣的进项税额

4.89 甲公司为境内居民企业，2021 年初以 5 000 万元对乙公司（境内居民企业）进行投资，占有表决权股份的 50%，甲公司后续采用权益法进行核算。2021 年乙公司实现利润

600 万元，甲公司会计上确认投资收益 300 万元；2022 年乙公司分配利润 200 万元，2022 年乙公司发生亏损 1 000 万元，甲公司确认投资损失 500 万元；2023 年甲公司将该股权出售，取得价款 5 500 万元，确认投资收益 800 万元。则下列税务处理表述正确的有（　　）。

A.2021 年应纳税调减 300 万元

B.2022 年应将投资损失纳税调增 500 万元

C.2022 年分配股利应纳税调增 100 万元

D.2023 年出售股权应纳税调减 300 万元

E.2023 年出售股权无须进行纳税调整

4.90 企业取得的下列收入中，可以作为广告费和业务宣传费计算扣除基数的有（　　）。

A. 销售货物收入　　　　　　　　　B. 转让财产收入

C. 租金收入　　　　　　　　　　　D. 特许权使用费收入

E. 视同销售收入

4.91 下列调整事项，需要在企业所得税纳税申报表 A105000《纳税调整项目明细表》调整的有（　　）。

A. 视同销售业务　　　　　　　　　B. 加计扣除业务

C. 投资收益业务　　　　　　　　　D. 企业重组业务

E. 免税项目业务

4.92 依据企业所得税的相关规定，发生的广告费和业务宣传费可按不超过当年销售（营业）收入 30% 的比例扣除的有（　　）。

A. 化妆品销售企业　　　　　　　　B. 化妆品制造企业

C. 医药制造企业　　　　　　　　　D. 白酒制造企业

E. 烟草制造企业

4.93 下列各项中，准予直接在发生当期企业所得税税前扣除的有（　　）。

A. 企业按规定为职工购买的工伤保险

B. 购买作为交易性金融资产管理的股票发生的手续费

C. 房屋、建筑物以外的未投入使用的固定资产计提的折旧

D. 因自然灾害受到的直接经济损失

E. 房地产开发期间发生的借款利息

4.94 某科技企业拟申请享受研发费用加计扣除政策。该企业发生的下列研发相关的费用中，允许全额进行加计扣除的有（　　）。

A. 失败的研发活动所发生的研发费用

B. 研发活动直接形成产品对外出售的，其研发费用中对应的材料费用

C. 外聘研发人员的劳务费用

D. 委托境外机构的研究开发费用

E. 受托进行研发所发生的研发费用

4.95 下列关于企业所得税税前扣除的说法，符合现行税法规定的有（   ）。

A. 企业对外支付的赞助费应作为广告费和业务宣传费在限额内进行扣除

B. 企业的存货跌价准备金允许在企业所得税税前扣除

C. 金融企业计提的坏账损失准备金可以在规定的限额内进行扣除

D. 企业之间支付的管理费用取得合法凭证的，准予在税前扣除

E. 符合条件的专项用途财政性资金作为不征税收入后，其产生的成本费用也不得在税前扣除

4.96 下列情形中，税务机关有权核定其应纳税额的有（   ）。

A. 纳税人申报的计税依据明显偏低，又无正当理由的

B. 发生纳税义务，未按照规定的期限办理纳税申报的

C. 依照法律、行政法规的规定可以不设置账簿的

D. 依照法律、行政法规的规定应当设置但未设置账簿的

E. 设置账簿，但账目混乱或者成本资料、收入凭证、费用凭证残缺不全，难以查账的

4.97 上市公司支付给相关人员的下列支出中，应按"工资、薪金所得"有关政策规定扣缴个人所得税的有（   ）。

A. 本公司员工陈某的异地搬迁安置补助费

B. 向独立董事支付的董事费

C. 向职工支付的差旅费津贴

D. 公司年会中本单位员工获得的长期服务奖

E. 向外部劳务派遣公司支付的劳务派遣费

4.98 下列人员 2023 年从我国境内取得的收入中，在计算缴纳个人所得税时可以享受专项附加扣除的有（   ）。

A. 在我国境内无住所，但 2023 年在我国境内累计工作居住 30 天的外国人取得的工资

B. 在我国境内有住所，且全年均在境内居住的中国公民取得的稿酬

C. 在我国境内无住所，但 2023 年在我国境内累计工作居住 200 天的外国人取得的工资

D. 在我国境内有住所，但 2023 年全年未在境内居住的中国公民取得的劳务报酬

E. 在我国境内无住所也不居住的外国人在 2023 年取得的来源于我国境内的股息、红利所得

4.99 下列关于个人所得税专项附加扣除的表述中，符合税法规定的有（   ）。

A. 个人接受的本科学历继续教育，可以选择由本人或其配偶进行扣除

B. 夫妻双方在一个城市工作的，双方均可享受住房租金专项附加扣除

C. 个人发生的符合条件的大病医疗支出，可以选择由本人或其配偶进行扣除

D. 符合条件的子女教育支出，父母可以选择其中一方按 100% 扣除，也可由双方分别按 50% 进行扣除

E. 夫妻双方婚前分别购买住房发生的首套住房贷款，婚后仍可以各自享受住房贷款利息专项附加扣除

4.100 下列情形中，中国公民无须办理 2023 年度个人所得税汇算清缴的有（　　）。

　　A. 年度汇算需补税，但综合所得收入全年不超过 12 万元的

　　B. 取得劳务报酬 20 万元，扣缴义务人未扣缴税款的

　　C. 年度汇算需补税金额不超过 400 元的

　　D. 符合年度汇算退税条件但不申请退税的

　　E. 已预缴税额与年度应纳税额一致的

4.101 在计算房地产企业的土地增值税时，关于房地产开发费用的表述正确的有（　　）。

　　A. 利息的上浮幅度要按国家有关规定执行，超过上浮幅度的部分不允许扣除

　　B. 超过贷款期限的利息部分和加罚的利息允许扣除

　　C. 借款利息必须按转让房地产项目计算分摊扣除

　　D. 超过贷款期限的利息部分和加罚的利息不允许扣除

　　E. 利息支出可按取得土地使用权支付的金额和房地产开发成本金额之和在 15% 以内计算扣除

4.102 房地产开发企业的开发项目进行土地增值税清算时，缴纳的下列税费，属于"与转让房地产有关的税金"项目的有（　　）。

　　A. 销售开发的房产而缴纳的教育费附加

　　B. 销售开发的房产而缴纳的城市维护建设税

　　C. 取得土地使用权所缴纳的契税

　　D. 销售开发的房产而缴纳的印花税

　　E. 销售开发的房产而缴纳的增值税

4.103 下列选项中，属于主管税务机关可以要求纳税人进行土地增值税清算情形的有（　　）。

　　A. 取得销售（预售）许可证满 3 年仍未销售完毕

　　B. 整体转让未竣工决算房地产开发项目

　　C. 直接转让土地使用权

　　D. 纳税人申请注销税务登记但未办理土地增值税清算手续

　　E. 已竣工验收的房地产开发项目，已转让的房地产建筑面积占整个项目可售建筑面积的比例在 85% 以上

4.104 税务师代理审查从量计征应税资源的资源税时，下列表述中正确的有（　　）。

　　A. 对于连续加工而无法正确计算原煤移送使用量的煤炭，可以加工后的煤炭数量作为课税数量

　　B. 纳税人开采或者生产应税产品销售的，应以销售数量为课税数量

　　C. 纳税人若降低或混淆应税产品的等级，应使用低等级的单位税额

　　D. 代理纳税审查时首先应确定纳税人的计税依据是否正确

　　E. 纳税人开采或者生产应税产品自用的，应以生产数量作为课税数量

4.105 下列关于资源税征收管理规定的表述中，正确的有（   ）。

A. 纳税人按季或者按月申报缴纳资源税的，应当自申报期终了之日起 15 日内申报缴纳资源税

B. 资源税的纳税地点为应税产品的销售地

C. 纳税人自产自用应税产品的纳税义务发生时间，为移送使用应税产品的当天

D. 纳税人以自采原矿加工成精矿产品的，在原矿移送环节暂不缴税

E. 纳税人销售应税产品，资源税纳税义务发生时间为发出产品的当日

4.106 企业以下行为中，需要缴纳资源税的有（   ）。

A. 珠宝企业将进口的玉石用于加工首饰

B. 煤炭企业从衰竭期煤矿开采的煤炭对外出口

C. 企业将开采的二氧化碳气直接销售

D. 煤炭企业因安全生产需要而抽采的煤层气

E. 石油企业从低丰度油气田开采的原油

4.107 单位排放的下列应税污染物中，应缴纳环境保护税的有（   ）。

A. 机动车排放的汽车尾气

B. 建筑队施工产生的噪声

C. 生产型企业排放的二氧化碳

D. 生产型企业排放的冶炼渣

E. 规模化畜禽养殖场从污染物排放口排放的水污染物

4.108 下列各项中，关于环境保护税的征收管理说法错误的有（   ）。

A. 主管税务机关依照环境保护税法和有关环境保护法律法规的规定对污染物监测管理

B. 税务机关发现纳税人的纳税申报数据资料异常的，可以提请环境保护主管部门进行复核

C. 环境保护税纳税义务发生时间为纳税人排放应税污染物按规定申报的当日

D. 环境保护税一律按月计算，按季申报缴纳

E. 纳税人应当向应税污染物排放地的税务机关申报缴纳环境保护税

4.109 下列情形中，暂不征收土地增值税的有（   ）。

A. 甲企业改制重组时，用土地使用权投资入股乙房地产开发企业

B. 个人销售住房

C. 甲企业以土地使用权与乙企业的办公楼进行等价交换

D. 甲制药公司将房地产转移到分设的乙制药公司名下

E. 房地产抵押期满后，发生了权属转移

4.110 下列房屋附属设备和配套设施，无论在会计核算中是否单独记账与核算，都应计入房产原值计征房产税的有（   ）。

A. 智能化楼宇设备

B. 地下停车场

C. 消防设备

D. 分体式空调

E. 给排水设备

4.111 下列关于房产税纳税义务发生时间的表述中，正确的有（   ）。

A. 纳税人自行新建房屋用于生产经营的，从建成之次月起缴纳房产税

B. 纳税人将原有房产用于生产经营的，从生产经营之次月起缴纳房产税

C. 纳税人购置存量房的，自房屋交付使用之次月起缴纳房产税

D. 纳税人出租、出借房产的，自交付出租、出借房产之次月起缴纳房产税

E. 纳税人委托施工企业建设的房屋，从办理验收手续之次月起缴纳房产税

4.112 下列关于城镇土地使用税的说法中，正确的有（   ）。

A. 城镇土地使用税的征税范围仅为城市、县城、建制镇，不包括农村

B. 纳税人新征用的土地，必须于批准新征用之日起 30 日内申报登记

C. 经省、自治区、直辖市人民政府批准，经济落后地区的城镇土地使用税适用税额标准可以适当降低，但降低额不得超过规定的最低税额的 50%

D. 土地使用权未确定或权属纠纷未解决的，由实际使用人纳税

E. 城镇土地使用税按年计算缴纳

4.113 下列各项中，属于土地增值税征税范围的有（   ）。

A. 出让国有土地使用权

B. 转让地上地下相连的建筑物产权

C. 转让国有土地使用权

D. 转让地上建筑物产权

E. 转让地上附着物产权

4.114 税务师审核某房地产开发企业土地增值税清算时，下列关于扣除项目的表述正确的有（   ）。

A. 房地产开发企业逾期开发缴纳的土地闲置费不得扣除

B. 建成后有偿转让的小区停车场，准予扣除相关成本、费用

C. 建成后产权属于全体业主所有的会所，准予扣除相关成本、费用

D. 销售已装修的房屋，其装修费用不得在计算土地增值税时扣除

E. 建成后无偿移交给非营利公用事业单位的小区医院，其成本、费用不得扣除

4.115 根据印花税的相关规定，下列合同中属于"产权转移书据"的有（   ）。

A. 专有技术使用权转让合同

B. 非专利技术转让合同

C. 土地使用权转让合同

D. 土地使用权出让合同

E. 商品房销售合同

4.116 下列关于印花税的说法中，正确的有（   ）。

A. 同一应税合同涉及两方以上纳税人，各方均应按照合同总金额计算纳税

B. 同一应税凭证载有两个以上税目事项并分别列明金额的，从高适用税率

C. 应税凭证所列金额与实际结算金额不一致，应以实际结算金额作为计税依据

D. 纳税人多贴的印花税票，不予退税及抵缴税款

E. 因计算错误导致应税凭证的计税依据不准确的，应重新确定计税依据

4.117 下列选项中，属于"六税两费"减免政策税种的有（   ）。

A. 耕地占用税

B. 房产税

C. 契税

D. 城镇土地使用税

E. 城市维护建设税

三、简答题

4.118 个体工商户小张从事文具零售，系增值税小规模纳税人，其经营业务均适用3%征收率，选择按月缴纳2023年第一季度增值税。其中1月、2月、3月不含税销售额分别是40 000元、110 000元和130 000元。其中，3月份有一笔业务开具了一张金额为50 000元、税额为1 500元的增值税专用发票，该发票已无法追回。

要求：

根据上述资料，回答下列问题。

(1) 各月应缴纳的增值税额是多少？

(2) 假如2023年小张选择按季缴纳增值税，2023年第一季度应缴纳的增值税是多少？

(3) 由于按月或按季缴纳的增值税有差异，小张根据自己经营实际情况，是否可以从第二季度开始改为按季度缴纳增值税？请简述理由。

(4) 若小张经营业务销售额超过免征增值税标准，其享受减征增值税优惠政策时，适用的增值税征收率为多少？能否开具增值税专用发票？

4.119 2023年4月，某税务师事务所的税务师小张为客户提供日常税务咨询服务，其客户提出了下列增值税一般纳税人的涉税问题。请根据税法规定代小张回答下述问题：

(1) 某软件企业销售自行开发的软件产品如何缴纳增值税？

(2) 某加油站管理公司经营用车辆所耗用汽油应作进项税额转出处理，还是视同销售货物处理？

(3) 某市最近遭遇了较强降雨，甲公司虽将货物全部存于仓库并做好了相关措施，但仓库仍浸水，导致存货无法使用，请问这种损失需要作进项税额转出吗？

(4) 企业在办公楼内安装了视频会议系统，取得了增值税专用发票，该视频会议系统相关的进项税额是否能够抵扣？

4.120 某物业公司为增值税一般纳税人，2023年6月向某税务师事务所咨询如下增值税相关问题。

资料1：物业公司2023年下半年为部分业主提供房屋装饰服务。

资料2：物业公司从2023年6月起向业主收取A楼盘车位管理费。已知该楼盘车位是业主在购房时一并购买的，且其已获得车位产权证书。

资料3：2021年10月1日甲房地产公司将B楼盘的可出租地下车位所有权转让给物业公司。2023年6月起物业公司对外出租地下车位。

问题：

（1）资料1中物业公司为业主提供的房屋装饰服务，应按哪个应税服务项目缴纳增值税？适用税率为多少？能否适用简易计税方法缴纳增值税？请简述政策规定。

（2）资料2中物业公司收取的这部分车位管理费，应按哪个应税服务项目缴纳增值税？适用税率为多少？

（3）资料3中物业公司出租该地下车位收取的租金，应按哪个应税服务项目缴纳增值税？适用税率为多少？能否适用简易计税方法缴纳增值税？请简述政策规定。

4.121 东部A省B市的甲房地产开发企业系增值税一般纳税人。2023年3月25日与政府签订了一份土地使用权出让合同，土地出让金为3亿元，合同约定土地出让金于3月30日前支付，但未约定具体交付土地日期，实际交付日期为4月25日。2023年4月30日取得预售许可证，开始对期房进行预售。已知A省税务机关规定的土地增值税预征率为2%。

要求：

（1）请简要说明支付的土地出让金应取得何种合规的票据。

（2）请简要说明房地产开发企业取得预售款时，需要对哪些税款进行预征或预缴，并简述各税种预征或预缴的基本规定。

（3）请写出房地产开发企业销售开发产品采用一般计税方法计算增值税时，当期允许扣除的地价款及当期销售额的计算公式。

4.122 某中外合资豪华品牌汽车生产企业A最近与甲省一家民营企业B协商，共同筹办设立一家汽车经销商C，以在甲省及其周边省市经销零售该品牌小汽车。双方协议约定，A企业以其生产的D型豪华小汽车500辆作为投资。假设D型豪华小汽车当月已上市销售。A企业的财务总监咨询某税务师，请代该税务师回答下列问题：

（1）A企业该投资业务的增值税和消费税的计税依据分别应如何确定？

（2）A企业该投资业务的企业所得税应如何处理？（不考虑特殊性税务处理）

4.123 甲公司2024年委托某税务师事务所进行2023年企业所得税汇算清缴工作。

税务师在审核相关资料时发现甲公司有如下两笔借款：

（1）2022年6月1日向银行贷款800万元，专门用于建造某生产车间，当日开工建设，并且满足资本化条件。该借款期限为两年，年利率为5%，该车间于2023年9月30日交付使用（达到预定可使用状态）。该公司会计在 2023 年度计提了贷款利息支出 40 万元，全部记入"财务费用"科目借方。（不考虑资产折旧问题）

（2）2023 年 12 月 31 日归还关联企业两年期借款本金 1 200 万元，按事先约定的利率支付两年的利息费用共计 180 万元。（注：关联企业对甲公司的权益性投资额为 480 万元。甲公司不能证明此笔交易符合独立交易原则，也不能证明实际税负不高于关联企业）

要求：

计算甲公司 2023 年企业所得税汇算清缴时针对上述两笔利息支出应调整的应纳税所得额。

4.124 某电脑生产企业为增值税一般纳税人，2023 年主营业务收入 5 000 万元，其他业务收入 500 万元，主营业务成本 2 500 万元，其他业务成本 100 万元，税金及附加 220 万元，管理费用 550 万元，销售费用 900 万元，财务费用 100 万元，资产处置收益 60 万元，营业外收入 100 万元，营业外支出 180 万元。

其中：管理费用中业务招待费支出为 80 万元，销售费用中广告费为 850 万元。

营业外支出包括：通过市民政局向贫困地区捐赠电脑，其成本为 80 万元、不含税售价为 100 万元、增值税为 13 万元；直接向某中学捐赠电脑，其成本为 40 万元、不含税售价为 50 万元、增值税为 6.5 万元；直接向灾区捐赠现金 34.5 万元。

要求：

(1) 计算该企业当年利润总额。

(2) 计算该企业当年纳税调整金额。

4.125 某境内企业计划委托外单位研发新产品，针对委托的研究开发费用如何在企业所得税税前加计扣除咨询了如下问题，请予回答：

(1) 委托境内单位进行研发，由委托方还是受托方享受加计扣除政策？实际发生的委托研发费用，计入加计扣除基数的金额是多少？

(2) 委托境外单位进行研发，实际发生的委托研发费用，如何确定计入加计扣除的基数？在程序上与委托境内单位研发有什么区别？

(3) 委托境内或境外的个人进行研发，是否可以享受加计扣除政策？若可以享受加计扣除政策，应取得怎样的扣除凭证？

4.126 甲有限责任公司分别由企业和自然人投资设立。2024 年 4 月召开股东大会，形成决议：将 2023 年度实现的税后利润中的 2 000 万元分配给股东、3 000 万元转增股本，并于 2024 年 4 月办理款项支付和转增手续。

要求：

根据上述资料，请回答下列问题。

(1) 企业股东取得分红及转增股本时，甲有限责任公司分别应如何履行扣缴义务？

(2) 在向企业股东分红和转增股本时，甲有限责任公司分别应如何履行纳税义务？

(3) 向居民个人股东分红及转增股本时，甲有限责任公司分别应如何履行扣缴义务？

4.127 陈先生以 200 万元注册资本在 A 市设立一家有限责任公司，由于业务扩张，需要的资金量较大，但由于公司属于初创公司，很难从金融机构取得贷款。

2023 年 7 月 1 日陈先生通过抵押个人住房，以个人名义按年利率 6.5% 向银行取得 500 万元抵押贷款，期限半年，取得贷款后，陈先生全部转给其有限责任公司使用，约定到期后一次性还款，但未收取利息。

要求：

根据上述资料，请回答下列问题。

(1) 陈先生支付给银行的利息支出，能否在有限责任公司计算企业所得税时扣除？简述理由。

(2) 假定有限责任公司向陈先生按银行贷款利率支付利息，2023 年允许在企业所得税税前扣除的金额为多少？应取得何种扣税凭证？（银行同期同类贷款利率为 6.5%）

(3) 假定有限责任公司向陈先生支付贷款利息，是否需要代扣代缴个人所得税？

4.128 2024 年 4 月居民企业甲公司在编制其年度决算报表之前，委托税务师事务所进行 2023 年度汇算清缴审核工作。税务师发现甲企业 2023 年度部分经营情况如下：

（1）4 月收到其投资的非上市居民企业乙公司分回的投资收益 5 万元，甲公司认为该项属于免税项目。

（2）2023 年 1 月 4 日，甲公司购买了上市公司丙公司的流通股股票，6 月 30 日收到丙公司发放的现金股利 2 万元，甲公司认为其属于免税项目。

（3）将其对丁公司的按照长期股权投资核算的股权对外出售，取得了处置收益 30 万元，并记入了"投资收益"科目，甲公司认为该项也属于免税项目。

要求：

判断甲公司的上述做法是否正确，并说明理由。

4.129 税法讲师小陈为非雇佣单位提供教学服务，取得劳务报酬 60 000 元（不考虑增值税和其他税费），支付单位预扣预缴了个人所得税。

要求：

(1) 请列式计算支付单位应预扣预缴的个人所得税。

(2) 简述劳务报酬所得预扣预缴税款和年度汇算清缴时，在应纳税所得额的计算及适用税率（或预扣率）等方面有何区别。

居民个人劳务报酬所得预扣率表

级数	预扣预缴应纳税所得额	预扣率	速算扣除数（元）
1	不超过 20 000 元的	20%	0
2	超过 20 000 元至 50 000 元的部分	30%	2 000
3	超过 50 000 元的部分	40%	7 000

4.130 中国居民王先生 2023 年于某境内上市公司担任独立董事，年报酬 12 万元，上市公司计划每半年向独立董事支付报酬，并预缴个人所得税。王先生认为每半年发放报酬并扣缴个人所得税会导致其个人所得税负担增加，要求每月发放报酬并预扣预缴个人所得税。

问题：

(1) 上市公司在支付独立董事报酬时应按什么税目预扣预缴个人所得税？

(2) 王先生要求每月发放报酬并预扣预缴个人所得税是否符合政策规定？请简述理由。

(3) 每半年或每月发放报酬所预扣预缴的个人所得税的结果是否一致？请分别简述理由。

(4) 王先生认为的每半年发放报酬并预扣预缴个人所得税会导致其个人所得税负担增加，此观点是否正确？请简述理由。

4.131 中国公民陈某 2023 年 6 月从 A 大学毕业，2023 年 7 月 1 日前往位于北京的甲公司担任软件开发人员；此外，陈某热爱摄影，独立经营一家个体图片社（登记注册为个体工商户），主要从事在线图片修饰业务。陈某 2023 年度有关收支情况如下：

（1）自甲公司取得工资收入 95 000 元、加班补贴 20 000 元，准予扣除的专项扣除为 4 000 元 / 月，截至 2023 年 11 月末已预扣预缴个人所得税款 283 元。

（2）自图片社取得收入 50 000 元。发生成本费用共计 28 000 元，其中包括雇员工资 6 000 元、陈某本人工资 12 000 元（该个体户未对发放给陈某本人的工资扣缴个人所得税）、广告费 2 000 元，同时用于家庭生活以及在线图片修饰业务生产经营划分不清的费用为 8 000 元。

（3）5 月购买体育彩票，中奖 11 000 元，购买彩票支出 2 000 元。

（4）6 月获得某论坛颁发的技术创新新人奖，奖金 1 000 元，同时获得论坛赞助企业赠送的价值 500 元的纪念品及 1 000 元消费折扣券。

（5）10 月首次购房，自当月起每月偿还贷款本金 10 000 元、贷款利息 800 元。

（6）12 月其拍摄的照片在某地理杂志发表，取得收入 1 000 元。

（其他相关资料：陈某未婚，为独生子女，双亲均已超过 60 岁，各项专项附加扣除均由所在单位代为申报，预扣预缴税款时准予扣除；于 2023 年 12 月 31 日购买个人养老金 12 000 元，选择在综合所得汇算清缴时扣除。）

要求：

(1) 计算陈某取得 2023 年 12 月工资、薪金所得应预扣预缴的个人所得税。

(2) 计算陈某 2023 年度经营所得的应纳税所得额。

(3) 计算陈某体育彩票中奖和参加论坛获得的各项收益应缴纳的个人所得税税额。

(4) 计算陈某发表照片应预扣预缴的个人所得税税额。

(5) 计算陈某在办理 2023 年度综合所得汇算清缴时的应补税额或应退税额。

4.132 居民个人王某在某省会城市工作，有一个不满两周岁的女儿和一个上小学的儿子。2023 年王某与个人所得税汇算清缴相关的收入及支出如下：

（1）全年领取扣除按规定比例缴付的社保费用和住房公积金后的工资共计180 000元，单位已为其预扣预缴个人所得税款5 480元。

（2）在工作地所在城市无自有住房，全年租房居住，每月支付房租5 000元。

（3）1月1日起，将其位于另一城市的自有住房出租，每月取得租金收入4 500元。

（其他相关资料：以上专项附加扣除均由王某100%扣除，王某当年并未向单位报送其专项附加扣除信息；不考虑出租房产涉及的其他税费。）

综合所得个人所得税税率表（部分）

级数	全年应纳税所得额 （累计预扣预缴应纳税所得额）	税率（%）	速算扣除数（元）
1	不超过36 000元的	3	0
2	超过36 000元至144 000元的部分	10	2 520
3	超过144 000元至300 000元的部分	20	16 920

要求：

（1）计算王某出租房产当年应缴纳的个人所得税。

（2）回答王某是否可以享受专项附加扣除，如果可以，回答办理的时间期限和受理税务机关。

（3）计算王某在办理年度汇算清缴时可申请的综合所得退税额。

（4）王某如需办理年度个人所得税汇算清缴，回答其可选择哪些办理的渠道。

4.133 某市贸易公司为增值税一般纳税人，于2023年8月16日将拥有的商铺以800万元的价格（含税价格，价款和税金未分开列明）出售，该公司选择按简易计税办法计税，并已签订产权转移书据。无法提供评估价格，经审核，该商铺购房发票显示开票日期为2016年1月18日，金额为500万元；缴纳契税15万元（可以提供完税凭证），支付手续费等共计10万元；商铺购进后发生装修费用75万元，并于2016年6月18日开始投入使用，贸易公司将商铺购置的价款、税费和装修费均计入"固定资产"，合计原值为600万元。截至出售时，商铺已累计计提折旧140万元。

要求：

（1）说明商铺出售时需要缴纳哪些税费，并计算税费。（不考虑地方教育附加、企业所得税）

（2）计算商铺出售后应计入企业所得税应纳税所得额的金额。

（3）不考虑其他事项，计算该事项应缴纳的企业所得税。

4.134 M房地产开发有限公司为增值税一般纳税人，位于市区。在2023年11月整体转让一栋其2021年开发的普通住宅，转让取得含税收入12 000万元，扣除项目中土地出让金2 000万元。房地产开发成本假设只有建筑安装工程费，包括购买的建筑材料2 000万元（含税价，取得增值税专用发票，税率为13%），支付给建筑公司建设工程款800万元（含税价，取得增值税专用发票，税率为9%）。房地产开发费用中的利息支出为1100万元（不能按转让房地产项目计算分摊利息支出，也不能提供金融机构证明），当地省级政府规定的房地产开发费用的扣除比例为10%。

M房地产开发有限公司于2023年12月5日进行土地增值税清算。假设只考虑城市维护建设税和教育费附加，不考虑地方教育附加。

要求：

计算M房地产开发有限公司的应纳土地增值税额。（计算结果以"元"为单位）

4.135 甲公司为非房地产开发企业，为增值税一般纳税人，2023年3月将部分办公家具和自建的办公楼对外出售。

（1）办公楼及办公家具出售时固定资产原值共计3000万元，已提折旧2450万元，净值550万元。其中：办公楼于2011年自行建造完成并于当年投入使用，其原值为2800万元，净值为500万元；办公家具（作为固定资产核算）中，2008年购置的一部分原值为150万元，净值为30万元，2018年购置的一部分（已抵扣进项税）原值为50万元，净值为20万元。

（2）甲公司出售前聘请当地具有资质的房地产评估事务所对办公楼进行了评估，重置成本价为5000万元，成新率为4成新。

（3）甲公司按2550万元的市场价格，将该办公楼及办公家具出售给乙公司，产权转移书据中注明办公楼作价2500万元；2008年购置的办公家具作价30万元，2018年购置的办公家具作价20万元。

上述价格均为含增值税价格。甲公司位于市区。甲公司选择按简易计税方法计算出售办公楼的增值税。对于出售办公家具，甲公司均开具了增值税专用发票并签订了购销合同。假设甲公司期初无留抵税额，当月无进项税额。

要求：

简要说明甲公司处置办公楼和办公家具分别涉及哪些税费（不考虑企业所得税、考虑地方教育附加），并分别计算应缴纳税额。

4.136 某公司2023年度发生房产相关业务如下：

（1）2023年3月18日新建办公楼竣工并投入使用，已知建造该办公楼的宗地于2022年2月12日取得，土地总价款为2000万元，取得时缴纳契税80万元。建造该办公楼发生建筑服务支出，取得的增值税专用发票上的合计金额为1000万元，税额为90万元。办公楼电梯为自行采购并单独计入固定资产，采购并安装电梯取得增值税专用发票合计金额200万元，税额26万元。

（2）2023年5月随着新建办公楼投入使用，将闲置的原办公楼整体出租，已知原办公楼原值500万元，根据合同约定租赁期为2023年5月16日至2025年5月15日，前两个半月免收租金，免租期到期后，自2023年8月起按月收取租金，每月租金4万元（不含税）。

已知：所在地房产原值扣除比例为30%。

要求：

根据上述资料，回答下列问题。（计算结果均以"万元"为单位，保留两位小数）

（1）新建办公楼的宗地应何时开始缴纳城镇土地使用税？新建房产应何时开始缴纳房产税？

（2）新建办公楼计算缴纳房产税时哪些项目应该计入房产原值？金额分别是多少？

（3）原办公楼出租，免租期间的增值税和房产税分别如何处理？

（4）新建办公楼和原办公楼 2023 年应纳的房产税金额分别是多少？

4.137 税务师受托审核某企业 2023 年度房产税、城镇土地使用税纳税情况，发现如下事项：

（1）从固定资产明细账查实该企业有位于市区的房屋 11 幢，房产原值合计为 34 202 200 元，再核对"应交税费——应交房产税"账户的应缴税金，复核计算无误，税款亦已入库。但是，审核"其他业务收入"账户，发现当年有一笔固定资产出租收入 62 400 元，核查原始凭证，这笔收入是将另一幢位于该县城的房屋出租给某公司经营的租金收入，租期为 2 年，月出租收入为 31 200 元，租赁期限自 2023 年 11 月 1 日至 2025 年 10 月 30 日，对该事项没有计缴房产税和印花税。

（2）该企业有两个车站，一个在市区，占地 34 000 平方米，按市政府规定，该地段每平方米年应纳税额 1.2 元；另一个在县城，占地 93 000 平方米，按县政府规定，该地段每平方米年应纳税额 0.8 元，但该公司申报纳税时全按每平方米年应纳税额 0.8 元计算。

要求：

根据上述两项业务，请代税务师回答以下问题。

（1）业务（1）的租金收入是否需要缴纳房产税？简要说明理由。如需纳税，请计算应补缴的房产税。

（2）业务（1）是否需要缴纳印花税？简要说明理由。如需纳税，请计算应补缴的印花税。

（3）业务（2）应补缴的城镇土地使用税金额是多少？

4.138 某酒店式公寓的经营者以长（短）租形式出租酒店式公寓，有以下两种运作模式：第一种是出租酒店式公寓，并提供叫醒、房间保洁、安保等酒店式配套服务；第二种是出租酒店式公寓，不提供酒店式配套服务。已知该酒店式公寓经营者系增值税一般纳税人。

要求：

根据上述资料，回答下列问题。

（1）两种运作模式下，该酒店式公寓的经营者取得的经营收入对应的增值税税率分别是多少？

（2）该酒店式公寓产权为经营者所有时，两种运作模式下，经营者应缴纳房产税的计税依据和税率分别是多少？

（3）该酒店式公寓为经营者租入时，两种运作模式下，谁是该酒店式公寓房产税的纳税人？房产税的计税依据和税率分别是多少？

4.139 某物业公司为增值税一般纳税人，2023年1月1日物业公司将其拥有的商用楼出租给某连锁服装品牌作为旗舰店，同时签订了房屋租赁合同，合同约定月租金为5万元（含税），租期3年，约定2023年1月1日至2023年3月31日免收租金。

2023年3月该物业公司向某税务师事务所咨询如下问题。

(1) 合同约定的免租期内物业公司是否需要缴纳增值税？

(2) 合同约定的免租期内物业公司是否需要缴纳房产税？如需要，应如何缴纳？

(3) 该合同应如何缴纳印花税？

4.140 2023年税务师受委托审核某煤矿（系增值税一般纳税人）的纳税情况，发现"生产成本"明细账借方发生额中有红字冲销额8 000元，其账务处理为：

借：应付职工薪酬　　　　　　　　　　　　8 000
　　贷：生产成本　　　　　　　　　　　　　　　　　8 000

经核实，该笔分录系该煤矿将自采煤矿用于员工宿舍区的锅炉取暖，并直接冲减了生产成本。经税务师审核，查出职工生活取暖方面用煤共计500吨，均以实际成本作上述账务处理，该批煤炭平均生产成本为80元/吨，不含增值税市场售价为120元/吨，已知煤矿适用的资源税税率为4%，适用的增值税税率为13%。

要求：

判断该业务是否需要缴纳资源税、增值税，并简要说明理由。如需纳税，请计算应补缴的资源税、增值税。

4.141 2023年1月，某展销集团将其自用的一幢展馆投资于其全资子公司（家具展销中心），该展馆于2015年7月由该展销集团以800万元购入，缴纳相关税费后计入固定资产的原值为840万元，截止到2022年12月31日已累计计提折旧340万元。投资协议约定，以资产评估的含税价格1 325万元作为投资确认公允价值，投资过程中按规定应缴纳的税费由各方自行承担。已知该展销集团及家具展销中心均为增值税一般纳税人。该展销集团以该展馆对外投资时，按要求开具了增值税专用发票，增值税选择简易计税方法计算，确认的转让所得选择分4年计入应纳税所得额。

要求：

(1) 列式计算该展销集团以该展馆向家具展销中心投资时，应缴纳的增值税是多少。

(2) 列式计算该展销集团以该展馆对外投资应确认的转让所得金额及该项投资2023—2026年的计税基础金额。

(3) 列式计算家具展销中心接受投资的该展馆2023—2026年的计税基础金额。

(4) 假定房产税适用税率和城镇土地使用税年税额不变，请判断家具展销中心接受投资的该展馆，每年应缴纳的城镇土地使用税和房产税与该展销集团原缴纳金额相比是否发生变化，并说明理由。

4.142 某企业拥有的土地因国家建设需要被依法征收而搬迁，按照与当地政府相关部门的合同约定，该企业原有土地由政府收回后，政府有关部门以另一宗土地补偿该企业，因补偿土地的价值超过原土地价值，差额部分由该企业向政府有关部门以货币形式支付，假定该企业原土地原值为 A，账面净值为 B，差额支付部分为 C，换入土地的公允价值为 D。

要求：

根据上述资料，回答下列问题。

(1) 该企业因搬迁而取得土地方式对价的搬迁补偿，是否应缴纳增值税？请简述理由。

(2) 该企业因搬迁而取得土地方式对价的搬迁补偿，是否应缴纳土地增值税？请简述理由。

(3) 该企业因政策性搬迁而换入的土地应缴纳契税的计税依据是多少？请简述理由。

(4) 该企业因政策性搬迁而换入的土地企业所得税的计税基础是多少？请简述理由。

4.143 刘先生拟投资成立一家工业设计企业，向税务师小陈咨询其选择成立一人有限责任公司、个人独资企业或合伙企业在税收上有什么差异，并希望得到建议。请代税务师小陈回答上述问题。

4.144 税务师接受委托在对某企业进行纳税情况审核时发现，该企业将网店上销售货物所承担的送货费用支付给某快递公司后，快递公司一直未开具发票。据企业相关人员介绍，因快递公司在送货过程中出现丢货、破损等原因，已与其停止合作关系。该企业目前已就丢失、破损货物通过司法途径向其索赔。该企业财务人员向税务师咨询，请代税务师回答下列问题：

(1) 这种情况下增值税的抵扣和企业所得税的税前扣除应如何处理？

(2) 若事后了解到该快递公司已宣告破产并在工商注销，又应如何处理？

4.145 甲机械设备生产企业销售一批机械设备并开具增值税专用发票，购买方已申报抵扣。因产品质量原因，3 个月后经与购货方协商，对该批设备给予购货方 10% 的价格减让。企业咨询这部分销售折让应如何进行增值税和企业所得税处理。请代税务师回答上述问题。

4.146 某投资公司拟投资设立一家专门从事化工企业的废水处理公司，主营业务为废水处理及再生水出售，收入分别为向化工企业收取污水处理费和污水处理产生的再生水产品销售收入。在进行投资可行性分析时，投资公司相关人员向税务师咨询新投资的公司在增值税和企业所得税方面有可能享受哪些国家税收优惠及其应具备的主要条件。请代税务师回答上述问题。

四、综合题

4.147 甲公司属于高新技术企业，经营范围中包括股权投资项目，适用 15% 的企业所得税税率，2023 年财务资料显示：

（1）营业收入 2 000 万元，其中转让 5 年以上非独占许可使用权取得技术转让收入 800 万元。

（2）投资收益 195 万元，其中：权益法核算确认的股权投资收益 35 万元，成本法核算确认的股权投资收益 80 万元（系直接投资于非上市居民企业，被投资方当年已实际作出利润分配决定），转让子公司的股权转让收益 80 万元（其中股权转让收入 580 万元，会计投资成本 500 万元，计税成本 480 万元）。

（3）营业成本 900 万元，其中与技术转让相关的无形资产摊销成本 100 万元，实际发生工资费用 120 万元，实际发生职工教育经费 20 万元。

（4）税金及附加 280 万元，其中与技术转让相关的税金 3 万元。

（5）期间费用 230 万元，其中包括业务招待费 50 万元，实际发生的工资费用 82 万元，实际发生的职工教育经费 5 万元。

（6）营业外收入 850 万元。

（7）营业外支出 30 万元，其中通过县级以上政府部门发生公益性捐赠 25 万元。

（8）季度已累计预缴企业所得税 50 万元。

要求：

根据上述资料，计算甲公司在办理 2023 年企业所得税汇算清缴时应补（退）的企业所得税，并填制 A105000 纳税调整项目明细表。

A105000　纳税调整项目明细表

行次	项目	账载金额	税收金额	调增金额	调减金额
		1	2	3	4
1	一、收入类调整项目 （2+3+4+5+6+7+8+10+11）	*	*		
2	（一）视同销售收入 （填写 A105010）	*			*
3	（二）未按权责发生制原则 确认的收入 （填写 A105020）				
4	（三）投资收益 （填写 A105030）				
5	（四）按权益法核算长期 股权投资对初始投资成本 调整确认收益	*	*	*	
6	（五）交易性金融资产 初始投资调整	*	*		*
7	（六）公允价值变动净损益			*	

行次	项目	账载金额	税收金额	调增金额	调减金额
		1	2	3	4
8	（七）不征税收入	＊	＊		
9	其中：专项用途财政性资金（填写 A105040）	＊	＊		
10	（八）销售折扣、折让和退回				
11	（九）其他				
12	二、扣除类调整项目（13+14+…24+26+27+28+29+30）	＊	＊		
13	（一）视同销售成本（填写 A105010）	＊		＊	
14	（二）职工薪酬（填写 A105050）				
15	（三）业务招待费支出				＊
16	（四）广告费和业务宣传费支出（填写 A105060）	＊	＊		
17	（五）捐赠支出（填写 A105070）				
18	（六）利息支出				
19	（七）罚金、罚款和被没收财物的损失		＊		＊
20	（八）税收滞纳金、加收利息		＊		＊
21	（九）赞助支出		＊		＊
22	（十）与未实现融资收益相关在当期确认的财务费用				
23	（十一）佣金和手续费支出（保险企业填写 A105060）				
46	合计（1+12+31+36+44+45）	＊	＊		

4.148 某企业位于市区，系增值税一般纳税人，假定2023年购进和销售货物的增值税适用税率均为13%，年末增值税无留抵税额。2023年度按会计核算的利润总额为依据预缴企业所得税，享受的税收优惠政策及资产损失能提供留存备查的相关资料。

利润表摘要如下：

利润表

单位：元

项目	本年累计数
一、营业收入	8 000 000
减：营业成本	5 300 000
税金及附加	40 000
管理费用	700 000
财务费用	360 000
加：其他收益	50 000
其中：对联营企业和合营企业的投资收益	50 000
二、营业利润（亏损以"-"号填列）	1 650 000
加：营业外收入	60 000
减：营业外支出	160 000
三、利润总额（亏损总额以"-"号填列）	1 550 000
减：所得税费用	387 500
四、净利润（净亏损以"-"号填列）	1 162 500

税务师对该企业2023年度的纳税情况进行审核，发现如下纳税相关问题：

（1）管理费用中累计列支业务招待费60 000元。

（2）5月18日该企业投资的境内未上市居民企业A公司注销，从A公司分得剩余资产250 000元。已知A公司注销时的《剩余财产计算和分配明细表》载明剩余资产为2 500 000元，其中累计未分配利润和盈余公积400 000元。

企业初始投资成本为200 000元，投资比例为10%，分配的资产金额为250 000元。

其中确认的股息金额为40 000元。账务处理为：

借：银行存款　　　　　　　　　　250 000
　　贷：长期股权投资　　　　　　　　　　200 000
　　　　投资收益　　　　　　　　　　　　50 000

（3）7月18日收回2021年度已经作坏账损失核销并在企业所得税税前扣除的应收账款60 000元。账务处理：

借：银行存款　　　　　　　　　　60 000
　　贷：应收账款　　　　　　　　　　　　60 000

借：应收账款   60 000

 贷：坏账准备   60 000

（4）8月16日收到购货方支付拖欠的货款2 000 000元，以及延期支付货款的利息30 000元。账务处理：

借：银行存款   2 030 000

 贷：应收账款   2 000 000

  财务费用   30 000

（5）8月24日与销售方协商，原订购的货物不再购进，预付的70 000元货款作为违约金支付给销售方，收到销售方开具的收款凭证。账务处理：

借：营业外支出   70 000

 贷：预付账款   70 000

（6）10月24日将一批被盗电脑进行核销。根据企业资产损失核销审批表显示，这批电脑于2022年4月购进，购置时均取得增值税专用发票，合计金额200 000元，税额26 000元，进项税额均按规定抵扣。截至被盗时会计上已累计计提折旧额80 000元，从保险公司获得理赔30 000元。账务处理：

借：固定资产清理   120 000

 累计折旧   80 000

 贷：固定资产   200 000

借：银行存款   30 000

 营业外支出   90 000

 贷：固定资产清理   120 000

假定除上述问题外，企业的其他处理与纳税无关。

要求：

(1) 请逐一简述上述问题应如何进行税务处理。

(2) 请计算2023年度应补缴的增值税、城市维护建设税、教育费附加和地方教育附加。

(3) 请填写所附《纳税调整项目明细表》（无纳税调整的项目不填写）。

A105000 纳税调整项目明细表

行次	项目	账载金额	税收金额	调增金额	调减金额
		1	2	3	4
1	一、收入类调整项目 （2+3+4+5+6+7+8+10+11）	*	*		
4	（三）投资收益 （填写A105030）				
11	（九）其他				

续表

行次	项目	账载金额	税收金额	调增金额	调减金额
		1	2	3	4
12	二、扣除类调整项目 （13+14+…24+26+ 27+28+29+30）	*	*		
15	（三）业务招待费支出				*
46	合计 （1+12+31+36+44+45）	*	*		

（4）请计算企业所得税年度汇算清缴应纳所得税额及应补（或退）的企业所得税。

4.149 甲公司主营业务为电子产品的生产制造和销售，位于 A 市，为增值税一般纳税人，2022 年被认定为高新技术企业，2024 年 3 月委托 A 市某税务师事务所对 2023 年度进行所得税汇算清缴，税务师在工作底稿中记载相关内容如下：

（1）甲公司利润表中营业收入为 6 500 万元，营业成本为 3 900 万元，税金及附加 265.5 万元，管理费用 1 650 万元，财务费用 280 万元，销售费用 980 万元，资产减值损失 265 万元，公允价值变动损失 60.5 万元，投资收益 600 万元，营业外收入 800 万元，营业外支出 350 万元。

（2）经检查发现甲公司当年管理费用中有金额为 100 万元的发票不符合税法规定。

（3）管理费用中业务招待费 65 万元，财务费用中利息支出 150 万元（经检查发现该利息支出系向乙公司借款发生，取得乙公司开具的相关发票不符合税法规定），销售费用中有 600 万元为广告费，以前年度结转扣除的广告费为 10 万元。

（4）资产减值损失系计提坏账准备 80 万元，固定资产减值准备 100 万元，存货跌价准备 85 万元。

（5）公允价值变动损失系由于某交易性金融资产期末公允价值下降。

（6）投资收益包括两笔，第一笔为对 A 公司进行股权投资收到的分红（甲公司经营范围中有股权投资，A 公司为上市公司，甲公司于当年 3 月投资，A 公司于 6 月 2 日分红 200 万元），第二笔为对 B 公司的股权投资（作为长期股权投资并采用权益法核算，B 公司当年实现净利润，甲公司按持股比例确认的投资收益为 400 万元）。

（7）营业外收入中有 300 万元系当地政府发放的指定专项用途的财政补贴，甲公司选择作为不征税收入处理（已列支费用 100 万元）。

（8）营业外支出中有支付给 C 公司的违约金 10 万元，有支付的工商罚款 4 万元，有通过当地红十字会对灾区的捐赠款 20 万元，已取得捐赠支出票据，有达到使用年限集中报废固定资产损失 50 万元，有未达到预定使用年限提前报废固定资产损失 10 万元，有债务重组损失 30 万元，有非广告性质的产品赞助支出 226 万元（已知该批产品市场售价与账面成本相同，均为 200 万元）。甲公司针对资产损失已留存相关资料备查。

（9）已在成本费用中列支的工资薪金 650 万元，工会经费 15 万元（已全额上缴），职工教育经费 62 万元（已全部使用），职工福利费 90 万元（其中有 5 万元已计提但尚未实际使用）。

（10）固定资产明细账列明当年 9 月 11 日购入一台无须安装的仪器并于当月投入使用，支付价款 90 万元，增值税 11.7 万元，取得增值税专用发票。公司估计该固定资产可以使用 5 年，预计净残值为零，采用年限平均法计提折旧。公司选择一次性计入成本费用扣除。

（11）企业研发费用台账中列明当年发生的研究开发费用合计为 300 万元，其中包括工资薪金 35 万元（包括在上述 650 万元工资薪金中），社保费 19.25 万元，设备租赁费 35 万元，直接耗用材料费 100.5 万元，试制产品检验费 2.5 万元，研发设备检修费 6.5 万元，研发设备折旧费 28.25 万元，研发团队的差旅费 20 万元、会议费 33 万元，职工福利费 10 万元；委托境内外部机构进行研发活动发生费用 10 万元。

（12）2021 年甲公司亏损 125 万元，2022 年所得税汇算清缴未弥补亏损前的应纳税所得额为 116 万元，当年已弥补 2021 年亏损 116 万元，没有其他尚未弥补的亏损。

（13）甲公司当年预缴所得税 22.35 万元。

要求：

（1）计算甲公司当年的利润总额。

（2）计算当年"三项经费"合计调整应纳税所得额的金额。

（3）计算当年甲公司可以加计扣除的研发费用金额。

（4）请根据资料（10）简要说明甲公司购入的该固定资产可以享受的税收优惠政策，假设甲公司当年已享受了相关税收优惠。

（5）分别计算甲公司当年应纳税调整增加的金额及纳税调整减少的金额的合计数。

（6）计算甲公司当年应补（退）所得税金额。

4.150 某税务师事务所受托对某地处县城的生产企业（增值税一般纳税人）2023 年度企业所得税汇算清缴进行审核。2023 年该企业的年度利润表（摘要）如下：

利润表

单位：万元

项目	本年累计数
一、营业收入	6 500
减：营业成本	4 600
税金及附加	50
销售费用	510
管理费用	790
财务费用	87

续表

项目	本年累计数
加：其他收益	55
二、营业利润（亏损以"–"号填列）	518
加：营业外收入	3.39
减：营业外支出	105
三、利润总额（亏损总额以"–"号填列）	416.39
减：所得税费用	104.0975
四、净利润（净亏损以"–"号填列）	312.2925

税务师对 2023 年度有关账户明细记录及相关资料进行审核，发现如下情况：

（1）用一批产品按市场价格换取材料，并取得对方开具的增值税专用发票。该批产品的账面成本为 40 万元，不含税市场售价为 56 万元。企业的相关账务处理为：

借：原材料　　　　　　　　　　　　　　　　560 000

　　应交税费——应交增值税（进项税额）　　 72 800

　　贷：应付账款　　　　　　　　　　　　　　　　　232 800

　　　　库存商品　　　　　　　　　　　　　　　　　400 000

（2）"营业外收入"为销售生产过程中产生的边角料取得的收入，企业取得现金 3.39 万元，未开具发票，相关的成本已结转至"其他业务成本"科目，会计分录为：

借：库存现金　　　　　　　　　　　　　　　33 900

　　贷：营业外收入　　　　　　　　　　　　　　　　33 900

（3）经核实费用类科目的明细核算，归集出的企业全年在费用类科目中核算的有合法票据的业务招待费为 50 万元，广告费和业务宣传费为 90 万元。

（4）"营业外支出"由三部分组成：一是通过省级人民政府向灾区捐赠的 90 万元；二是因违反食品安全法被市场监督管理部门处以的罚款 12 万元；三是因订购的一批材料临时取消而支付的违约金 3 万元。

（5）"应付职工薪酬"账户各明细栏目反映，支付给职工的合理工资总额合计 700 万元，发生职工福利费合计 100 万元；发生职工教育经费 18 万元；拨缴工会经费 15 万元，已取得相关工会拨缴款项票据，上述各项支付均已在相关成本费用科目中核算。

假定该企业 2023 年度尚未结账，其他业务处理正确，且与纳税无关，无递延事项。

要求：

（1）根据所列资料，计算该企业当年应补缴增值税、城市维护建设税、教育费附加及地方教育附加的合计金额。

（2）根据所列资料，计算该企业年度利润总额、应纳税所得额、应纳所得税额及应补缴（或退）企业所得税额。

（3）作出 2023 年度相关调账处理。（计算结果可保留小数点后四位）

4.151 A 公司为商业企业增值税一般纳税人，2023 年发生相关业务如下：

（1）甲公司为 A 公司的供应商，A 公司所购进货物已经全部销售完毕，但是甲公司无法及时开票，跟 A 公司商定，先支付 60% 的货款，待开具发票时支付剩余 40% 的货款。

（2）乙公司为境外公司，A 公司购进乙公司商品，销售给购货方，商品相关销售数量及价格都由乙公司确认，当购货方销售商品达到一定数量后，乙公司按一定比例给购货方支付返利，返利由 A 公司代为支付，相关金额从 A 公司应支付给乙公司的货款中扣除。

（3）A 公司以前年度计提了一部分库存商品滞销的预计损失，按照存货账面价值的 40%，预提了准备金，并已经做了应纳税所得额的调增。该批存货在 2023 年 5 月过期，已作损失处理。

（4）A 公司通过网红直播带货方式销售货物，按销售额的 20% 支付手续费，收到对方开具的增值税专用发票。

要求：

根据上述资料，回答下列问题。

（1）业务（1）中，支付甲公司的货款，对 A 企业的预缴企业所得税和汇算清缴有什么影响？

（2）业务（2）中，A 公司支付返利时，应进行怎么样的会计处理？是否需要作进项税额转出处理？

（3）业务（2）中，A 公司销售货物给购货方时，如果已经开具了增值税专用发票，支付返利需要取得什么凭证？

（4）业务（3）中，过期损失的存货，相关的进项税金是否需要作转出处理？

（5）业务（3）中，按税法规定，计提的准备金是否可以在税前扣除？

（6）业务（3）中，实际发生损失时，应作纳税调整的金额是多少？

（7）业务（3）中，实际发生损失进行纳税调整时涉及哪些会计科目？

（8）业务（3）中，发生损失的存货在进行处理前，是否需要到税务局做备案？请简述处理方法。

（9）业务（4）中，收到直播带货方开具的专用发票是否能全额抵扣进项税额？企业所得税税前是否能全额扣除？

4.152 某化妆品生产企业系增值税一般纳税人，2023 年 3 月该企业发生如下业务：

（1）采取直接收款方式销售生产的 A 类面霜 1 500 瓶，每瓶 20 克，每瓶不含税销售价 400 元，款项 678 000 元已收存银行。

（2）销售生产的 B 类护肤液 50 箱，每箱 20 瓶，每瓶 60 毫升，每瓶含税售价 61.02 元，货物已发，款项 61 020 元已收存银行。

（3）销售生产的 C 类面膜 300 盒，每盒 5 片，已开具增值税专用发票，注明总价 27 000 元，增值税 3 510 元，款项尚未收到。

（4）将 A 类面霜、B 类护肤液各 1 瓶和 C 类面膜 2 片组成套装，以每套不含税价 490 元委托甲企业代销，已收到代销清单，当期代销 100 套，款项尚未收到。

（5）将本单位生产的 C 类面膜 120 盒作为"三八"节福利发放给本单位女职工。

（6）将 2016 年 3 月在本地自建的办公楼对外出租，一次性收取 3 年房租款 1 050 000 元，该企业采用简易计税方法计算增值税。

（7）本月材料采购情况如下表：

序号	采购内容	数量（千克）	不含税单价（元）
1	香水精	50	1 000
2	酒精	100	20
3	珍珠粉	500	50
4	面霜	500	600

当月除珍珠粉以外的材料均已取得专用发票，并已通过综合服务平台勾选确认用途，以上材料均未领用。

（8）支付销售化妆品发生的运输费用 21 800 元，取得的增值税专用发票上载明金额 20 000 元、税额 1 800 元，当月已确认用途。

已知高档化妆品消费税税率为 15%，增值税无上期留抵税额。

要求：

（1）根据所列资料，逐笔计算当期应纳的增值税（销项税额、进项税额或应纳增值税额）和消费税。

（2）根据资料填写下列增值税纳税申报表（摘要）中所列字母对应的金额。

	项目	栏次	一般项目
			本月数
销售额	（一）按适用税率计税销售额	1	A
	其中：应税货物销售额	2	B
	应税劳务销售额	3	
	纳税检查调整的销售额	4	
	（二）按简易办法计税销售额	5	C
	其中：纳税检查调整的销售额	6	
	（三）免、抵、退办法出口销售额	7	
	（四）免税销售额	8	
	其中：免税货物销售额	9	
	免税劳务销售额	10	

续表

项目		栏次	一般项目 本月数
税款计算	销项税额	11	D
	进项税额	12	E
	上期留抵税额	13	
	进项税额转出	14	
	免、抵、退应退税额	15	
	按适用税率计算的纳税检查应补缴税额	16	
	应抵扣税额合计	17=12+13-14-15+16	
	实际抵扣税额	18（如17＜11，则为17，否则为11）	F
	应纳税额	19=11-18	G
	期末留抵税额	20=17-18	
	简易计税办法计算的应纳税额	21	H
	按简易计税办法计算的纳税检查应补缴税额	22	
	应纳税额减征额	23	
	应纳税额合计	24=19+21-23	I

4.153 某宾馆系增值税一般纳税人，设有客房部、餐饮部、营销部和商场等业务部门，分别从事住宿服务、餐饮服务、会展服务和货物销售等经营业务。2023年6月发生与增值税相关的业务如下：

1. 收入方面（以下金额均为含税金额）：

（1）住宿服务金额为2 226 000元；餐饮服务金额为1 060 000元；会展服务金额为848 000元；销售货物金额为783 000元，其中农产品金额为218 000元、服装工艺品等货物金额为565 000元。另外因住客损坏住宿设施而与住宿费一同收取房间设施维修款合计21 200元，也未开具发票。

（2）因2023年3月销售的一批工艺品存在质量问题，经协商商场同意于当月退货，按规定开具红字增值税专用发票，金额为98 461.54元、税额为12 800元。

（3）客房重新装修更换新的设施，将客房中原有300台电视机以价税合计金额160 000元出售，宾馆选择适用简易计税办法且未放弃税收优惠。

（4）在外省出租的办公用房预收下半年租金 436 000 元，已向办公用房所在地预缴 12 000 元并取得完税凭证。

（5）出售本市商铺取得 2 525 000 元，该商铺系营改增前以 2 000 000 元购置的，宾馆选择适用简易计税方法。

（6）销售单用途商业预付卡取得 2 000 000 元、收到单用途卡充值款 300 000 元。

2. 进项税额方面：

（1）当期可以凭票抵扣和计算抵扣的进项税额合计为 362 971 元。

（2）当期进项税额转出金额为 16 100 元。

3. 其他情况：

经核实，宾馆 2019 年 3 月 31 日留抵税额为 10 万元，2023 年 6 月初留抵税额为 0，2019 年 4 月至 2023 年 6 月该宾馆的进项构成比例是 90%。该企业未适用加计抵减政策。

要求：

（1）计算该宾馆一般计税方法下的应纳税额（或留抵税额）。

（2）计算该宾馆 2023 年 6 月份纳税申报实际应缴纳的增值税额。

（3）该宾馆属于增值税留抵退税政策中的"住宿和餐饮业"，已在 2022 年底申请一次性退存量留抵退税，简要说明该宾馆能否在 2023 年 7 月 1 日申请增量留抵税额退税，以及其享受增量留抵退税时还需满足的条件。

（4）如果该宾馆满足增量留抵退税的条件，确定 2023 年 7 月份允许退还的存量留抵税额，并作出该宾馆收到退税时的会计分录。

4.154 某宾馆系增值税一般纳税人，设有客房部、餐饮部、营销部和商场等业务部门，分别从事住宿服务、餐饮服务、会展服务和货物销售等经营业务，均采用一般计税方法核算。该企业未适用加计抵减政策。

2023 年 6 月发生与增值税相关的业务如下：

1. 销项税额合计为 441 400 元。

2. 进项税额方面：

（1）各业务部门采购货物及取得的原始凭证汇总如下表所示：

各业务部门采购货物情况

单位：元

部门	货物	取得发票类型	支出金额（含税）	备注
客房部	床上用品等	增值税专用发票	1 582 000	—
餐饮部	酒、饮料、餐具、调味品等	增值税专用发票	226 000	—

续表

部门	货物	取得发票类型	支出金额（含税）	备注
餐饮部	蔬菜等农产品	农产品销售发票	280 000	农民个人自产并通过税务局代开的发票
		增值税专用发票	164 800	小规模纳税人通过税务机关代开的征收率为3%的发票
商场	服装、工艺品等	增值税专用发票	452 000	—
	坚果等农产品	增值税专用发票	72 100	小规模纳税人自行开具的征收率为3%的发票。全部领用并发出用以委托加工生产中秋月饼

（2）公司其他费用支出及取得的原始凭证汇总下表所示：

单位：元

序号	业务类型	取得发票类型	支出金额（含税）
1	电费	增值税专用发票	101 700
2	通信费（基础电信服务）	增值税专用发票	10 900
	通信费（增值电信服务）	增值税专用发票	31 800
3	高速公路通行费（试点前）	增值税电子普通发票	5 150
	一级、二级公路通行费（试点前）	增值税电子普通发票	2 100
	ETC充值款	不征税发票	1 200
4	境内航空运输费	航空运输电子客票行程单	15 000（票价和燃油附加费合计金额）
	国际航空运输费	航空运输电子客票行程单	20 000（票价和燃油附加费合计金额）

序号	业务类型	取得发票类型	支出金额（含税）
4	铁路运输费	铁路车票	6 800
	公路运输费	公路客票	721
5	增值税税控系统技术维护费	增值税专用发票	1 400

（3）除上述业务外，企业其他支出取得的增值税专用发票上注明的税额合计为 9 900 元。

3. 进项税额转出方面：

（1）商场一批工艺品因管理不善被盗，经确认该工艺品购进时取得增值税专用发票，金额为 50 000 元、税额为 6 500 元。被盗后，按宾馆内部制度规定，商场责任人赔偿 10 000 元。经审核确认，该批工艺品的增值税进项税额于 2023 年 4 月申报抵扣。

（2）因质量问题退回的工艺品，经与供货方协商，向供货方退货。按原购进时取得的增值税专用发票金额 60 000 元、税额 9 600 元，填开《开具红字增值税专用发票信息表》并上传。工艺品已退还供货方，尚未取得供货方开具的红字增值税专用发票，也未收到退货款。经审核确认，该批工艺品于 2021 年 10 月购进，并在购进当月申报抵扣进项税额。

4. 其他情况：

经核实，2023 年 6 月初留抵税额为 3 万元。当期开具的增值税发票都已按规定进行申报，取得的增值税专用发票、海关进口增值税专用缴款书和通行费电子普通发票都已登录增值税发票综合服务平台查询、勾选选择用于申报抵扣的增值税发票信息。

要求：

(1) 计算业务 2 当期进项税额合计金额。（计算结果保留整数，下同）

(2) 计算业务 3 进项税额转出金额。

(3) 计算本月增值税应纳税额。

做新变 new

new

一、单项选择题

4.155 居民个人王某 2023 年扣除社保和公积金后共取得税前工资收入 200 000 元，除此之外无其他收入。王某育有两个子女，大女儿 8 岁就读于当地小学，二儿子 2 岁，与子女有关的专项附加扣除均由其扣除。王某的父母健在且均已年满 60 岁，王某有一个姐姐，赡养老人专项附加扣除由二人均摊扣除。计算王某 2023 年度汇算清缴应缴纳的个人所得税税额为（　　）元。

A. 4 880

B. 5 480

C. 7 280

D. 10 880

4.156 纳税人庄某经营一家电子产品零售与修理店铺，为个体工商户。2023 年应纳税所得额为 2 500 000 元，同时可以享受残疾人政策减免税额 6 000 元，庄某 2023 年实际应缴纳的税额为（　　）元。

A. 173 800

B. 398 750

C. 401 750

D. 809 500

二、多项选择题

4.157 钱某为个体工商户业主，经营一家工作室，主营高端服饰销售与租赁业务，2023 年销售收入共计 512 万元，发生成本费用共计 326 万元，其中包括支付给自己的工资共计 20 万元，无其他纳税调整事项。钱某无综合所得，每月偿还首套住房贷款利息 2 000 元，无其他专项附加扣除项目。下列关于钱某经营所得相关的表述中正确的有（　　）。

A. 支付给业主的工资薪金支出不得在税前扣除

B. 钱某不得在计算经营所得应纳税所得额时减除专项附加扣除

C. 钱某计算年度应纳税所得额时应当减除专项附加扣除 12 000 元

D. 钱某应纳税所得额不超过 100 万元的部分减半征收个人所得税

E. 钱某应纳税所得额不超过 200 万元的部分减半征收个人所得税

4.158 根据消费税法律制度的规定，下列各项以外购应税消费品连续生产出的消费品，允许扣除外购应税消费品的已纳消费税额的有（　　）。

A. 外购已税白酒生产的高档白酒

B. 外购已税葡萄酒生产的葡萄酒

C. 外购已税啤酒液生产的啤酒

D. 外购已税摩托车生产的高档摩托车

E. 外购已税玉石生产的贵重首饰

三、简答题

4.159 请简述工业母机企业和集成电路企业能够享受的增值税加计抵减政策和研发费用加计扣除政策的内容。

4.160 某商贸公司为增值税一般纳税人，2024 年 3 月向某税务师事务所提供如下信息并咨询相关问题。

资料 1：该公司 2023 年度从业人数与资产总额数据。

项目	第一季度		第二季度		第三季度		第四季度	
	季初	季末	季初	季末	季初	季末	季初	季末
从业人数	200	242	242	280	280	310	310	320
资产总额（万元）	3 200	3 150	3 150	3 860	3 860	4 700	4 700	5 100

资料 2：该公司 2023 年度应纳税所得额为 288 万元。

问题：

(1) 该物流公司是否符合小型微利企业的判定条件。

(2) 计算该公司 2023 年应当缴纳的企业所得税税额。

(3) 除了企业所得税税收优惠之外，小型微利企业还能够享受哪些税费的税收优惠，请简述政策内容。

第五章　涉税会计核算

一、单项选择题

5.1　下列税金中，不应通过"税金及附加"科目核算的是（　　）。

　　A. 办公车辆所缴纳的车船税

　　B. 进口货物缴纳的关税

　　C. 办公大楼所缴纳的房产税

　　D. 生产销售高档化妆品所缴纳的消费税

5.2　随金银首饰销售单独计价的包装物，其包装物收入应缴纳的消费税计入的会计科目是（　　）。

　　A. 营业外支出

　　B. 销售费用

　　C. 其他业务支出

　　D. 税金及附加

5.3　某企业为增值税小规模纳税人，按季度申报纳税。根据现行规定，其季度销售额未达到 30 万元，享受免征增值税政策而减免的增值税额应计入（　　）。

　　A. 应交税费——应交增值税（减免税款）

　　B. 应交税费——简易计税

　　C. 其他收益

　　D. 应交税费——未交增值税

5.4　下列关于企业收到的即征即退增值税款的账务处理正确的是（　　）。

　　A. 实际收到时记入"利润分配"

　　B. 实际收到时记入"本年利润"

　　C. 实际收到时记入"其他业务收入"

　　D. 实际收到时记入"其他收益"

5.5　下列专栏中，在"应交税费——应交增值税"明细账借方核算的是（　　）。

　　A. 转出多交增值税

　　B. 出口退税

　　C. 转出未交增值税

　　D. 进项税额转出

5.6 某企业适用"免、抵、退"办法，该企业申报经批准确认的实际应退税额应借记（　　）。

A. 应收出口退税款

B. 应交税费——应交增值税（出口退税）

C. 应交税费——应交增值税（出口抵减内销产品应纳税额）

D. 银行存款

5.7 甲企业将其自产的空气净化器作为节日福利发放给职工，成本 20 000 元，市场不含税价 50 000 元，下列会计处理正确的是（　　）。

A. 借：应付职工薪酬　　　　　　　　　　　　52 600

　　　贷：主营业务收入　　　　　　　　　　　　　　　　50 000

　　　　　应交税费——应交增值税（进项税额转出）　　　 2 600

B. 借：应付职工薪酬　　　　　　　　　　　　26 500

　　　贷：主营业务成本　　　　　　　　　　　　　　　　20 000

　　　　　应交税费——应交增值税（销项税额）　　　　　 6 500

C. 借：应付职工薪酬　　　　　　　　　　　　56 500

　　　贷：主营业务收入　　　　　　　　　　　　　　　　50 000

　　　　　应交税费——应交增值税（销项税额）　　　　　 6 500

D. 借：应付职工薪酬　　　　　　　　　　　　22 600

　　　贷：主营业务成本　　　　　　　　　　　　　　　　20 000

　　　　　应交税费——应交增值税（销项税额）　　　　　 2 600

5.8 下列情形中增值税视同销售，但会计上不作收入处理的是（　　）。

A. 将购进的货物分配给股东投资者

B. 将外购的货物用于对外投资

C. 将自产的货物用于市场推广

D. 将自产的货物用于职工福利

5.9 甲公司为增值税一般纳税人，2024 年 1 月外购一批货物，取得了增值税专用发票，确认抵扣了进项税额。当年 4 月，该批货物因管理不善被盗 1 吨，每吨账面成本是 10 000 元。被盗损失尚未经公司内部批准。甲公司应进行的会计处理为（　　）。

A. 借：待处理财产损溢　　　　　　　　　　　10 000

　　　贷：原材料　　　　　　　　　　　　　　　　　　10 000

B. 借：待处理财产损溢　　　　　　　　　　　11 300

　　　贷：原材料　　　　　　　　　　　　　　　　　　10 000

　　　　　应交税费——应交增值税（进项税额转出）　　　 1 300

C. 借：营业外支出　　　　　　　　　　　　　11 300

　　　贷：原材料　　　　　　　　　　　　　　　　　　10 000

　　　　　应交税费——应交增值税（进项税额转出）　　　 1 300

D. 借：营业外支出 10 000

  贷：原材料 10 000

5.10 某市甲自来水厂为增值税一般纳税人，其销售自产的自来水选择适用简易计税方法缴纳增值税。2023 年 12 月甲水厂取得含税销售收入 30 万元，当期取得增值税专用发票上注明的进项税额为 4 万元。甲水厂在进行增值税会计核算时，下列计入贷方的科目和金额正确的是（ ）。

A. 应交税费——应交增值税（销项税额）1.15 万元

B. 应交税费——简易计税 0.87 万元

C. 应交税费——未交增值税 0.36 万元

D. 应交税费——预缴增值税 0.58 万元

5.11 A 市甲房地产公司为增值税一般纳税人，开发位于 B 市的某住宅项目。2023 年初取得预售许可证，2023 年 5 月取得预收款 5 450 万元（含增值税），并按规定预缴了增值税。甲公司该项目按一般计税方法计算增值税。下列关于预缴增值税的会计处理（以"万元"为单位）正确的是（ ）。

A. 借：应交税费——未交增值税 150

  贷：银行存款 150

B. 借：应交税费——简易计税 150

  贷：银行存款 150

C. 借：应交税费——预交增值税 150

  贷：银行存款 150

D. 借：应交税费——应交增值税（已交税金） 150

  贷：银行存款 150

5.12 增值税小规模纳税人计提应纳增值税时，应计入（ ）科目核算。

A. 应交税费——应交增值税

B. 应交税费——简易计税

C. 应交税费——未交增值税

D. 应交税费——已交税金

5.13 某增值税一般纳税人接受税务机关的增值税专项检查。下列关于该纳税人增值税检查调整专门账户的表述中错误是（ ）。

A. 检查后应调增账面进项税额或调减销项税额和进项税额转出的数额，借记有关科目，贷记"应交税费——增值税检查调整"科目

B. 全部调账事项入账后，应结出"应交税费——增值税检查调整"账户的余额，处理后，"应交税费——增值税检查调整"账户无余额

C. 凡纳税检查中涉及增值税涉税账务调整的，该纳税人应设立"应交税费——增值税检查调整"专门账户

D. 检查后应调减账面进项税额或调增销项税额和进项税额转出的数额，借记有关科目，贷记"应交税费——增值税检查调整"科目

5.14 下列会形成应纳税暂时性差异的经济行为是（　　）。

A. 营业外支出中列支非公益性捐赠

B. 新购置的固定资产符合条件在税前一次性扣除

C. 发生符合加计扣除的研究开发费用（未形成无形资产）

D. 存货计提跌价准备

5.15 房地产开发企业采用预售方式预售其自建的商品房。在预缴土地增值税时应编制的会计分录为（　　）。

A. 借：固定资产清理

　　贷：银行存款

B. 借：税金及附加

　　贷：应交税费——应交土地增值税

C. 借：开发成本

　　贷：应交税费——应交土地增值税

D. 借：应交税费——应交土地增值税

　　贷：银行存款

5.16 房地产企业购入土地使用权进行开发，该土地使用权缴纳的契税，正确的会计处理是（　　）。

A. 作为开发费用处理

B. 作为无形资产处理

C. 作为固定资产处理

D. 作为开发成本处理

5.17 一般运用于会计分录借贷方，有一方会计科目用错，而另一方会计科目没有错的情况下的调账的方法是（　　）。

A. 红字冲销法

B. 补充登记法

C. 综合账务调整法

D. 核销重记法

5.18 某房地产开发企业当年取得预售房款合计为 100 000 万元（不含税）。该公司将其中的 10 000 万元记入"其他应付款"科目中，同时对此部分金额没有按规定预缴土地增值税。已知当地规定的土地增值税预征率为 5%。则下列调账处理（以"万元"为单位）正确的是（　　）。

A. 借：以前年度损益调整　　　　　　　　　　　　500

　　贷：应交税费——应交土地增值税　　　　　　　　　　　　500

B. 借：其他应付款　　　　　　　　　　　　10 000

　　贷：合同负债　　　　　　　　　　　　　　　　　　10 000

C. 借：税金及附加　　　　　　　　　　　　500

　　贷：应交税费——应交土地增值税　　　　　　　　　　　　500

D. 借：其他应付款   500

      贷：应交税费——应交土地增值税   500

5.19 税务师在纳税审核中，发现企业以前年度少计收益或多计费用的情况，调账时应（   ）。

    A. 借记"利润分配——未分配利润"

    B. 贷记"主营业务收入"

    C. 借记"本年利润"

    D. 贷记"以前年度损益调整"

二、多项选择题

5.20 企业下列事项应通过"其他收益"核算的有（   ）。

    A. 符合小型微利企业条件减免的企业所得税

    B. 出口货物退回的增值税额

    C. 根据规定加计抵减的应纳增值税额

    D. 收到申请核准退回的留抵退税款项

    E. 收到个人所得税代扣代缴手续费

5.21 增值税一般纳税人初次购置增值税税控系统专用设备的费用及缴纳的技术维护费，取得合规票据，应进行的账务处理中涉及的会计科目包括（   ）。

    A. 固定资产

    B. 应交税费——应交增值税（进项税额）

    C. 应交税费——应交增值税（减免税款）

    D. 递延收益

    E. 管理费用

5.22 下列税种中应通过"应交税费"科目核算的有（   ）。

    A. 城镇土地使用税

    B. 地方教育附加

    C. 代扣代缴的个人所得税

    D. 车辆购置税

    E. 契税

5.23 下列业务的会计核算中，通过"应交税费——应交增值税（进项税额）"科目核算的有（   ）。

    A. 一般纳税人外购货物用于集体福利

    B. 一般纳税人外购货物用于免征增值税项目

    C. 一般纳税人外购货物用于股东分配

    D. 一般纳税人外购货物用于对外无偿捐赠

    E. 一般纳税人外购货物用于交际应酬

5.24 某增值税一般纳税人（非房地产开发企业）2023 年 1 月转让其于 2019 年购入的一栋写字楼，取得含税转让收入 5 000 万元，已在不动产所在地办理预缴申报。该写字楼含税买价为 3 270 万元，购买时取得增值税普通发票上注明的税额为 270 万元。该纳税人当月其他业务确认的销项税额为 90 万元，进项税额为 45 万元，则下列会计处理（以"万元"为单位）正确的有（　　）。

A. 借：应交税费——预交增值税　　　　　　82.38
　　　贷：银行存款　　　　　　　　　　　　　　　　82.38

B. 借：银行存款　　　　　　　　　　　　5 000
　　　贷：固定资产清理　　　　　　　　　　　　　4 587.16
　　　　　应交税费——应交增值税（销项税额）　　412.84

C. 借：银行存款　　　　　　　　　　　　5 000
　　　贷：固定资产清理　　　　　　　　　　　　　4 587.16
　　　　　应交税费——未交增值税　　　　　　　　412.84

D. 借：应交税费——未交增值税　　　　　　82.38
　　　贷：应交税费——预交增值税　　　　　　　　82.38

E. 借：应交税费——应交增值税（转出未交增值税）　457.84
　　　贷：应交税费——未交增值税　　　　　　　　457.84

5.25 下列业务中涉及的消费税，应通过"应交税费——应交消费税"科目核算的有（　　）。

A. 卷烟批发商向零售商批发卷烟

B. 将自产白酒抵偿债务

C. 委托加工收回的高档化妆品用于连续生产高档化妆品，受托方代收代缴的消费税

D. 委托加工收回的白酒用于连续生产白酒，被受托方代收代缴的消费税

E. 进口烟丝用于连续生产卷烟

5.26 下列关于企业涉税账务处理的说法中，正确的有（　　）。

A. 煤矿企业领用自采原煤用于连续生产煤化工产品，借记"生产成本"科目，贷记"应交税费——应交资源税"科目

B. 企业为其自有的按固定资产核算的小汽车缴纳车船税时，借记"固定资产"科目，贷记"应交税费——应交车船税"科目

C. 企业签订销售合同缴纳的印花税，借记"税金及附加"科目，贷记"银行存款"科目

D. 企业按照税法规定计算应缴纳的所得税，借记"所得税费用"等科目，贷记"应交税费——应交所得税"科目

E. 企业购置应税车辆用于管理部门使用，按照规定缴纳的车辆购置税，借记"固定资产"科目，贷记"银行存款"科目

5.27 某生产企业生产的是单一类产品，各期生产销售均衡，各期原材料领用后在产品和产成品都有一定数量的余额，同时也有对外销售的情况。税务师审核中发现该企业 2023 年有一笔专用于职工食堂的 10 000 元材料领用的账务处理为：

借：生产成本　　　　　　　　　　　　　　11 300
　贷：原材料　　　　　　　　　　　　　　　　　10 000
　　　应交税费——应交增值税（进项税额转出）　　　1 300

已知该企业2023年度决算报表已出。税务师按照"比例分摊法"进行调账处理时计入贷方调整的科目有（　　）。

A. 主营业务成本　　　　　　　B. 生产成本

C. 库存商品　　　　　　　　　D. 本年利润

E. 以前年度损益调整

三、简答题

5.28　甲企业为电器生产企业，系增值税一般纳税人。2024年3月经营业务如下：

（1）以自己生产的充电器产品向股东企业进行利润分配，已知该产品成本为500 000元，不含税销售价格为800 000元。

（2）本月外购每台不含税价格为1 000元的电暖器200台，价款以银行存款支付，已取得增值税专用发票，但尚未勾选确认用途。月末将全部电暖气作为职工福利发放给公司200名职工，其中100名为直接参加生产的职工，100名为总部管理人员。

要求：

请作出上述业务的会计分录。

5.29　甲公司为增值税一般纳税人，主营业务为毛绒玩具的生产和销售。其销售的货物均适用13%税率。该企业原材料采用实际成本法核算。2024年4月30日，税务师在进行纳税审核过程中，发现如下事项：

（1）4月通知购货客户乙公司归还包装物，乙公司告知包装物已毁损，同意甲公司没收其已收取的包装物押金10 000元。已知该押金为本年2月份收取，甲公司没收包装物押金的会计处理如下：

借：其他应付款——B公司押金　　　　　　　10 000
　贷：其他业务收入　　　　　　　　　　　　　　10 000

（2）本年2月份销售一批货物给丙公司，开具增值税专用发票注明销售额20 000元、增值税额2 600元，当月发出货物并收到货款。4月份因质量原因丙公司要求退货，甲公司同意对方要求。4月15日，按照有关规定开具了红字增值税专用发票，并将款项退还丙公司，当天收到货物并验收入库。该批货物原账面成本为15 000元。甲公司未进行会计处理。

要求：

(1) 根据资料（1），请回答该项业务的会计处理是否正确。如果不正确，请写出账务调整的会计分录。

(2) 根据资料（2），请写出4月份甲公司对该业务处理的会计分录。

5.30 2024 年 2 月初，某百货批发公司（增值税一般纳税人）购进商品一批，全部款项 12 390 元，其中增值税专用发票上注明的价款为 10 000 元，税额为 1 300 元，对方代垫运费 1 090 元，取得承运部门开具的增值税专用发票一张（注明运费 1 000 元、税额 90 元），已勾选确认用途，价税合计款项及代垫运费已通过银行转账形式支付。

2 月底上述货物验收入库时，发现有 1 000 元的货物因管理不善毁损，已取得毁损商品报告单，但尚未经企业内部有关部门批准。

要求：

请作出该批货物采购时，以及验收入库时的会计分录。

5.31 某洗衣机生产企业（增值税一般纳税人）委托某电器零售店代销洗衣机 200 台，双方合同约定，每台洗衣机不含税价 1 000 元，每销售 1 台，生产企业向零售店支付 50 元手续费。2024 年 1 月末，洗衣机生产企业收到代销店转来的代销清单 1 张，清单上注明已销售 100 台，收到代销手续费的结算发票 1 张（增值税普通发票），注明手续费价税合计金额 5 000 元。当月月末洗衣机生产企业收到代销货款（已扣减代销手续费），并向电器零售店开具增值税专用发票。

要求：

根据上述信息，分别作出洗衣机生产企业和电器零售店的会计分录。

5.32 甲企业系增值税一般纳税人，异地提供建筑服务按规定异地预交增值税 50 000 元，已在"应交税费——预交增值税"科目核算。本月月末"应交税费——应交增值税"科目的各专栏金额如下：

请写出月度终了以及次月征期实际缴纳增值税时应进行的相关账务处理（不考虑附加税费）。（单位"元"）

专栏名称	金额	专栏名称	金额
进项税额	750 000	销项税额	800 000
已交税金	150 000	进项税额转出	200 000

5.33 甲公司为 A 市一般纳税人（非房地产开发企业），2024 年 4 月转让其 2015 年于 B 市自建的厂房一栋，取得转让收入 1 000 万元（含税）。已知厂房的建造成本为 700 万元。

要求：

假定甲公司不存在其他进项税额和应纳税额。请按下列情形分别编制甲公司预缴增值税、月末月结和次月实际缴纳增值税的会计分录（以"万元"为单位）：

(1) 假设甲公司转让不动产按照一般计税方法计税。

(2) 假设甲公司转让不动产按照简易计税方法计税。

5.34 甲公司为制造业企业，增值税一般纳税人。2023 年 12 月 1 日签订合同将一台设备出租给乙公司（乙公司同为增值税一般纳税人），租入的设备用于企业管理部门，租期一年，按合同约定全年租金于 12 月 15 日一次性支付 12 万元（含税）。甲公司当日收到该款项，并开具了增值税专用发票，乙公司已通过综合服务平台勾选确认用途。乙企业对该短期租赁选择采用简化方式进行会计处理。

要求：

(1) 分别作出甲、乙公司本月该项业务的会计分录（单位"元"）。

(2) 分别说明这笔设备租金在甲、乙公司的企业所得税处理。

5.35 某税务师事务所在 2024 年 3 月对某企业 2023 年度纳税情况进行审核时，发现该企业管理部门多提折旧 50 000 元，该企业 2023 年度决算报表已编制。税务师经过审核，确认该笔业务依税法规定应予以补税，请代税务师作出相应的调账分录。

（其他相关资料：该企业适用的企业所得税的税率为 25%。）

5.36 税务师接受委托对某市服装生产企业（增值税一般纳税人，企业所得税税率为 25%）2023 年纳税情况进行审核。发现该企业 2023 年 12 月接受非关联方捐赠生产用原材料一批，取得增值税专用发票注明的金额为 100 万元，增值税税额为 13 万元。该企业账务处理为：

借：原材料　　　　　　　　　　　　　　　　100
　　应交税费——应交增值税（进项税额）　　13
　　贷：资本公积——其他资本公积　　　　　　　　　113

要求：

分析该企业会计核算是否正确。如果不正确请编制调整分录，考虑该业务对企业所得税的影响（假设企业 2023 年度决算报表已出）。

5.37 2024 年 5 月某税务师事务所对甲电子设备公司（增值税一般纳税人）2023 年业务进行审查时发现，2023 年 11 月甲公司将自己生产制造的电子设备作价 200 万元（不含税）对外投资。该公司财务部门将该批电子设备依其生产成本 180 万元全部结转到"长期股权投资"科目，企业账务处理（单位为"万元"）为：

借：长期股权投资　　　　　　　　　　　　　180
　　贷：库存商品　　　　　　　　　　　　　　　180

要求：

假设甲公司 2023 年决算报表已报出，不考虑城市维护建设税及教育费附加等，请分析该公司的会计处理是否正确。如果不正确，请作出正确的会计处理，并编制调账分录（以"万元"为单位）。

5.38 税务师在代理审核某化妆品厂（增值税一般纳税人）2024 年 1 月应缴纳消费税情况时发现，该企业本月采用预收货款方式销售高档化妆品 100 箱，取得含税销售额 113 000 元，商品已发出。已知会计上满足收入确认条件。该企业财务人员进行的会计处理为：

借：银行存款　　　　　　　　　　　　　　　　　　113 000

　　贷：合同负债　　　　　　　　　　　　　　　　　　　113 000

要求：

计算该项业务应缴纳的消费税，并进行调账处理（已知高档化妆品消费税税率为 15%）。

5.39 老陈金饰店为增值税一般纳税人，采取以旧换新方式销售金项链一条，售价为 20 000 元（含税），旧项链作价 5 000 元，实际收到价款 15 000 元。已知消费税税率为 5%。

要求：

计算上述业务应缴纳的增值税和消费税额，并编制上述业务的会计分录（单位"元"）。

5.40 甲公司为增值税一般纳税人，2024 年 1 月进口柴油 20 吨用于连续生产加工成品油。已知进口环节组成计税价格为 200 万元，甲公司缴纳了进口环节的消费税和增值税。取得海关进口专用缴款书上注明的增值税税额为 26 万元，已勾选确认用途。月末将外购柴油中的 1% 用于接送管理部门职工上下班的专用班车，剩余部分全部生产领用用于加工成品油。已知柴油消费税税率为 1 元 / 升，1 吨 =1 136 升。款项已通过银行转账方式支付。

要求：

计算进口柴油应缴纳的消费税，并分步骤作出上述业务的会计分录（单位"万元"）。

5.41 房地产开发企业采取预收款方式销售自行开发的房地产项目，在房地产项目未完工前收取的预收款项，应按规定预缴增值税、土地增值税及按预计毛利额计入当期应纳税所得额计算缴纳企业所得税。

假定房地产开发项目增值税适用简易计税，采用预收款方式销售未完工产品。

要求：

根据上述资料，回答下列问题。

(1) 收到预收款时，预缴增值税和预缴土地增值税的计税依据分别是什么？

(2) 房地产开发项目未完工前收取预收款时预缴土地增值税和完工后预收款结转主营业务收入时计提土地增值税的会计分录该如何处理？

(3) 收取未完工产品预收款时预缴的土地增值税能否在企业所得税季度预缴和年度汇算清缴时扣除？

四、综合分析题

5.42 某化工企业为增值税一般纳税人，税务师受托对其 2023 年 11 月的增值税纳税情况进行审核，发现其有关增值税处理业务如下：

（1）11 月 5 日记账凭证：购进原材料——棉纱，运输途中因看管不善部分被盗，取得运输单位赔偿。企业账务处理为：

借：原材料——棉纱   200 000

  应交税费——应交增值税（进项税额） 26 000

   贷：应付账款   226 000

借：银行存款   11 300

   贷：原材料——棉纱   11 300

原始凭证及其他相关情况：

①增值税专用发票 1 份，载明货物或应税劳务、服务名称为"＊纺织产品＊棉纱"，注明金额 200 000 元，税额 26 000 元，该发票已勾选确认用途；

②棉纱被盗情况说明，部分棉纱被盗，价税合计 11 300 元，运输单位担任全部责任，全额赔偿，其余棉纱全部入库；

③银行入账单 1 份，收到运输单位赔偿 11 300 元。

（2）11 月 6 日记账凭证：收购免税农产品。企业账务处理为：

借：原材料——天然橡胶   270 000

  应交税费——应交增值税（进项税额） 30 000

   贷：银行存款   300 000

后附原始凭证及其他相关情况：

①自行开具的农产品收购发票 10 份，载明货物、应税劳务或服务名称为"＊林业产品＊天然橡胶"，汇总金额为 300 000 元，系向农产品生产者收购天然橡胶；

②银行现金支票存根若干份，以现金支票支付收购款，合计金额 300 000 元；

③材料入库单 1 份。

（3）11 月 7 日记账凭证：购进农产品。企业账务处理为：

借：原材料——天然树脂   40 000

  应交税费——应交增值税（进项税额） 1 200

   贷：应付账款   41 200

后附原始凭证及其他相关情况：

①税务机关为小规模纳税人代开的增值税专用发票 1 份，载明货物或应税劳务、服务名称为"＊林业产品＊天然树脂"，注明价款 40 000 元，税额 1 200 元；

②材料入库单 1 份。

（4）11 月 8 日记账凭证：发出自产产品，收款 90%，对方扣 10% 作为质保金尚未支付。企业账务处理为：

借：银行存款   1 017 000

  应收账款   113 000

   贷：主营业务收入   1 000 000

    应交税费——应交增值税（销项税额） 117 000

    应交税费——待转销项税额   13 000

后附原始凭证及其他相关情况：

①开具的增值税专用发票 1 份，注明金额 1 000 000 元，税额 130 000 元；

②银行进账单 1 份，注明金额 1 017 000 元；

③产品出库单 1 份。

（5）11 月 27 日记账凭证：报销员工境内出差交通费。企业账务处理为：

借：管理费用   7 280

      应交税费——应交增值税（进项税额）   720

     贷：库存现金   8 000

后附原始凭证及其他相关情况：

航空运输电子客票行程单 4 张（注明本企业出差人员信息），合计金额 8 000 元。

（6）11 月 28 日记账凭证：支付销售货物的运输服务费用。企业账务处理为：

借：销售费用   70 000

      应交税费——应交增值税（进项税额）   4 200

     贷：银行存款   74 200

后附原始凭证及其他相关情况：

①增值税专用发票 1 份，载明货物或应税劳务、服务名称为"＊运输服务＊货物运输服务费"，注明金额 70 000 元，税额 4 200 元；

②银行转账支票存根 1 份，注明金额 74 200 元。

（7）11 月 29 日记账凭证：领用收购的 80％天然橡胶用于生产产品（产品适用税率为 13％）。企业账务处理为：

借：生产成本   216 000

     贷：原材料——天然橡胶   216 000

后附原始凭证及其他相关情况：

生产车间领料单 1 份。

（8）11 月 30 日记账凭证：出售固定资产。企业账务处理为：

借：银行存款   119 480

     贷：固定资产清理   117 160

       应交税费——简易计税   2 320

后附原始凭证及其他相关情况：

①增值税普通发票 1 份，注明价税合计金额 119 480 元；

②银行进账单 1 份，注明金额 119 480 元。

经查固定资产卡片，该固定资产为 2015 年 9 月购进，购进原值 800 000 元，进项税额 136 000 元，进项税额于 2015 年 10 月增值税申报时抵扣。

假定该化工企业生产的货物均适用 13％，购进农产品全部用于生产 13％税率的产品。当期没有留抵税额和预缴增值税。

要求：

指出企业的上述增值税处理中的错误，计算各业务应补（退）的增值税，同时编制调账分录。

5.43 某市甲电器制造公司为增值税一般纳税人,被认定为高新技术企业。主营各种电器研发和生产销售,所有产品的增值税税率为13%。企业财务人员编制 2023 年第 3 季度《利润表》(摘要)如下:

利润表

单位:元

项目	本年累计
一、营业收入	52 700 000
减:营业成本	37 360 000
税金及附加	320 000
销售费用	2 560 000
管理费用(除研发费用外)	2 590 000
财务费用	370 000
加:其他收益	179 000
投资收益	102 000
其中:对联营企业和合营企业的投资收益	102 000
资产处置收益	28 800
二、营业利润(亏损以"-"号填列)	9 809 800
加:营业外收入	211 200
三、利润总额(亏损总额以"-"号填列)	10 021 000

审核该公司截至 2023 年 3 季度会计核算及其他相关资料,发现如下事项:

(1)为响应当地政府促进消费的号召,对于个人在直营门市部购买的家用电器,允许个人消费者使用政府发放的"家电消费券"抵减相应价款,该公司按抵减后的实收金额向购买人开具发票,以实际收取的款项计算销售额计入"主营业务收入"并计算税费。按当地政府兑付消费券的安排,该公司于 9 月 15 日向当地县财政部门兑付了收取的全部"家电消费券",共收款 179 000 元,企业作为收到财政补助处理。会计处理为:

借:银行存款　　　　　　　　　　　　　　179 000
　　贷:其他收益　　　　　　　　　　　　　　　　　　179 000

(2)7 月 18 日,购置一台测试仪器专门用于新产品研发。购置仪器的增值税专用发票注明金额 1 200 000 元,税额 156 000 元,会计处理为:

①7 月购置时:

借:固定资产　　　　　　　　　　　　　　1 200 000
　　应交税费——应交增值税(进项税额)　　156 000
　　贷:银行存款　　　　　　　　　　　　　　　　　1 356 000

②8月、9月分别计提折旧（两个月合计40 000元）：

借：研发支出——费用化支出   20 000

 贷：累计折旧   20 000

（3）7月28日，从投资的子公司取得2022年度分红款102 000元（本年7月作出的利润分配决议），该子公司为有限责任公司，会计上采取成本法核算。会计处理为：

借：应收股利   102 000

 贷：投资收益   102 000

借：银行存款   102 000

 贷：应收股利   102 000

（4）8月25日，当月申请的增量留抵退税，经主管税务机关核准，取得退税款600 000元，会计处理为：

①申请留抵退税，税务机关核准时：

借：主营业务成本   600 000

 贷：应交税费——应交增值税（进项税额转出） 600 000

②取得退税款时：

借：银行存款   600 000

 贷：其他应付款   600 000

（5）9月20日出售一台生产设备，收取价款92 700元，因购买方为个人，未开具发票。该设备于2018年5月购入并投入使用。购进取得增值税专用发票中注明金额178 800元，税款28 608元，进项税额于投入使用当月抵扣，截至2023年9月，累计已提折旧116 700元，会计处理为：

①设备出售：

借：银行存款   92 700

  累计折旧   116 700

 贷：固定资产   178 800

  应交税费——简易计税   1 800

  固定资产清理   28 800

②结转收益：

借：固定资产清理   28 800

 贷：资产处置损益   28 800

（6）9月30日，出售研发新品过程中形成的下脚料和残次品收款211 200元，未开发票。会计处理为：

借：银行存款   211 200

 贷：营业外收入   211 200

（7）根据企业核算明细账记录并核实：

①截至第3季度，共发生业务招待费300 000元，分别计入管理费用或销售费用。

②会计核算"研发支出"3 560 000元，均属于符合规定研发新产品的费用化支出，且其

他相关费用未超过可加计扣除研发费用总额 10%，企业选择在第 3 季度预缴企业所得税时加计扣除。

③ 2023 年 9 月份，会计核算应交税费——应交增值税（转出未交增值税）170 000 元，应交税费——简易计税 1 800 元，期初无留抵税额。9 月份未计提城建税及附加。

要求：

(1) 上述审核发现第 1 ~ 6 项的会计处理，逐笔分析处理是否准确，是否影响应纳增值税额。影响的，请列式计算影响金额；对于会计处理错误的，请以"综合账务调整法"作出当期调账分录。

(2) 简要说明公司发生的业务招待费超支是否应该在第三季度企业所得税预缴申报时填报，以及补缴的增值税是否应同时补缴城市维护建设税、教育费附加和地方教育附加。

(3) 若公司对新购置的测试仪器选择最优惠的加速折旧政策，请结合上述会计资料填报 2023 年度该企业第三季度预缴企业所得税申报表（摘要）。

预缴申报表 A 类（摘要）

行次	项目	本年累计
1	营业收入	
2	营业成本	
3	利润总额	
4	加：特定业务计算的应纳税所得额	
5	减：不征税收入	
6	减：资产加速折旧、摊销（扣除）调减额（填写 A201 020）	
7	减：免税收入、减计收入、加计扣除（7.1+7.2+…）	
7.1	企业开发新技术、新产品、新工艺发生的研究开发费用加计扣除	
7.2	（填写优惠事项名称）	
8	减：所得减免（8.1+8.2+…）	
8.1	（填写优惠事项名称）	
8.2	（填写优惠事项名称）	
9	减：弥补以前年度亏损	
10	实际利润额（3+4-5-6-7-8-9）\按照上一纳税年度应纳税所得额平均额确定的应纳税所得额	
11	税率（25%）	
12	应纳所得税额（10×11）	
13	减：减免所得税额（13.1+13.2+…）	

续表

行次	项目	本年累计
13.1	（填写优惠事项名称）	
13.2	（填写优惠事项名称）	
14	减：本年实际已缴纳所得税额	
15	减：特定业务预缴（征）所得税额	
16	本期应补（退）所得税额（12-13-14-15）\税务机关确定的本期应纳所得税额	

简答题

5.44 某小规模纳税人 2023 年第四季度实现销售收入 60 000 元（不含税），全部按照 3% 征收率开具普通发票，请分别写出纳税人确认收入、纳税申报时的账务处理。

错 题 整 理 页

第六章 涉税鉴证与纳税情况审查服务

做**经典**

一、单项选择题

6.1 下列项目中不属于涉税鉴证业务的是（　　　）。

A. 研发费用加计扣除鉴证

B. 高新技术企业专项认定鉴证

C. 企业资产损失税前扣除鉴证

D. 企业财务报表鉴证

6.2 鉴证人进行涉税鉴证业务时不得作为鉴证依据的证据是（　　　）。

A. 当事人的陈述

B. 证人证言

C. 发函证取得的书证

D. 偷拍偷摄取得的证据材料

6.3 涉税鉴证业务完成后，负责编制涉税鉴证报告的人员为（　　　）。

A. 税务师事务所所长

B. 辅助人员

C. 执业质量复核人员

D. 项目负责人

6.4 涉税鉴证业务报告应由（　　　）个以上具有涉税鉴证业务资质的涉税服务人员签字。

A.4   B.3

C.2   D.1

6.5 下列关于涉税鉴证业务的基本业务流程的说法中，正确的是（　　　）。

A. 提供涉税鉴证业务应当报送《涉税专业服务协议要素信息采集表》和《专项业务报告要素信息采集表》

B. 涉税鉴证服务业务计划确定后，项目负责人不得对业务计划作调整

C. 涉税鉴证业务无须签订书面的委托协议

D. 涉税鉴证业务的业务成果可以是书面报告也可以口头形式交换意见

6.6 下列资产损失税前扣除鉴证业务的鉴证证据中，不属于企业内部证据的是（　　　）。

A. 企业的资产盘点表

B. 企业法定代表人对特定事项真实性承担法律责任的声明

C. 专业技术部门的鉴定报告

D. 企业技术鉴定部门的鉴定文件

6.7 税务司法鉴定的工作底稿属于税务师事务所的业务档案，除法律、行政法规另有规定外，应至少保存（　　）。

A.5 年　　　　　　　　　　　　　　B.10 年

C.15 年　　　　　　　　　　　　　D.20 年

6.8 鉴定人曾作为专家为被鉴定单位提供过咨询意见，在进行涉税鉴定时应当采取回避制度。体现了涉税鉴定业务基本要求中的（　　）原则。

A. 信赖保护

B. 制衡性

C. 涉税鉴证业务与代理服务不相容

D. 客观公正

6.9 税务司法鉴定中出现的下列情形，属于应重新鉴定情形的是（　　）。

A. 原委托鉴定事项有遗漏的

B. 委托人暗示税务师事务所按其意图或特定目的提供鉴定意见的

C. 委托人拒绝支付鉴定费用的

D. 原鉴定人应当回避却没有回避的

6.10 下列机关中，不属于纳税情况审查业务委托人的是（　　）。

A. 海关

B. 税务机关

C. 人民法院

D. 税务师协会

二、多项选择题

6.11 除特殊情形外，未经涉税鉴证业务委托人同意，税务师事务所及鉴证人不得向任何第三方泄露涉税鉴证业务的工作底稿。下列各项属于特殊情形的有（　　）。

A. 税务机关因税务检查需要进行查阅的

B. 税务师行业主管部门因检查执业质量需要进行查阅的

C. 公安机关根据规定需要进行查阅的

D. 人民法院根据规定需要进行查阅的

E. 委托方的关联方因自身业务需要进行查阅的

6.12 下列选项中可以成为税务司法鉴定服务委托人的有（　　）。

A. 人民法院

B. 公安机关

C. 人民检察院

D. 民事诉讼中的第三人

E. 民事诉讼中的证人

6.13 实施高新技术企业专项认定鉴证服务而出具的鉴证业务报告的核心有（   ）。

A. 企业的核心技术是否符合《国家重点支持的高新技术领域》规定的范围

B. 对企业前一年的重大安全事故、重大质量事故或严重环境违法行为的评估

C. 对企业高新技术产品（服务）收入占比予以评价

D. 企业核心技术对其主要产品（服务）的核心支持作用

E. 对企业研究开发费用占比予以评价

6.14 在涉税鉴证业务实施过程中，涉税服务人员发现委托人提供不真实、不完整资料的，对于其已完成的业务部分应当（   ）。

A. 不收取费用

B. 按照协议约定收取费用

C. 由委托人按照 3 倍于服务费用的金额进行赔偿

D. 承担该部分业务的责任

E. 进行免责声明，由委托人承担相应责任

6.15 下列选项中，关于涉税鉴证业务的说法正确的有（   ）。

A. 受托方全部完成约定业务的，无权收取服务费用

B. 违反法定程序收集的证据材料，不得作为鉴证依据

C. 委托人提供不真实、不完整资料信息的，受托方可终止业务

D. 被鉴证人可以是委托人，也可以是委托人有权指定的第三人

E. 承办被鉴证单位代理服务的人员不得承办被鉴证单位的涉税鉴证业务

6.16 下列关于税务司法鉴定的说法中，正确的有（   ）。

A. 税务司法鉴定实行鉴定人负责制度

B. 委托人拒绝支付鉴定费用时，应当就拖欠事项进行补充鉴定

C. 重新鉴定时，如有特殊原因，可以委托原税务师事务所进行，但原税务师事务所应当指定原鉴定人以外的其他鉴定人进行

D. 鉴定人在取得允许后，可以会见诉讼当事人及其委托的人

E. 司法鉴定意见书出具后，发现盖章不符合制作要求时，应当重新出具司法鉴定意见书

多项选择题

6.17 税务师事务所在承接税务司法鉴定委托时，不得承接的情形有（　　　）。

A. 鉴定材料真实、完整、充分，且取得方式合法

B. 委托鉴定事项超出税务司法鉴定业务范围的

C. 鉴定用途不合法或者违背社会公德

D. 鉴定要求超出本事务所技术条件和鉴定能力

E. 委托人就同一鉴定事项同时委托其他涉税专业服务机构进行鉴定

第七章　税务咨询服务

一、单项选择题

7.1　下列各项咨询项目中，属于税收程序法方面咨询的是（　　）。

　　A. 税收法律法规政策调整的趋势

　　B. 税务稽查的重点行业和重点关注问题

　　C. 税务稽查的配合和应对

　　D. 税务行政处罚的听证

7.2　下列税务咨询的形式中，适用于比较简单明了的涉税事项咨询服务的是（　　）。

　　A. 书面咨询

　　B. 电话咨询

　　C. 晤谈

　　D. 网络咨询

7.3　（　　）是一般税务咨询服务的核心和价值所在。

　　A. 根据需要作必要的沟通说明

　　B. 把握咨询的税务事项实质

　　C. 收集咨询问题相关的税收政策文件

　　D. 分析税收政策适用条款

7.4　长期税务顾问服务，是指对委托人在接受委托时尚不能确定的具体税务事项提供的期限不短于（　　）年的咨询服务。

　　A.1　　　　　　　　　　　　　　B.2

　　C.3　　　　　　　　　　　　　　D.4

7.5　下列事项属于专项税务咨询服务的是（　　）。

　　A. 代表委托人向税务机关咨询问题和协商税务处理

　　B. 税务政策解释

　　C. 纳税风险评估

　　D. 涉税措施的评价和建议

7.6　下列不属于税收策划工作特点的是（　　）。

　　A. 合法性　　　　　　　　　　　B. 确定性

　　C. 目的性　　　　　　　　　　　D. 策划性

7.7　下列关于税收策划工作特点的说法中，错误的是（　　　）。

A. 税收策划方案不得违背税收法律法规

B. 税收策划的目的一定是缴纳税收最少或者能够减轻税收负担

C. 税收策划一般应在事先进行

D. 合法性是税收策划的首要考虑因素

7.8　刘先生的企业聘请税务顾问小陈进行税收策划，小陈建议刘先生将其主要从事交通基建经营业务的子公司设立在西部地区，从而享受西部大开发的税收优惠政策。则该方案属于税收策划方法中的（　　　）。

A. 减免税方法

B. 延期纳税方法

C. 扣除方法

D. 分割方法

7.9　企业依据国家税收法律、法规或政策规定，加大新产品研发费用的投入，以减轻税收负担，这种税收策划方法称为（　　　）。

A. 扣除方法

B. 税率差异方法

C. 抵免方法

D. 延期纳税方法

二、多项选择题

7.10　一般税务咨询的内容主要包括（　　　）。

A. 税收实体法方面的咨询

B. 税收程序法方面的咨询

C. 税务动态方面的咨询

D. 涉税会计处理的咨询

E. 贿赂税务机关工作人员方面的咨询

7.11　下列各项咨询项目中，属于税收实体法方面咨询的有（　　　）。

A. 涉税登记

B. 涉税行为误用税收法律后的纠错方法

C. 税收征管措施或办税制度重大调整及内容

D. 涉税行为适用的计税方法或征收方法

E. 税收违法、违规的法律责任

7.12　与一般税务咨询相比，下列属于专业税务顾问特点的有（　　　）。

A. 时间上连续

B. 内容上综合

C. 内容上简单

D. 时间上偶发

E. 程序上简化

7.13 下列属于专业税务顾问服务范围的有（　　　）。

A. 办理税务注销

B. 专项税务咨询服务

C. 代理涉税争议

D. 研发费用加计扣除鉴定

E. 长期税务顾问服务

7.14 税务师在经委托人授权提供专业税务顾问服务时，可以在授权范围内处理的涉税事项包括（　　　）。

A. 向税务机关咨询问题、协商税务处理

B. 任命企业的税务总监

C. 与交易对手洽谈合同

D. 向其他部门洽谈搬迁等涉税事宜

E. 向税务机关提起涉税处理分歧

7.15 下列各项中，属于可以降低税收负担的税收策划方法的有（　　　）。

A. 不予征税方法

B. 虚增成本的方法

C. 减免税方法

D. 分割方法

E. 延期纳税方法

第八章 其他税务事项代理服务

一、单项选择题

8.1 下列项目不属于发票领用类代理服务的是（ ）。

A. 发票票种核定

B. 增值税专用发票（增值税税控系统）最高开票限额审批

C. 印有本单位名称发票核定

D. 发票换版

8.2 下列涉税代理事项中，不属于税收优惠代理业务的是（ ）。

A. 代理税收减免备案

B. 代理放弃减免税权的声明

C. 代理增值税适用加计抵减政策声明

D. 代理跨境应税行为免征增值税报告

8.3 下列业务中，应进行质量复核和质量监控流程的是（ ）。

A. 证明办理代理服务

B. 发票相关代理服务

C. 涉税信息报告事项代理服务

D. 税收优惠代理业务

8.4 下列税收票证中，遗失后可重新开具的是（ ）。

A. 印花税票销售凭证

B. 税收缴款书

C. 印花税票

D. 出口货物完税分割单

8.5 纳税人放弃减税、免税的，（ ）内不得再次申请减税、免税。

A. 6 个月

B. 24 个月

C. 36 个月

D. 12 个月

8.6 下列适用于文书式完税证明的是（ ）。

A. 纳税人以记载车船税完税情况的"交强险"保单换开正式完税凭证的

B. 特定期间完税情况的证明

C. 遗失税收票证重新开具的证明

D. 代扣税款后纳税人换开的正式完税凭证

8.7 税务师实施代理记账业务时不应当（　　）。

A. 代制会计凭证

B. 代为编制会计报表

C. 代为制作原始凭证

D. 代理纳税申报

8.8 根据社会保险法律制度的规定，下列社会保险项目中，仅需要由用人单位缴纳的社会保险费是（　　）。

A. 工伤保险

B. 职工基本医疗保险

C. 失业保险

D. 职工基本养老保险

8.9 根据基本养老保险扣缴的现行政策，个人基本养老保险扣缴基数的上下限是以当地统计部门公布的上年职工平均工资后作为依据计算的，即下限为当地上年度在岗职工平均工资的下限为（　　），上限为（　　）。

A.50%，400%

B.60%，400%

C.50%，300%

D.60%，300%

二、多项选择题

8.10 下列不同类型纳税人适用的增值税普通发票管理措施的说法中，正确的有（　　）。

A. 纳税信用级别为 B 级的纳税人，可以一次性领取不超过 2 个月的发票用量

B. 纳税信用级别为 A 级的纳税人，可以一次性领取不超过 3 个月的发票用量

C. 纳税信用级别为 C 级的纳税人，可以一次性领取不超过 2 个月的发票用量

D. 纳税信用级别为 D 级的纳税人，实行发票交旧供新，严格限量供应

E. 小规模纳税人不得自行领用发票

8.11 税务师可以代理实施涉税制度信息报告代理业务，下列属于应向税务局机关报送信息的有（　　）。

A. 一般存款账户信息

B. 员工花名册

C. 会计处理办法和会计核算软件

D. 财务会计制度

E. 基本存款账户信息

8.12 涉税证明代理业务报告需要由下列人员中的（　　）签字后才能发出。

A. 项目负责人

B. 税务专管员

C. 部门经理

D. 税务师事务所经理或所长

E. 税务师事务所业务负责人

8.13 在境内经营公路货物运输业务的增值税小规模纳税人将营运资质和机动车信息向主管税务机关备案后，允许向（　　）的税务机关就近申请代开增值税专用发票。

A. 税务登记地

B. 货物起运地

C. 货物到达地

D. 运输货物中转地

E. 互联网物流平台所在地

8.14 除（　　）情形外，税务师事务所及其涉税服务人员应当对代理服务过程中形成的业务记录和业务成果以及知悉的委托人商业秘密和个人隐私予以保密。

A. 委托人拖欠代理费，催要后仍未支付的

B. 涉税专业服务监管部门和行业自律组织因检查执业质量需要进行查阅的

C. 税务机关因行政执法检查需要进行查阅的

D. 税务师事务所及其涉税服务人员认为应当公开披露的

E. 委托人欠缴税款的

8.15 下列选项中，个体工商户应当设置简易账的情形描述正确的有（　　）。

A. 注册资金为 30 万元的

B. 销售增值税应税劳务的纳税人月销售额在 20 000 元的

C. 从事货物生产的增值税纳税人月销售额在 50 000 元的

D. 从事货物生产的增值税纳税人月销售额在 40 000 元的

E. 从事货物批发或零售的增值税纳税人月销售额在 90 000 元的

错 题 整 理 页

第九章　其他涉税专业服务

一、单项选择题

9.1　下列情形中，纳税人对税务机关作出的具体行政行为有异议，在提起行政诉讼前必须首先申请行政复议的是（　　　）。

A. 税务机关征收税收滞纳金

B. 税务机关处以税收罚款

C. 税务机关因纳税人欠缴税款而扣押其相当于应纳税额的商品

D. 税务机关因纳税人欠缴税款而通知其开户银行冻结相当于应纳税额的存款

9.2　下列选项中，可以作为税务行政复议申请人的是（　　　）。

A. 有权申请行政复议的公民下落不明，其近亲属为税务行政复议申请人

B. 有权申请行政复议的公民为限制行为能力人，其法定代理人为税务行政复议申请人

C. 有权申请行政复议的股份制企业，其股东代表大会为税务行政复议申请人

D. 有权申请行政复议的法人发生终止的，该法人的法定代表人为税务行政复议申请人

9.3　同一行政复议案件申请人超过（　　　）人的，应当推选 1 ~ 5 名代表参加行政复议。

A.5

B.8

C.10

D.15

9.4　税务行政复议中的被申请人一般指（　　　）。

A. 被税务机关委托的代征人

B. 与申请人存在控股关系的上级单位

C. 作出引起争议的具体行政行为的税务机关的上一级税务机关

D. 作出引起争议的具体行政行为的税务机关

9.5　甲地税务机关委托乙保险公司代征税款，纳税人对代征税款行为不服申请行政复议，复议机关是（　　　）。

A. 甲地税务机关

B. 甲地税务机关的上一级税务机关

C. 乙保险公司

D. 乙保险公司上级机构

9.6 载明具体行政行为的法律文书直接送达的，是自（　　）起，作为行政复议申请期限的起始时点。

A. 法律文书发出之日

B. 法律文书送达之日

C. 受送达人签收之日

D. 法律文书定稿之日

9.7 下列关于税务行政复议管辖原则的说法中，错误的是（　　）。

A. 对国家税务总局作出的具体行政行为不服的，应向国家税务总局申请行政复议

B. 对被撤销的税务机关在撤销前所作出的具体行政行为不服的，应向继续行使其职权的税务机关申请行政复议

C. 对计划单列市税务局作出的具体行政行为不服的，应直接向国家税务总局申请行政复议

D. 对税务所（分局）、各级税务局的稽查局的具体行政行为不服的，向其所属税务局申请行政复议

9.8 行政复议中，（　　）对具体的行政行为负有举证责任。

A. 上一级税务机关

B. 上一级行政机关

C. 被申请人

D. 申请人

9.9 行政复议机关应当自受理复议申请之日起（　　）日内作出行政复议决定。情况复杂，不能在规定期限内作出行政复议决定的，经行政复议机关负责人批准，可以适当延期，延期最长不得超过（　　）日。

A.15　10

B.30　10

C.60　30

D.90　60

9.10 行政复议机关认定事实清楚，证据确凿，依据正确，程序合法，但内容不适当，行政复议机关可以（　　）决定。

A. 撤销

B. 变更

C. 驳回

D. 维持

9.11 根据税务行政复议相关法规，行政复议机关收到行政复议申请后，应当在（　　）日内进行审查，决定是否受理。对于行政复议机关决定不予受理的，申请人可以自收到不予受理决定书之日起（　　）日内，依法向人民法院提起行政诉讼。

A.5　15　　　　　　　　　　　　　　　　　B.5　30

C.7　15　　　　　　　　　　　　　　　　　D.7　30

9.12 下列关于税务行政复议证据的说法中，正确的是（　　）。

A. 申请人可以要求查阅被申请人提出的书面答复

B. 在行政复议过程中，被申请人可以自行向申请人和其他有关组织或者个人收集证据

C. 违反法定程序收集的证据材料可以作为税务行政复议的证据

D. 复议机关在审查证据时，可以不考虑证据形成的过程是否合法，仅需审查证据的真实性

9.13 下列属于税务行政诉讼的特点的是（　　）。

A. 一般不审查具体行政行为的适当性

B. 不收取费用

C. 可依法和解、调解

D. 可以直接变更具体行政行为

二、多项选择题

9.14 纳税人或扣缴义务人对税务机关作出的具体行政行为不服，可以申请税务行政复议，也可以直接向人民法院提起行政诉讼的有（　　）。

A. 未按规定代扣代缴个人所得税，税务机关对扣缴义务人处以应扣未扣税款 3 倍的罚款

B. 对善意取得的虚开增值税专用发票，税务机关作出对已经抵扣的进项税额应在当期转出的决定

C. 可以选择简易计税按 5% 征收率缴纳增值税的应税行为，税务机关认为应适用一般计算方法按 9% 税率纳税，要求补缴增值税并加收滞纳金

D. 税务机关不接受企业选择作为增值税小规模纳税人的申请

E. 对税务机关加收的滞纳金金额有异议的

9.15 下列关于税务行政复议的说法，正确的有（　　）。

A. 对省级地方税务局作出的具体行政行为不服的，向国家税务总局申请复议

B. 对税务机关委托代征作出代征税款的行为不服的，该受托代征人是被申请人

C. 对两个以上税务机关共同作出的具体行政行为不服的，向其共同上一级税务机关申请复议

D. 对经重大税务案件审理程序作出的决定不服的，审理委员会所在税务机关为被申请人

E. 税务行政复议代理人，是指接受当事人的委托，以被代理人的名义，在法律规定或当事人授予的权限范围内，为代理复议行为而参加复议的法人及自然人

9.16 下列选项中，关于税收法律救济手段说法正确的有（　　）。

A. 申请人因对税务机关的征税行为不服，申请行政复议的，必须依照税务机关确定的税额、期限，先缴纳税款或提供担保

B. 申请人因对税务机关的征税行为不服，申请行政复议的，在缴清税款和滞纳金或提供担保得到确认之日起 90 日内提出行政复议申请

C.申请人因对税务机关加收滞纳金行为不服的，必须先申请税务行政复议，才能申请税务行政诉讼

D.申请人对税务机关评定的纳税信用等级不服的，必须先提起行政复议，对复议结果不服的，才可以提起诉讼

E.税务行政诉讼相对行政复议而言，救济力度更大、纠错能力更强、监督效果更明显，是税收法律救济的终极手段

9.17 下列选项中，关于行政复议申请期限的起始时点的说法中，正确的有（　　）。

A.具体行政行为依法通过公告形式告知受送达人的，起始时点为自公告规定的期限届满之日

B.载明具体行政行为的法律文书以邮寄方式送达的，起始时点为自邮件发出之日

C.税务机关作出具体行政行为时未告知申请人，事后补充告知的，起始时点为税务机关作出告知决定之日

D.被申请人能够证明申请人知道具体行政行为的，起始时点为证据材料证明其知道具体行政行为之日

E.当场作出具体行政行为，起始时点为自具体行政行为作出之日

9.18 行政复议期间，具体行政行为不停止执行。但是（　　），可以停止执行。

A.被申请人逾期未对行政复议行为作出回应的

B.税务机关认为需要停止执行的

C.行政复议机关认为需要停止执行的

D.申请人申请停止执行，行政复议机关认为其要求合理，决定停止执行的

E.申请人提交材料不齐全、表述不清楚的

9.19 行政行为有（　　）情形的，行政复议机关决定撤销或者部分撤销该行政行为，并可以责令被申请人在一定期限内重新作出行政行为。

A.主要事实不清、证据不足

B.适用依据不合法

C.被申请人不履行法定职责

D.违反法定程序

E.滥用职权

9.20 经过复议的案件，如果复议机关在复议决定中改变了原行政行为。纳税人可以选择在（　　）的人民法院进行起诉。

A.户籍所在地

B.经常居住地

C.最初作出具体行政行为的税务机关所在地

D.机构所在地

E.复议机关所在地

9.21 下列关于税务行政诉讼的判决的表述中，正确的有（　　　）。

A.对于证据确凿，适用法律、法规正确，符合法定程序的案件，人民法院可以维持判决

B.人民法院应当在立案之日起6个月内作出第一审判决

C.对于证据不足、违反法定程序的，人民法院可以判决撤销或者部分撤销

D.人民法院作出撤销判决的，税务机关不必重新作出具体行政行为

E.对于税务行政处罚明显不当的，人民法院可以作出撤销判决

三、简答题

9.22 某企业因涉税问题与主管税务机关发生争议，拟申请税务行政复议，现向税务师事务所咨询，作为税务师，请告知该企业负责人如果书面申请税务行政复议，应在复议申请书中载明哪些事项（请至少列举三项）。

9.23 请简述税务行政诉讼中关于起诉期限的相关规定。

9.24 某公司于2020年5月25日完成2019年度企业所得税汇算清缴，办理了纳税申报并缴纳税款入库。2023年3月发现2019年度企业所得税汇算清缴时因计算错误多缴50万元，在2023年3月8日向主管税务机关提出退还多缴税款申请。主管税务机关认为这部分税款属于2019年度的税款，已超过法律规定的退还期限，决定不予退还，于2023年3月13日制作相关文书，并在2023年3月16日送达该公司签收。

要求：

根据上述资料，回答下列问题。

(1) 该公司多缴税款是否可以退还？请简述政策规定。

(2) 对税务机关不予退税决定，该公司是否可以直接向人民法院提起行政诉讼？请说明理由。

(3) 若申请税务行政复议，必须从哪一天开始多少天内提出申请？

(4) 该公司应向哪个机关申请税务行政复议？

(5) 复议机关受理后，应在多长时间内作出复议决定？最长可以延期多少天？

9.25 A县税务局于2023年12月到甲生产企业对其2019—2022年的企业所得税纳税情况进行税务检查。检查人员发现甲企业在2019年购入一台单位价值未超过500万元的固定资产，在2019年当年企业所得税汇算清缴申报表《资产折旧、摊销及纳税调整明细表》的"固定资产一次性扣除"栏次全额进行了纳税调减，但在2020年和2021年针对同一固定资产项目未进行纳税调增。税务局认定甲企业的行为导致2020年及2021年分别少缴企业所得税20万元，责令其限期内补缴税款和滞纳金，并处以少缴税款2倍的罚款共计80万元，并按规定程序作出税务处理决定。

A 县税务局于 2024 年 1 月 30 日将税务处理决定书送达甲企业。甲企业由于对补缴税款和滞纳金存在异议，故未缴纳税款和滞纳金，于 2 月 28 日向 A 县税务局所在的 B 市税务局申请行政复议。B 市税务局当日受理了复议申请进行了审查，并于 3 月 2 日作出了不予受理的决定。甲企业财务人员找到税务师，拟咨询下列问题。

要求：

代税务师回答甲企业财务人员的下列问题：

(1) 甲企业针对固定资产的处理是否存在不当之处？请简要说明理由。

(2) B 市税务局作出的不予受理的决定是否恰当？请简要说明理由。

(3) 甲企业申请税务行政复议应满足何种期限规定？

一、单项选择题

9.26 下列情形中，纳税人可以申请行政复议，也可以直接向人民法院提起行政诉讼的是（　　）。

A.纳税人申请政府信息公开，税务机关不予公开

B.税务机关当场对纳税人作出罚款决定，纳税人不服的

C.纳税人申请行政许可，税务机关不予受理的

D.纳税人对税务机关核定的应纳税额不服的

9.27 下列关于行政复议的表述，正确的是（　　）。

A.任何情形的行政复议，都由被申请人对其作出的具体行政行为承担举证责任

B.行政复议机构准予撤回行政复议申请、行政复议机关决定终止行政复议的，申请人不得再以同一事实和理由提出行政复议申请

C.任何情形下行政复议机关都不得作出对申请人更为不利的变更决定

D.有利害关系的第三人可以申请参加行政复议

9.28 下列关于税务行政复议听证程序的说法，错误的是（　　）。

A.审理重大、疑难、复杂的行政复议案件，行政复议机构应当组织听证

B.行政复议机构应当于举行听证的3日前将听证时间、地点和拟听证事项书面通知当事人

C.听证由1名行政复议人员任主持人，2名以上行政复议人员任听证员，1名记录员制作听证笔录

D.申请人无正当理由拒不参加听证的，视为放弃听证权利

9.29 下列关于税务行政复议调解过程的相关表述，错误的是（　　）。

A.申请人和被申请人达成和解的，应当向行政复议机构提交书面和解协议

B.经调解达成协议的，由行政复议机关制作调解书

C.调解书经申请人和被申请人签字或签章，即具有法律效力

D.调解未达成协议的，行政复议机关应当依法审查或者及时作出行政复议决定

9.30 适用简易程序审理的行政复议案件，行政复议机构应当自受理行政复议申请之日起（　　）内，将行政复议申请书副本或者行政复议申请笔录复印件发送被申请人。被申请人应当自收到行政复议申请书副本或者行政复议申请笔录复印件之日起（　　）内，提出书面答复，并提交作出行政行为的证据、依据和其他有关材料。

A.3日；5日

B.5日；7日

C.3日；7日

D.5日；10日

二、多项选择题

9.31 申请人认为税务机关的行政行为所依据的下列文件不合法，在对行政行为申请行政复议时，可以一并向行政复议机关提出对文件进行附带审查申请的有（   ）。

A. 财政部发布的部门规章

B. 民政部发布的规范性文件

C. 省级人民政府发布的规范性文件

D. 县级人民政府发布的规范性文件

E. 法律、法规、规章授权的组织发布的规范性文件

9.32 纳税人对税务机关的下列行为不服时，应当先向行政复议机关申请行政复议，对行政复议决定不服的，可以再依法向人民法院提起行政诉讼的有（   ）。

A. 对税务机关作出的征税行为不服的

B. 纳税人申请政府信息公开，税务机关不予公开的

C. 认为税务机关存在未履行法定职责情形的

D. 对税务机关当场作出的行政处罚决定不服的

E. 税务机关通知出入境管理机关阻止纳税人出境的行为

9.33 税务行政复议期间，行政行为不停止执行。但是有下列情形之一的，应当停止执行的有（   ）。

A. 申请人认为需要停止执行的

B. 被申请人认为需要停止执行的

C. 行政复议机关认为需要停止执行的

D. 第三人申请停止执行，行政复议机关认为其要求合理，决定停止执行的

E. 法律、法规、规章规定停止执行的

9.34 下列在行政复议期间发生的情形，会导致行政复议中止的有（   ）。

A. 作为申请人的公民下落不明

B. 申请人因不可抗力不能参加行政复议的

C. 作为申请人的公民死亡，其近亲属尚未确定是否参加行政复议的

D. 作为申请人的公民死亡，没有近亲属或者其近亲属放弃行政复议权利的

E. 申请人撤回行政复议申请，行政复议机构准予撤回的

9.35 行政复议期间，下列情形会导致行政复议终止的有（   ）。

A. 被申请人认为需要停止执行行政复议的

B. 作为申请人的法人终止，尚未确定权利义务承受人

C. 作为申请人的法人终止，其权利义务承受人放弃行政复议权利的

D. 被申请人因不可抗力不能参加行政复议的

E. 作为申请人的公民死亡，因其近亲属尚未确定是否参加行政复议导致行政复议中止满 60 日，仍未确定是否参加的

9.36 税务机关作出行政行为时，具有（　　）情形的，行政复议机关应决定撤销或者部分撤销该行政行为，并可以责令被申请人在一定期限内重新作出行政行为。

A. 违反法定程序

B. 超越职权或者滥用职权

C. 主要事实不清、证据不足

D. 事实不清、证据不足，经行政复议机关查清事实和证据

E. 适用的依据不合法

9.37 下列属于税务行政诉讼基本原则的有（　　）。

A. 依法审查原则

B. 两审终审原则

C. 审判权独立原则

D. 被告举证原则

E. 辩论原则

9.38 税务行政复议机关审理下列行政复议案件，认为事实清楚、权利义务关系明确、争议不大的，可以适用简易程序的有（　　）。

A. 被申请行政复议的行政行为是当场作出的

B. 案件涉及款额 5 000 元以下的

C. 属于政府信息公开案件的

D. 被申请行政复议的行政行为是警告或者通报批评的

E. 当事人各方同意适用简易程序的

不要让来之不易的收获被时间偷偷带走，写下你的心得和感悟吧！

逢考必过！

一句话总结……

只做好题

涉税服务实务

税务师职业资格考试辅导用书·基础进阶 全2册·下册

斯尔教育 组编

北京理工大学出版社
BEIJING INSTITUTE OF TECHNOLOGY PRESS

·北京·

图书在版编目（CIP）数据

只做好题.涉税服务实务：全2册 / 斯尔教育组编
. -- 北京：北京理工大学出版社，2024.6
税务师职业资格考试辅导用书.基础进阶
ISBN 978-7-5763-4122-5

Ⅰ.①只… Ⅱ.①斯… Ⅲ.①税收管理—中国—资格
考试—习题集 Ⅳ.①F810.42-44

中国国家版本馆CIP数据核字(2024)第110442号

责任编辑： 时京京		**文案编辑：** 时京京		
责任校对： 刘亚男		**责任印制：** 边心超		

出版发行 / 北京理工大学出版社有限责任公司

社　　　址 / 北京市丰台区四合庄路6号

邮　　　编 / 100070

电　　　话 / （010）68944451（大众售后服务热线）
　　　　　　（010）68912824（大众售后服务热线）

网　　　址 / http://www.bitpress.com.cn

版 印 次 / 2024年6月第1版第1次印刷

印　　　刷 / 三河市中晟雅豪印务有限公司

开　　　本 / 787mm×1092mm　1/16

印　　　张 / 15.75

字　　　数 / 406千字

定　　　价 / 28.90元（全2册）

·目　录·

第一章 导 论
答案与解析

 做经典

一、单项选择题

1.1 ► D	1.2 ► A	1.3 ► A	1.4 ► A	1.5 ► C
1.6 ► B	1.7 ► A	1.8 ► D	1.9 ► C	1.10 ► B
1.11 ► D	1.12 ► A	1.13 ► D		

二、多项选择题

1.14 ► BDE	1.15 ► BCE	1.16 ► AB	1.17 ► ABCE	1.18 ► BDE
1.19 ► ABCD	1.20 ► ACD	1.21 ► ADE	1.22 ► ABCD	

一、单项选择题

1.1 斯尔解析 **D** 本题考查涉税专业服务的特点。

选项 D 当选，税务师在接受涉税专业服务的委托权限内，独立行使专业服务权和履行自己的职责，不受税务机关控制，更不受纳税人、扣缴义务人左右，这体现了涉税专业服务独立性的特点。

1.2 斯尔解析 **A** 本题考查涉税专业服务的特点。

选项 A 当选，体现了公正性。

选项 BC 不当选，体现的是自愿性。

选项 D 不当选，体现的是专业性。

1.3 🔍斯尔解析　**A**　本题考查涉税专业服务机构所能从事的涉税专业服务范围。

选项 A 当选，财税类咨询公司不能从事税收策划业务。

选项 BCD 均不当选，税收策划业务只能由会计师事务所、律师事务所、税务师事务所从事，相关文书由注册会计师、律师和税务师签字并承担相应的责任。

1.4 🔍斯尔解析　**A**　本题考查税务师职业道德的相关规定。

选项 A 当选，税务师从事涉税鉴证、纳税情况审查业务时，必须从实质上保持独立。

1.5 🔍斯尔解析　**C**　本题考查税务师职业道德。

选项 A 不当选，税务师不得利用税务师事务所拥有的客户资源谋取私利。

选项 B 不当选，保持独立性的措施顺序为先排除或消除对独立性的威胁，无法排除或消除的，应拒绝接受委托；已经接受的应当终止服务。

选项 D 不当选，税务师不得违反税收法律、行政法规，造成委托人未缴或少缴税款。

1.6 🔍斯尔解析　**B**　本题考查税务师职业道德的相关规定。

选项 B 当选，委托人提供不实资料的，税务师事务所涉税服务人员应当终止提供涉税服务。

1.7 🔍斯尔解析　**A**　本题考查涉税专业服务范围。

选项 A 当选，代收代缴消费税是代收代缴义务人的法定代收代缴义务，不得由税务师承接代为办理。税务师可以承接代收代缴消费税的纳税申报代理业务，但法定的代收代缴义务不得转嫁。

选项 BCD 不当选，均属于涉税专业服务。

1.8 🔍斯尔解析　**D**　本题考查税务师的权利与义务。

选项 D 当选，税务师在执业过程中未经委托人同意，不得将委托人所托事务转托他人办理。

1.9 🔍斯尔解析　**C**　本题考查税务师事务所的行政登记规定。

选项 C 当选，合伙人或者股东由税务师、注册会计师、律师担任，其中税务师占比应高于 50%。

1.10 🔍斯尔解析　**B**　本题考查税务师事务所的行政登记规定。

选项 B 当选，税务师事务所行政登记要求在取得营业执照之日起 20 个工作日内进行。变更行政登记也应自办理工商变更之日起 20 个工作日内办理。

1.11 🔍斯尔解析　**D**　本题考查税务师事务所质量控制中的独立性制度。

选项 D 当选，针对本机构内不同业务板块、不同业务类型的服务等事项应分别制定独立性政策。

1.12 🔍斯尔解析　**A**　本题考查税务师事务所行政登记。

选项 A 当选，税务师事务所办理商事登记后，应当向省税务机关办理行政登记。

1.13 🔍斯尔解析　**D**　本题考查报送时间。

选项 D 当选，《涉税专业服务协议要素信息采集表》需要在首次提供委托协议约定的涉税专业服务前报送。

选项 A 不当选，业务委托协议的原件无须报送，由双方留存备查即可。

选项 B 不当选，《年度涉税专业服务总体情况表》在每年 3 月 31 日前报送。

选项 C 不当选，《专项业务报告要素信息采集表》在完成业务的次年 3 月 31 日前报送。

二、多项选择题

1.14 ⑤斯尔解析　**BDE**　本题考查涉税专业服务范围。

专业税务顾问（选项 E 当选）、税收策划、涉税鉴证（选项 D 当选）、纳税情况审查（选项 B 当选）四项业务，只能由税务师事务所、会计事务所、律师事务所从事，相关文书应由税务师、注册会计师、律师签字，并承担相应责任。

1.15 ⑤斯尔解析　**BCE**　本题考查涉税专业服务行业特点、作用和税务师的相关规定。

选项 A 不当选，涉税服务人员还可以是其他具有专业知识和技能，或考取其他受认可的专业资格水平的人员，如注册会计师、律师等。

选项 D 不当选，我国目前对涉税专业服务人员仍然采取实名制管理，需要定期报送相关信息。

1.16 ⑤斯尔解析　**AB**　本题考查涉税专业服务机构可承接的涉税服务业务范围。

选项 AB 当选，纳税申报代理和一般税务咨询，代理记账机构可以承接。

选项 CDE 不当选，专业税务顾问、税收策划、纳税情况审查、涉税鉴证四项涉税业务，应当由具有税务师事务所、会计事务所、律师事务所资质的涉税专业服务机构从事，相关文书应由税务师、注册会计师、律师签字，并承担相应的责任。

1.17 ⑤斯尔解析　**ABCE**　本题考查税务师的权利和义务。

选项 D 不当选，处罚权是税务机关的权利，除特殊情况外，税务师不得代理应由税务机关行使的行政职权。

1.18 ⑤斯尔解析　**BDE**　本题考查涉税专业服务实名制管理和信息采集相关规定。

选项 A 不当选，对于在信息报送中难以区分"一般税务咨询""专业税务顾问"和"税收策划"三类涉税业务的，暂按"一般税务咨询"填报。

选项 C 不当选，涉税专业服务机构应于每年的 3 月 31 日之前，报送《年度涉税专业服务总体情况表》。

1.19 ⑤斯尔解析　**ABCD**　本题考查涉税专业服务信用评价。

选项 E 不当选，针对涉税专业服务人员（税务师）的信用评价采取信用积分和执业负面记录相结合的方式；对涉税专业服务机构（事务所）的信用评价采取信用积分和信用等级相结合的方式。

1.20 ⑤斯尔解析　**ACD**　本题考查税务师事务所的规定。

选项 ACD 当选，税务师事务所可以采取合伙制或者有限责任制组织形式。合伙制税务师事务所又分为普通合伙税务师事务所和特殊普通合伙税务师事务所。

选项 BE 不当选，没有个体工商户和股份公司这两种组织形式的税务师事务所。

1.21 ⑤斯尔解析　**ADE**　本题考查行政登记条件与程序。

选项 B 不当选，未经行政登记不得使用"税务师事务所"名称，不能享有税务师事务所的合法权益。

选项 C 不当选，税务师事务所注销工商登记前，应当办理终止行政登记。

1.22 ⑤斯尔解析　**ABCD**　本题考查税务师事务所质量控制要求。

选项 E 不当选，税务师事务所的法定代表人（或执行合伙人）应该对质量控制制度建立、组织机构设置、信用管理水平提高承担责任，而项目负责人仅对其业务结果的质量承担最终责任。

三、简答题

1.23 🔵斯尔解析　本题综合考查了涉税专业服务的概念和税务师的职业道德的知识点。

陈某违反了以下规定：

（1）陈某不得利用税务师事务所拥有的客户资源谋取私利。税务师执业应依托于涉税专业服务机构，不应以个人名义承接业务。

（2）陈某泄露委托人的商业机密，违反了税务师应负的保密义务。

（3）对于委托人多计费用的情况，陈某没有告知委托人，也没有提出修改建议或者拒绝，违反了税务师职业道德的要求：委托事项违反法律法规要求或属于法律法规禁止的，应当告知委托人，并提出修改建议或者予以拒绝。

（4）陈某出具虚假意见的涉税文书，造成了委托人少缴税款，违反了税务师应当诚信和客观公正的要求。

 new

一、单项选择题

1.24 ▶ B

二、多项选择题

1.25 ▶ ABCE   1.26 ▶ ABDE

一、单项选择题

1.24 Ⓢ斯尔解析 **B** 本题考查涉税专业服务机构业务实施相关要求。

选项 B 当选，涉税专业服务机构应当建立业务记录制度，记录执业过程并形成工作底稿；整理业务协议、业务成果、工作底稿等相关资料，于业务完成 60 日内形成电子或纸质的业务档案，并保证档案的真实、完整。

二、多项选择题

1.25 Ⓢ斯尔解析 **ABCE** 本题考查从事涉税专业服务应当遵循的原则。

从事涉税专业服务应当遵循独立（选项 B 当选）、客观（选项 A 当选）、公正（选项 C 当选）、规范（选项 E 当选）原则，建立质量管理制度和风险控制机制，保障执业质量，降低执业风险。

1.26 Ⓢ斯尔解析 **ABDE** 本题考查涉税专业服务职业道德守则。

选项 ABDE 当选，均为正确表述。

选项 C 不当选，对委托事项存在涉及税收违法违规风险的，应当提醒委托人排除，并审慎评估对业务开展的影响。

第二章　税收征收管理
答案与解析

一、单项选择题

2.1 ▶ D	2.2 ▶ B	2.3 ▶ B	2.4 ▶ C	2.5 ▶ C
2.6 ▶ B	2.7 ▶ A	2.8 ▶ B	2.9 ▶ C	2.10 ▶ D
2.11 ▶ A	2.12 ▶ B	2.13 ▶ C	2.14 ▶ B	2.15 ▶ C
2.16 ▶ A	2.17 ▶ A	2.18 ▶ D	2.19 ▶ C	2.20 ▶ B
2.21 ▶ B	2.22 ▶ C	2.23 ▶ B	2.24 ▶ B	2.25 ▶ C
2.26 ▶ A	2.27 ▶ C	2.28 ▶ B	2.29 ▶ B	2.30 ▶ D
2.31 ▶ B				

二、多项选择题

2.32 ▶ ACD	2.33 ▶ BCE	2.34 ▶ BE	2.35 ▶ AD	2.36 ▶ ABCD
2.37 ▶ ABE	2.38 ▶ BCDE	2.39 ▶ BE	2.40 ▶ ABCE	2.41 ▶ CDE
2.42 ▶ CD	2.43 ▶ ABDE	2.44 ▶ CD	2.45 ▶ ADE	2.46 ▶ CDE
2.47 ▶ BCE	2.48 ▶ BC	2.49 ▶ ABCD	2.50 ▶ BCE	2.51 ▶ BCD

| 2.52 ▸ ACE | 2.53 ▸ ABDE | 2.54 ▸ CE | 2.55 ▸ ABCD | 2.56 ▸ BE |

| 2.57 ▸ BCE |

一、单项选择题

2.1 ⑤斯尔解析 D 本题考查变更和注销税务登记的情形。

选项 D 当选，属于应办理注销税务登记的情形。

选项 ABC 不当选，均属于需要变更税务登记的情形。

2.2 ⑤斯尔解析 B 本题考查税务注销中的"承诺制"容缺办理的知识点。

对向市场监管部门申请一般注销的纳税人，税务机关在为其办理税务注销时，进一步落实限时办结规定。对未处于税务检查状态、无欠税（滞纳金）及罚款、已缴销增值税专用发票及税控专用设备，且符合下列情形之一的纳税人，优化即时办结服务，采取"承诺制"容缺办理，即纳税人在办理税务注销时，若资料不齐，可在其作出承诺后，税务机关即时出具清税文书。

（1）纳税信用级别为 A 级和 B 级的纳税人。（选项 A 不当选）

（2）控股母公司纳税信用级别为 A 级的 M 级纳税人。（选项 B 当选）

（3）省级人民政府引进人才或经省级以上行业协会等机构认定的行业领军人才等创办的企业。（选项 D 不当选）

（4）未纳入纳税信用级别评价的定期定额个体工商户。

（5）未达到增值税纳税起征点的纳税人。（选项 C 不当选）

2.3 ⑤斯尔解析 B 本题考查财务会计制度的备案时限。

选项 B 当选，从事生产、经营的纳税人应当自领取税务登记证件之日起 15 日内，将其财务、会计制度或者财务、会计处理办法和会计核算软件报送税务机关备案。

2.4 ⑤斯尔解析 C 本题考查发票的分类。

选项 C 当选，除机动车销售统一发票、农产品销售发票、农产品收购发票、通行费发票、收费公路通行费增值税电子普通发票，以及国内旅客运输服务的增值税电子普通发票、航空运输电子客票行程单、铁路车票和公路、水路等其他客票外，其他类型的增值税普通发票均不能作为抵扣增值税进项税额的凭证。

2.5 ⑤斯尔解析 C 本题考查异地领用发票的知识点。

选项 C 当选，对按规定需要异地领用经营地发票的，应在按要求提供保证人或交纳保证金的前提下，向经营地税务机关领用。

2.6 ⑤斯尔解析 B 本题考查发票的领用数量规定。

选项 B 当选，实行纳税辅导期的一般纳税人，每次发出增值税专用发票的数量不得超过 25 份。

2.7 ⑤斯尔解析 A 本题考查机动车发票的开具。

选项 A 当选，向消费者销售机动车，应当开具"机动车销售统一发票"；其他销售机动车行为，应当开具增值税专用发票。

2.8 斯尔解析　**B**　本题考查发票开具的要求。

选项 B 当选，单位和个人在开具纸质发票时，必须做到按照号码顺序填开，填写项目齐全，内容真实，字迹清楚，全部联次一次打印，内容完全一致，并在发票联和抵扣联加盖发票专用章，而非财务专用章或公司公章。

2.9 斯尔解析　**C**　本题考查发票保管时限规定。

选项 C 当选，已经开具的发票存根联，应当保存 5 年。

2.10 斯尔解析　**D**　本题考查发票的开具。

下列特殊情况，由付款方向收款方开具发票：

（1）收购单位和扣缴义务人支付个人款项时。（选项 D 当选）

（2）国家税务总局认为其他需要由付款方向收款方开具发票的。

选项 A 不当选，应由销售方开具红字增值税专用发票。

选项 BC 不当选，应由销售方向购买方开具发票。

2.11 斯尔解析　**A**　本题考查发票的领用。

日常发票领用针对的是日常经营活动中持续性的发票领用需求，根据信用级别和风险程度采用分级分类管理。

选项 A 当选，为正确表述。

选项 BD 不当选，纳税信用 A 级的纳税人，可以一次领取不超过 3 个月的发票用量。

选项 C 不当选，纳税信用 B 级的纳税人，可以一次领取不超过 2 个月的发票用量。

2.12 斯尔解析　**B**　本题考查新版发票管理系统的适用范围。

选项 B 当选，卷式增值税普通发票已纳入新版发票管理系统。

尚未纳入增值税发票管理新系统的发票主要有：门票（选项 D 不当选）、过路（过桥）费发票（选项 C 不当选）、定额发票（选项 A 不当选）和客运发票。

2.13 斯尔解析　**C**　本题考查 ETC 发票的开具。

选项 C 当选，ETC 预付费用户可以自行选择在充值后索取发票或实际发生通行费后索取发票。如果选择在充值后索取发票，应向其开具通行费不征税发票。实际发生通行费后，ETC 客户服务机构和收费公路经营管理单位均不再向其开具发票。

2.14 斯尔解析　**B**　本题考查增值税专用发票丢失后的处理的相关规定。

选项 B 当选，纳税人同时丢失增值税专用发票的发票联和抵扣联的，可以凭加盖销售方发票专用章的相应发票记账联复印件，作为记账凭证和抵扣、退税凭证。

选项 ACD 不当选，纳税人丢失已开具增值税专用发票抵扣联，可凭相应发票的发票联复印件，作为增值税进项税额的抵扣凭证或退税凭证；纳税人丢失已开具增值税专用发票发票联的，可以凭抵扣联复印件，作为记账凭证。

2.15 斯尔解析　**C**　本题考查电子发票相关内容。

选项 C 当选，选项 B 不当选，电子发票采用电子签名代替发票专用章，其法律效力、基本用途、基本使用规定等与税务机关监制的增值税纸质发票相同。

选项 A 不当选，纳税人取得的电子发票，可不再另以纸质形式保存。

选项 D 不当选，纳税人如果需要以电子发票的纸质打印件作为报销入账归档依据，应当根据规定同时保存打印该纸质件的电子发票。

2.16 斯尔解析 **A** 本题考查发票丢失的处理。

选项 A 当选，使用发票的单位和个人应当妥善保管发票。发生发票丢失情形时，应当于发现丢失当日书面报告税务机关。

2.17 斯尔解析 **B** 本题考查非法代开、虚开增值税专用发票的辨析。

选项 B 当选，非法代开发票指的是为与自己没有发生直接购销关系的他人开具发票的行为。

选项 ACD 不当选，均属于虚开发票的行为。

2.18 斯尔解析 **D** 本题考查纳税信用管理的纳税信用信息类型。

选项 D 当选，纳税信用信息包括纳税人信用历史信息、税务内部信息、外部信息。

选项 ABC 不当选，均属于纳税信用信息。

2.19 斯尔解析 **C** 本题考查异常扣税凭证的范围。

选项 C 当选，增值税一般纳税人申报抵扣异常凭证，同时符合下列情形的，其对应开具的增值税专用发票列入异常凭证范围：

（1）异常凭证进项税额累计占同期全部增值税专用发票进项税额 70%（含）以上的。

（2）异常凭证进项税额累计超过 5 万元的。

2.20 斯尔解析 **B** 本题考查纳税申报的具体要求。

选项 B 当选，实行定期定额方式缴纳税款的纳税人，可以实行简易申报、简并征期等申报纳税方式。

选项 A 不当选，纳税人不论当期是否发生纳税义务，除经税务机关批准外，均应按规定办理纳税申报。

选项 C 不当选，在规定期限内办理纳税申报确有困难，需要延期的，应当在规定的期限内向税务机关提出书面延期申请，经税务机关核准，在核准的期限内办理。

选项 D 不当选，纳税人享受减税、免税待遇的，在减税、免税期间应当按照规定办理纳税申报。

2.21 斯尔解析 **B** 本题考查滞纳金的期限规定。

选项 B 当选，未按照规定期限缴纳税款或未按照规定期限解缴税款的，税务机关除责令限期缴纳外，从滞纳税款之日（纳税期限届满的次日）起算，到实际缴纳税款之日止，按日加收滞纳税款万分之五的滞纳金。

2.22 斯尔解析 **C** 本题考查税款征收措施中的强制执行措施。

选项 C 当选，从事生产、经营的纳税人、扣缴义务人未按照规定的期限缴纳或者解缴税款，纳税担保人未按照规定的期限缴纳所担保的税款，由税务机关责令限期缴纳，逾期仍未缴纳的，经县以上税务局（分局）局长批准，税务机关可以采取下列强制执行措施：

（1）书面通知其开户银行或者其他金融机构从其存款中扣缴税款。

（2）扣押、查封、依法拍卖或者变卖其价值相当于应纳税款的商品、货物或者其他财产，以拍卖或者变卖所得抵缴税款。

2.23 斯尔解析 **B** 本题考查税收保全措施。

不采取税收保全措施和税收强制执行措施的物品：

（1）个人及其所抚养家属维持生活必需的住房和用品。必需的住房和用品不包括机动车辆（选项 A 不当选）、金银饰品（选项 D 不当选）、古玩字画、豪华住宅（选项 C 不当选）或者一处以外的住房。

（2）单价 5 000 元以下的其他生活用品。（选项 B 当选）

2.24 🔍斯尔解析　**B**　本题考查税收保全措施的规定。

选项 B 当选，税务机关责令纳税人提供纳税担保，纳税人拒绝提供纳税担保或无力提供纳税担保的，经县以上税务局（分局）局长批准，税务机关可以采取税收保全措施。

2.25 🔍斯尔解析　**C**　本题考查税款征收措施中的信息报告事项。

选项 C 当选，欠缴税款数额在 5 万元以上的纳税人在处分其不动产或者大额资产以前，应当向税务机关报告。

2.26 🔍斯尔解析　**A**　本题考查税款征收措施中代位权和撤销权的辨析。

选项 A 当选，欠缴税款的纳税人放弃到期债权，无偿转让财产，或者以明显不合理的低价转让财产而受让人知道该情形，对国家税收造成损害的，税务机关可依法行使撤销权。

选项 D 不当选，欠缴税款的纳税人怠于行使到期债权，对国家税收造成损害的，税务机关依法申请人民法院行使代位权。

选项 BC 不当选，不属于税务机关在税款征收中可以行使的权利。

2.27 🔍斯尔解析　**C**　本题考查税务检查的范围。

选项 C 当选，税务机关只能检查扣缴义务人与代扣代缴、代收代缴税款有关的经营情况，而非无关的经营情况。

选项 ABD 不当选，均属于税务机关进行税务检查的范围。

2.28 🔍斯尔解析　**B**　本题考查纳税人的权利与义务。

选项 B 当选，不属于纳税人的义务，属于纳税人的权利。

2.29 🔍斯尔解析　**B**　本题考查税款追征的期限。

选项 B 当选，因纳税人计算错误等失误导致少缴税款的，税务机关可以在 3 年内追征税款。答题时应注意，如果题干中没有明确询问"特殊情况"下的追征期，则默认为一般情况下的追征期限。

2.30 🔍斯尔解析　**D**　本题考查延期缴纳税款。

选项 D 当选，为了照顾纳税人的某些特殊困难，经省、自治区、直辖市税务局批准，可以延期缴纳税款，但是最长不得超过 3 个月。

2.31 🔍斯尔解析　**B**　本题考查纳税人和扣缴义务人的法律责任。

选项 B 当选，扣缴义务人未按规定设置、保管代扣代缴、代收代缴税款账簿或者保管代扣代缴、代收代缴税款记账凭证及有关资料的，由税务机关责令改正，可处以 2 000 元以下的罚款；情节严重的，处以 2 000 元以上 5 000 元以下的罚款。

二、多项选择题

2.32 🔍斯尔解析　**ACD**　本题考查税收征收管理的概念。

税收征收管理是国家税务机关依照税收政策、法令、制度对税收分配全过程所进行的计划组织（选项 A 当选）、协调（选项 C 当选）和监督控制（选项 D 当选）的一种管理活动。选项 BE 不当选，不属于税收征收管理的概念范围。

2.33 斯尔解析 **BCE** 本题考查全面推进税收征管数字化升级和智能化改造的主要方向。
全面推进税收征管数字化改造和智能化改造的举措包括：
（1）加快推进智慧税务建设。（选项 E 当选）
（2）稳步实施发票电子化改革。（选项 B 当选）
（3）深化税收大数据共享应用。（选项 C 当选）

2.34 斯尔解析 **BE** 本题考查使用税务登记证的情形。
除按规定不需要发给税务机关登记证件的外，纳税人办理下列事项时，必须持税务登记证件：
（1）开立银行账户（选项 E 当选）；（2）领用发票（选项 B 当选）。
选项 ACD 不当选，没有要求必须提供税务登记证件。

2.35 斯尔解析 **AD** 本题考查"五证合一"制度。
"五证"指营业执照、组织机构代码证（选项 B 不当选）、税务登记证（选项 C 不当选）、社会保险登记证（选项 E 不当选）和统计登记证。

2.36 斯尔解析 **ABCD** 本题考查税务登记、多证合一以及纳税申报的相关规定。
选项 E 不当选，根据最新政策规定，纳税人跨省从事生产经营活动的，不再开具《外出经营活动税收管理证明》，改为向机构所在地税务机关填报《跨区域涉税事项报告表》即可。同时，取消跨区域涉税事项报验管理的固定有效期，改为按跨区域经营合同执行期限作为有效期。

2.37 斯尔解析 **ABE** 本题考查发票的分类。
目前常见的行业专业发票有：（1）公路、铁路和水上运输企业的客运发票（选项 A 当选）；（2）金融企业的存贷、汇兑、转账凭证（选项 B 当选）；（3）航空运输企业提供航空运输电子客票行程单（选项 E 当选）；（4）收费公路通行费增值税电子普通发票等。行业专业发票仅适用于特殊行业的特殊经营业务，对于特殊行业的常规经营业务，仍应使用常规发票。
选项 CD 不当选，属于常规发票。

2.38 斯尔解析 **BCDE** 本题考查发票开具中的不征税项目。
选项 BCDE 当选，均属于应选择不征税项目编码，开具不征税发票的情形。
选项 A 不当选，可选择简易计税方式，按照差额征税，适用征收率 5%。

2.39 斯尔解析 **BE** 本题考查不得离线开具发票的情形。
选项 B 当选，经大数据分析发现存在涉税风险的纳税人不得离线开具发票。
选项 E 当选、选项 A 不当选，新办理增值税一般纳税人登记的纳税人，自首次开票之日起 3 个月内，不得离线开具发票。
选项 CD 不当选，均不属于不允许离线开具发票的情形。

2.40 斯尔解析 **ABCE** 本题考查发票开具中应在备注栏注明经营业务的情形。
选项 ABCE 当选，在开具发票时均应在备注栏注明经营业务。
选项 D 不当选，无须在备注栏注明经营业务。

2.41 🔍斯尔解析　　**CDE**　本题考查增值税专用发票的开具范围。

选项 CDE 当选，均属于可以正常开具增值税专用发票的情形。选项 A 不当选，金融商品转让不得开具增值税专用发票。

选项 B 不当选，销售古旧图书属于免征增值税项目，不得开具增值税专用发票。

2.42 🔍斯尔解析　　**CD**　本题考查增值税专用发票的开具范围。

选项 A 不当选，提供签证代理服务，向服务接受方收取并代为支付的签证费、认证费不得开具增值税专用发票。

选项 B 不当选，向消费者个人销售货物或者提供销售服务、无形资产或者不动产不得开具增值税专用发票。

选项 E 不当选，适用于简易办法依照 3% 征收率减按 2% 的，不得开具增值税专用发票。

2.43 🔍斯尔解析　　**ABDE**　本题考查异常扣税凭证的范围。

走逃（失联）企业存续经营期间发生下列情形之一的，所对应属期开具的增值税专用发票列入异常增值税扣税凭证范围：

（1）商贸企业购进、销售货物名称严重背离的（选项 A 当选）；生产企业无实际生产加工能力且无委托加工（选项 B 当选），或生产能耗与销售情况严重不符，或购进货物并不能直接生产其销售的货物且无委托加工的（选项 D 当选）。

（2）直接走逃失联不纳税申报（选项 E 当选），或虽然申报但通过填列增值税纳税申报表相关栏次，规避税务机关审核比对，进行虚假申报的。

2.44 🔍斯尔解析　　**CD**　本题考查取得异常扣税凭证的处理。

选项 A 不当选，纳税信用 A 级的纳税人经核实，符合进项税额抵扣、出口退税或消费税抵扣规定的，可不作转出、追回或冲减等处理。

选项 B 不当选，在税务机关核实确认之前，可不作进项税额转出处理。

选项 E 不当选，尚未申报抵扣的暂不允许抵扣，无须做进项税额转出。

2.45 🔍斯尔解析　　**ADE**　本题考查发票违章的法律责任。

对于违反发票管理规定 2 次以上或者情节严重的单位和个人，税务机关可以在办税场所或者新闻媒体上公告纳税人发票违法的情况，公告内容包括纳税人名称（选项 A 当选）、纳税人识别号（选项 D 当选）、经营地点（选项 E 当选）、违反发票管理法规的具体情况。

2.46 🔍斯尔解析　　**CDE**　本题考查税收风险应对的策略。

选项 D 当选，选项 A 不当选，对于低风险纳税人，应当进行风险提示提醒，可以采取纳税服务提醒函的形式，向纳税人告知系统分析发现的风险疑点，由纳税人自我对照检查、自我纠错，纳税人无须向税务机关作出回复说明。

选项 B 不当选，对于中风险纳税人应当实施纳税评估。

2.47 🔍斯尔解析　　**BCE**　本题考查纳税评估的对象。

重点评估分析对象应包括：

（1）综合审核对比分析中发现有问题或疑点的纳税人。

（2）重点税源户、特殊行业的重点企业。（选项 B 当选）

（3）税负异常变化、长时间零税负和负税负申报的纳税人。（选项 E 当选）

（4）纳税信用等级低下、日常管理和税务检查中发现较多问题的纳税人。（选项C当选）

2.48 🔍斯尔解析　**BC**　本题考查纳税评估结果的处理。

选项A不当选，税务约谈的对象主要是企业财务会计人员，因评估工作需要，必须约谈企业其他相关人员的，应经税源管理部门批准并通过企业财务部门进行安排。

选项D不当选，对于发现的必须到生产经营现场了解情况、审核账目凭证的问题，经税务机关批准后，进行实地调查核实。

选项E不当选，纳税人可以委托涉税服务人员作为税务代理人进行税务约谈。

2.49 🔍斯尔解析　**ABCD**　本题考查纳税申报方式。

选项E不当选，代扣代缴属于税款征收的方式，而非纳税申报方式。

2.50 🔍斯尔解析　**BCE**　本题考查延期申报纳税。

选项B当选，选项A不当选，纳税人、扣缴义务人因不可抗力，不能按期办理纳税申报或者报送代扣代缴、代收代缴税款报告表的，应当在规定的期限内向税务机关提出书面延期申请，经税务机关核准，在核准的期限内办理。

选项C当选，选项D不当选，经核准延期申报的，应当在纳税期内按照上期实际缴纳的税额或者税务机关核定的税额预缴税款，并在核准的延期内办理税款结算，而非延期缴纳税款。

选项E当选，纳税人应当在不可抗力情形消除后立即向税务机关报告。

2.51 🔍斯尔解析　**BCD**　本题考查纳税信用评价。

选项B当选，未发生严重失信行为的当年新设立企业，当年应评为M级。

选项C当选，近三个评价年度内非经常性指标缺失的，评分从90分起评，因为90分以上才属于A级，所以此类企业不得评为A级。

选项D当选，属于严重失信情形，应采用直接判级的方式评为D级。

2.52 🔍斯尔解析　**ACE**　本题考查核定应纳税额的情形。

税务机关有权核定应纳税额的情形有：

（1）依法可以不设置账簿的。（选项E当选）

（2）依法应当设置但未设置账簿的。（选项A当选）

（3）擅自销毁账簿或者拒不提供纳税资料的。（选项C当选）

（4）虽设置账簿，但账目混乱或者成本资料、收入凭证、费用凭证残缺不全，难以查账的。

（5）发生纳税义务，未按照规定的期限办理纳税申报，经税务机关责令限期申报，逾期仍不申报的。

（6）纳税人申报的计税依据明显偏低，又无正当理由的。

2.53 🔍斯尔解析　**ABDE**　本题考查"税款征收方式"和"税款征收措施"的辨析。

税款征收措施有：（1）核定应纳税额（选项E当选）；（2）关联企业纳税调整；（3）税收保全（选项D当选）；（4）强制执行，包括阻止出境（选项AB当选）；（5）税款优先；（6）信息报告；（7）代位权和撤销权。

选项C不当选，委托代征属于税款征收方式而非税款征收措施。

2.54 🔍斯尔解析　**CE**　本题考查欠税的征管规定。

选项A不当选，税务机关应将纳税人的欠税情况定期公告。

选项 B 不当选，税收优先于无担保债权、罚款、没收违法所得。

选项 D 不当选，尚有欠税的纳税人在出境时，税务机关可以通知出入境管理机关阻止其出境，而不是直接阻止其出境。

2.55　⑤斯尔解析　　**ABCD**　本题考查纳税人的权利和义务。

选项 ABCD 当选，均属于纳税人的权利。

选项 E 不当选，认为税务机关具体行政行为不当，使纳税人的合法利益遭受损失的，纳税人有权申请税务行政复议或行政诉讼并要求税务机关赔偿，而不能拒绝履行纳税义务。

2.56　⑤斯尔解析　　**BE**　本题考查纳税人的法律责任。

选项 BE 当选，纳税人抗缴，情节轻微，未构成犯罪的，由税务机关追缴其拒缴的税款、滞纳金，并处拒缴税款 1 倍以上 5 倍以下的罚款。

2.57　⑤斯尔解析　　**BCE**　本题考查税务机关权力的相关规定。

选项 A 不当选，税款征收权是税务机关在税款征收管理过程中享有的最主要的职权。

选项 D 不当选，当期货币资金在扣除应付职工工资、社会保险费后，不足以缴纳税款的，经省、自治区、直辖市税务局批准，可以延期缴纳税款。

三、简答题

2.58　⑤斯尔解析　　本题考查增值税发票的分类。

可以抵扣进项税额的增值税普通发票（含凭票和计算抵扣）：机动车销售统一发票、农产品销售发票或收购发票、通行费发票、收费公路通行费增值税电子普通发票，以及国内旅客运输服务的增值税电子普通发票、航空运输电子客票行程单、铁路车票和公路、水路等客票。

2.59　⑤斯尔解析　　本题综合考查了税务登记、信息报告、首次申领发票等规定。

（1）正式开展经营前，纳税人应办理如下涉税事项：

①首次办理涉税事宜时，对《"多证合一"登记信息确认表》上的信息进行确认，对不全和不准确的信息进行补充和更正。

②办理电子税务局开户和相关信息的报告备案，例如：财务会计制度、核算软件等信息备案、存款账户信息报告、相关人员的实名信息采集和认证。

③如需办理为增值税一般纳税人的，还需要办理增值税一般纳税人资格认定。

④首次申领发票，应办理：发票票种核定、增值税专用发票最高开票限额审批、增值税税控系统专用设备的初始发行、发票领用。

（2）新办纳税人首次申领增值税发票的数量和限额为：

增值税专用发票最高开票限额不超过 10 万元，每月最高领用数量不超过 25 份；增值税普通发票最高开票限额不超过 10 万元，每月最高领用数量不超过 50 份。

符合下列情形的，税务机关应当自受理申请之日起 2 个工作日内办结，有条件的税务机关应当当日办结。

①纳税人的办税人员、法定代表人已经进行实名信息采集和验证。

②纳税人有开具增值税发票的需求，主动申领。

③纳税人按规定办理税控设备发行等事项。

2.60 ⑤斯尔解析　本题考查开具"不征税"发票的情形。

纳税人收取款项未发生销售行为，应开具增值税普通发票，开票时使用"未发生销售行为的不征税项目"编码，发票税率栏应填写"不征税"。主要适用情形包括：

（1）预付卡销售和充值。

（2）销售自行开发的房地产项目预收款。

（3）已申报缴纳营业税未开票补开票。

（4）通行费电子发票的不征税发票。

（5）建筑服务预收款。

（6）不征税自来水。

（7）代理进口免税货物货款。

（8）融资性售后回租中承租方出售资产以及资产重组中涉及的资产转让行为等。

2.61 ⑤斯尔解析　本题考查开票时需在备注栏注明经营业务的情形。

包括下列情形：

（1）提供建筑服务：

纳税人自行开具或者税务机关代开增值税发票时，应在发票的备注栏注明建筑服务发生地县（市、区）名称及项目名称。

（2）销售不动产：

应在发票"货物或应税劳务、服务名称"栏填写不动产名称及房屋产权证书号码（无房屋产权证书的可不填写），"单位"栏填写面积单位，备注栏注明不动产的详细地址。

（3）出租不动产：

应在备注栏注明不动产的详细地址。

（4）货物运输服务：

增值税一般纳税人提供货物运输服务，开具发票时应将起运地、到达地、车种车号以及运输货物信息等内容填写在发票备注栏中，如内容较多可另附清单。其中铁路运输企业受托代征的印花税款信息，可填写在发票备注栏中。

（5）单用途卡或多用途卡结算销售款：

单用途卡，销售方与售卡方不是同一个纳税人的，销售方在收到售卡方结算的销售款时，应向售卡方开具增值税普通发票，并在备注栏注明"收到预付卡结算款"。

多用途卡，特约商户收到支付机构结算的销售款时，应向支付机构开具增值税普通发票，并在备注栏注明"收到预付卡结算款"。

（6）保险公司代收车船税：

保险公司作为车船税扣缴义务人，在代收车船税并开具增值税发票时，应在增值税发票备注栏中注明代收车船税税款信息。具体包括保险单号、税款所属期（详细至月）、代收车船税金额、滞纳金金额、金额合计等。

（7）个人保险代理人汇总代开：

个人保险代理人为保险公司提供保险代理服务，接受税务机关委托代征税款的保险企业，向个人保险代理人支付佣金费用后，可代个人保险代理人统一向主管税务机关申请汇总代开增值税普通发票或增值税专用发票。代开发票的税务机关在发票备注栏备注"个人保险代理人汇总代开"字样。

（8）差额征税开具的发票：

按照现行政策规定适用差额征税办法缴纳增值税，且不得全额开具增值税发票的（财政部、国家税务总局另有规定的除外），纳税人自行开具或者税务机关代开增值税发票时，通过增值税发票管理新系统中差额征税开票功能，录入含税销售额（或含税评估额）和扣除额，系统自动计算税额和不含税金额，备注栏自动打印"差额征税"字样，发票开具不应与其他应税行为混开。

（9）异地代开不动产经营租赁服务或建筑服务发票：

税务机关为跨县（市、区）提供不动产经营租赁服务、建筑服务的小规模纳税人（不包括其他个人），代开增值税发票时，在发票备注栏中自动打印"YD"字样。

2.62 ⑤斯尔解析　本题考查销售退回的增值税处理以及红字专票的开具。

发生销售退回的，应该在销售退回的当期冲减销项税额。

由于销售退回已经跨期，不符合增值税专用发票作废的条件，应按规定开具红字增值税专用发票。具体应按以下步骤进行：

（1）购买方已用于申报抵扣的，由购买方填开《开具红字增值税专用发票信息表》（以下简称"信息表"）。

（2）购买方依信息表所列增值税税额从当期进项税额中转出。

（3）税务机关通过网络接收信息表，校验后，生成带有"红字发票信息表编号"的信息表，并将信息同步。

（4）销售方凭税务机关校验通过的信息表，开具红字增值税专用发票。

（5）销售方凭红字增值税专用发票冲减当期销项税额，购买方取得销售方开具的红字增值税专用发票后，与信息表一并作为记账凭证。

2.63 ⑤斯尔解析　本题考查虚开发票行为和善意取得虚开增值税专用发票的处理。

（1）虚开发票行为：

①为他人、为自己开具与实际经营业务情况不符的发票。

②让他人为自己开具与实际经营业务情况不符的发票。

③介绍他人开具与实际经营业务情况不符的发票。

（2）受票方属于善意取得虚开的增值税专用发票的，不以偷税或者骗取出口退税论处。如能重新取得合法有效的增值税专用发票，准予抵扣进项税额；不能重新取得的，不准其抵扣进项税额或追缴已抵扣的进项税额。对于追缴的已抵扣的税款，不加征滞纳金。

2.64 ⑤斯尔解析　本题考查异常扣税凭证。

（1）有下列情形之一的增值税专用发票，列入异常凭证范围：

①丢失、被盗税控专用设备中未开具或已开具未上传的增值税专用发票。

②非正常户纳税人未向税务机关申报或未按规定缴纳税款的增值税专用发票。

③增值税发票管理系统稽核比对发现"比对不符""缺联""作废"的增值税专用发票。

④经大数据分析发现，开具的增值税专用发票存在涉嫌虚开、未按规定缴纳消费税等情形的。

（2）走逃（失联）企业存续经营期间发生下列情形之一的，对应属期开具的增值税专用发票列入异常凭证范围：

①商贸企业购进、销售货物名称严重背离的。

②生产企业无实际生产加工能力且无委托加工，或生产能耗与销售情况严重不符，或购进货物并不能直接生产其销售的货物且无委托加工的。

③直接走逃失联不纳税申报，或虽然申报但通过填列申报表，规避审核比对，进行虚假申报的。

（3）纳税人申报抵扣异常扣税凭证同时符合下列情形的，对应开具的增值税专用发票将被列为异常扣税凭证：

异常凭证进项税额累计占同期全部增值税专用发票进项税额 70%（含）以上的；异常凭证进项税额累计超过 5 万元的。

2.65 🅢斯尔解析　本题考查增值税专用发票丢失的处理。

增值税专用发票的抵扣联和发票联均丢失的，可凭加盖销售方发票专用章的发票记账联的复印件，作为增值税进项税额的抵扣凭证、退税凭证和记账凭证。

2.66 🅢斯尔解析　本题考查核定应纳税额的情形。

纳税人有下列情形之一的，税务机关有权核定其应纳税额：

（1）依照法律、行政法规的规定可以不设置账簿的。

（2）依照法律、行政法规的规定应当设置账簿但未设置的。

（3）擅自销毁账簿或者拒不提供纳税资料的。

（4）虽设置账簿，但账目混乱或者成本资料、收入凭证、费用凭证残缺不全，难以查账的。

（5）发生纳税义务，未按照规定的期限办理纳税申报，经税务机关责令限期申报，逾期仍不申报的。

（6）纳税人申报的计税依据明显偏低，又无正当理由的。

2.67 🅢斯尔解析　本题考查税收优先的规定。

（1）欠缴税款优先于无担保债权；对于有担保的债权，欠缴税款发生在抵押、质押或留置之前的，欠缴税款优先于抵押权、质权和留置权执行。

（2）欠缴税款先于行政机关罚款。

2.68 🅢斯尔解析　本题考查多缴税款的退还。

该公司多缴的税款可以申请退还。

（1）若是税务机关发现纳税人多缴税款，应自发现之日起 10 日内退还。

（2）纳税人自结算缴纳税款之日起 3 年内发现的，可以要求退还多缴的税款并加算银行同期存款利息。

2.69 Ⓢ斯尔解析　本题考查违法违规行为的法律责任，以及税款征收的措施。

（1）①纳税人未按规定的期限办理纳税申报和报送纳税资料的，由税务机关责令限期改正，可处以2 000元以下的罚款；情节严重的，可处以2 000元以上1万元以下的罚款。

②发生纳税义务，未按照规定的期限办理纳税申报，经税务机关责令限期申报，逾期仍不申报的，税务机关有权核定其应纳税额。

③纳税人未按照规定的期限缴纳税款，由税务机关责令限期缴纳，逾期仍未缴纳的，经县以上税务局（分局）局长批准，税务机关可以采取下列强制执行措施：

a.书面通知其开户银行或者其他金融机构从其存款中扣缴税款。

b.扣押、查封、依法拍卖或者变卖其价值相当于应纳税款的商品、货物或者其他财产，以拍卖或者变卖所得抵缴税款。

（2）税务所的执法行为存在如下不妥之处：

①实施税收强制执行措施时未经县以上税务局（分局）局长批准。

②纳税人对税务机关作出的决定，享有陈述权、申辩权，而税务机关对陈某的申辩置之不理。

③陈某应纳税额为1 000元，被扣押的商品价值为3 000元。税务机关采取强制执行措施时，应扣押、查封、依法拍卖或变卖其价值相当于应纳税款的商品、货物或其他财产。因此，税务机关扣押的商品金额不妥，应扣押相当于1 000元的商品。

2.70 Ⓢ斯尔解析　本题考查税务机关的权力、义务以及法律责任。

（1）税务机关可以追征该笔税款。

（2）该行为属于偷税，税收征收管理法规定税务机关可以无限期追征其未缴或者少缴的税款、滞纳金或者所骗取的税款。

（3）若因税务机关的责任，致使纳税人、扣缴义务人未缴或者少缴税款，税务机关可以在3年内要求纳税人、扣缴义务人补缴税款，且不得加收滞纳金。

（4）因纳税人、扣缴义务人计算错误等失误，未缴或者少缴税款的，税务机关可以在3年内追征税款，且需要加收滞纳金；有特殊情况的，追征期可以延长到5年。

一、单项选择题

| 2.71 ▸ D | 2.72 ▸ D | 2.73 ▸ B | 2.74 ▸ C | 2.75 ▸ C |

二、多项选择题

| 2.76 ▸ ACD | 2.77 ▸ ACDE | 2.78 ▸ ABC |

一、单项选择题

2.71 斯尔解析 **D** 本题考查简易注销相关条件。

选项ABC不当选，均符合简易注销相关要求。

选项D当选，纳税人无欠缴社会保险费、滞纳金、罚款时才符合简易注销的条件。

2.72 斯尔解析 **D** 本题考查账簿凭证的保存期限。

选项D当选，会计档案的管理期限分为永久、定期两类，定期保管期限一般分为10年和30年。除法律、行政法规另有规定外，凭证、账簿等主要会计档案最低保管期限延长至30年，其他辅助会计资料的最低保管期限延长至10年。

2.73 斯尔解析 **B** 本题考查辅导期纳税人的发票管理。

选项B当选，辅导期纳税人1个月内多次领用专用发票的，应从当月第二次领用专用发票起，按照上一次已领用并开具的专用发票销售额的3%预缴增值税，未预缴增值税的，主管税务机关不得向其发放专用发票。

2.74 斯尔解析 **C** 本题考查发票领用手续。

选项C当选，主管税务机关根据领用单位和个人的经营范围、规模和风险等级，在5个工作日内确认领用发票的种类、数量以及领用方式。

2.75 斯尔解析 **C** 本题考查纳税信用补充评价。

选项C当选，纳税人因涉嫌税收违法被立案查处尚未结案的；被审计、财政部门依法查出税收违法行为，税务机关正在依法处理，尚未办结的；已申请税务行政复议、提起行政诉讼尚未结案的原因未参加当年评价的，待上述情形解除或对当期未予评价有异议的，可填写《纳税信用补评申请表》，向主管税务机关申请补充评价。作出评价的税务机关应按规定开展纳税信用补评工作。自受理申请之日起15个工作日内完成补评工作，并向纳税人反馈纳税信用评价信息或提供评价结果的自我查询服务。

提示：纳税人对纳税信用评价结果有异议的，可在纳税信用评价结果确定的当年内，填写《纳税信用复评申请表》，向主管税务机关申请复评。税务机关自受理申请之日起15个工作日内完成复评工作，并向纳税人反馈纳税信用复评信息或提供复评结果的自我查询服务。

二、多项选择题

2.76 ⑤斯尔解析　**ACD**　本题考查注销税务登记的受理。

纳税人申请注销税务登记时，受理税务人员按照以下情况分别办理：

（1）纳税人提交资料齐全、符合法定形式的，受理纳税义务人清税申报申请。（选项 A 当选）

（2）纳税人提交资料不齐全或不符合法定形式的，制作《税务事项通知书》（补正通知），一次性告知纳税人须补正的内容。（选项 C 当选，选项 B 不当选）

（3）依法不属于本机关职权或本业务受理范围的，制作《税务事项通知书》（不予受理通知），告知纳税人不予受理的原因。（选项 D 当选，选项 E 不当选）

2.77 ⑤斯尔解析　**ACDE**　本题考查发票使用的相关规定。

选项 A 当选，开具发票的单位和个人应当建立发票使用登记制度，配合税务机关进行身份验证，并定期向主管税务机关报告发票使用情况，即发票领用存情况及相关开票数据。身份验证是指单位和个人在领用、开具、代开发票时，其经办人应当实名办税。

选项 CD 当选，选项 B 不当选，任何单位和个人应当按照发票管理规定使用发票，不得拆本使用发票；不得扩大发票使用范围；不得窃取、截留、篡改、出售、泄露发票数据；

选项 E 当选，税务机关对违反发票管理法规的行为依法进行处罚的，由县以上税务机关决定；罚款额在 2 000 元以下的，可由税务所决定。

2.78 ⑤斯尔解析　**ABC**　本题考查数电票相关规定。

选项 ABC 当选，均为正确表述。

选项 D 不当选，纳税人使用数电票无须进行发票验旧操作。

选项 E 不当选，纳税人通过电子发票服务平台税务自动交付数电票，也可通过电子邮件、二维码等方式自行交付数电票。

第三章　涉税专业服务程序与方法
答案与解析

一、单项选择题

| 3.1 ▶ C | 3.2 ▶ C | 3.3 ▶ D | 3.4 ▶ B | 3.5 ▶ C |

| 3.6 ▶ C |

二、多项选择题

| 3.7 ▶ BDE | 3.8 ▶ BD |

一、单项选择题

3.1 🔍斯尔解析　**C** 本题考查涉税专业服务的工作底稿。

选项 C 当选，可以采用纸质或者电子的形式。有视听资料、实物等证据的，可以同时采用其他形式。

3.2 🔍斯尔解析　**C** 本题考查涉税专业服务的业务委托协议。

选项 C 当选，业务委托协议应当由评估项目涉税风险的涉税服务人员起草，起草人或审定人应为项目组成员。

3.3 🔍斯尔解析　**D** 本题考查业务成员委派的相关规定。

选项 D 当选，项目负责人可以根据业务需要，请求本机构内部或外部相关领域的专家协助工作。项目负责人应当对专家的工作成果负责。

3.4 🔍斯尔解析　**B** 本题考查工作底稿的种类辨析。

选项 ACD 不当选，业务计划、业务委托协议、归档和查阅记录属于管理类工作底稿。

3.5 🔍斯尔解析　**C** 本题考查纳税审核方法中的顺查法和逆查法。

选项 C 当选，能够抓住重点，属于逆查法的特点。

顺查法有如下特点：比较系统、全面，运用简单（选项 A 不当选），可避免遗漏（选项 B 不当选），但工作量大（选项 D 不当选），重点不够突出。

3.6 ⑤斯尔解析 **C** 本题考查纳税审核方法中的抽查法和详查法。

选项 C 当选，抽查法适用于经济业务量较大，会计核算比较健全的纳税人的审核。

选项 AB 不当选，顺查法和详查法适用于经济业务比较简单或经济业务体量较小，会计核算不够健全的纳税人的审核。

选项 D 不当选，鉴定法是借助外部专家利用专用技术，对业务或资料的真伪进行书面鉴定的审核方法。

二、多项选择题

3.7 ⑤斯尔解析 **BDE** 本题考查纳税审核的基本方法。

纳税审核的基本方法包括：

（1）顺查法和逆查法。

（2）详查法和抽查法。

（3）核对法和查询法。（选项 B 当选）

（4）比较分析法和控制计算法。（选项 D 当选）

（5）审阅法。

（6）复算法。

（7）调节法。

（8）盘存法。

（9）观察法。（选项 E 当选）

（10）鉴定法。

3.8 ⑤斯尔解析 **BD** 本题考查纳税审核方法适用的涉税专业服务类型。

选项 BD 当选，涉税鉴证、纳税情况审查都要求税务师必须具备相应的纳税审核技术，才能充分胜任相应工作要求，确保执业质量和降低执业风险。

选项 ACE 不当选，没有要求必须具备纳税审核技术。

多项选择题

3.9 ▸ ABCE

多项选择题

3.9 **⑤斯尔解析** **ABCE** 本题考查涉税专业服务机构业务质量复核程序。

选项 ABCE 当选，专业税务顾问、税收策划、涉税鉴证、纳税情况审查专项业务应当实施两级以上复核。

第四章　实体税种的纳税审核和纳税申报
答案与解析

做**经典**

一、单项选择题

4.1　D	4.2　C	4.3　D	4.4　D	4.5　B
4.6　A	4.7　B	4.8　B	4.9　A	4.10　B
4.11　D	4.12　C	4.13　D	4.14　B	4.15　C
4.16　A	4.17　B	4.18　B	4.19　C	4.20　D
4.21　C	4.22　D	4.23　B	4.24　A	4.25　D
4.26　D	4.27　B	4.28　A	4.29　D	4.30　B
4.31　C	4.32　D	4.33　D	4.34　A	4.35　D
4.36　B	4.37　B	4.38　D	4.39　D	4.40　B
4.41　A	4.42　A	4.43　D	4.44　A	4.45　A
4.46　C	4.47　B	4.48　B	4.49　A	4.50　A
4.51　B	4.52　C	4.53　B	4.54　C	4.55　C
4.56　D	4.57　B	4.58　A	4.59　C	4.60　B

4.61 ▶ B	4.62 ▶ C	4.63 ▶ B	4.64 ▶ A	4.65 ▶ D
4.66 ▶ B	4.67 ▶ A			

二、多项选择题

4.68 ▶ BDE	4.69 ▶ BD	4.70 ▶ ABCD	4.71 ▶ ABD	4.72 ▶ BCE
4.73 ▶ ACE	4.74 ▶ BCE	4.75 ▶ CDE	4.76 ▶ ABE	4.77 ▶ ABC
4.78 ▶ AB	4.79 ▶ ABCE	4.80 ▶ ABDE	4.81 ▶ BD	4.82 ▶ ABE
4.83 ▶ BD	4.84 ▶ ADE	4.85 ▶ CE	4.86 ▶ DE	4.87 ▶ ACD
4.88 ▶ AD	4.89 ▶ ABD	4.90 ▶ ACDE	4.91 ▶ ACD	4.92 ▶ ABC
4.93 ▶ AD	4.94 ▶ AC	4.95 ▶ CE	4.96 ▶ ACDE	4.97 ▶ AD
4.98 ▶ BCD	4.99 ▶ CD	4.100 ▶ ACDE	4.101 ▶ AD	4.102 ▶ AB
4.103 ▶ ADE	4.104 ▶ BD	4.105 ▶ ACD	4.106 ▶ BCE	4.107 ▶ DE
4.108 ▶ ACD	4.109 ▶ BD	4.110 ▶ ABCE	4.111 ▶ ADE	4.112 ▶ BD
4.113 ▶ BCDE	4.114 ▶ ABC	4.115 ▶ ACDE	4.116 ▶ DE	4.117 ▶ ABDE

一、单项选择题

4.1 ⑨斯尔解析 **D** 本题考查增值税征税项目和销项税额的计算。

选项 D 当选，当期销项税额 =1 000×9%+（80+120）×6%+20×13%=90+12+2.6=104.6（万元）。

选项 A 不当选，货运收入、仓储收入误按 13% 税率计算，搬运收入误按 9% 税率计算。

选项 B 不当选，租金收入误按 6% 税率计算。

选项 C 不当选，货运收入、搬运收入和仓储服务均误按 13% 税率计算。

提示：本题需要注意不同应税项目税率的问题。

4.2 🔍斯尔解析　**C**　本题考查视同销售、不可抵扣进项税额项目的辨析及退货和防伪税控技术维护费的增值税处理。

选项C当选，购进货物用于免税项目，进项税额不得抵扣，货物对应运费的进项税额也不得抵扣。

4.3 🔍斯尔解析　**D**　本题考查增值税应纳税额的计算以及允许抵扣和不得抵扣进项税额的情形。

选项D当选，外购固定资产既用于免税项目又用于应税项目，进项税额可以全部抵扣。应纳增值税 =880×13%+300×6%-90-20=22.4（万元）。

4.4 🔍斯尔解析　**D**　本题考查一般纳税人销售自己使用过的固定资产的增值税计算。

选项D当选，一般纳税人销售自己使用过的2009年1月1日以后购进或者自制的固定资产，按照适用税率征收增值税，企业应确认的销项税额 =70.2÷（1+13%）×13%=8.08（万元）。

选项A不当选，误以为销售自己使用过的固定资产无须缴纳增值税。

选项B不当选，误以买卖价格之差按照3%征收率减按2%计算缴纳增值税。

选项C不当选，误以处置价款按照3%征收率减按2%计算缴纳增值税。

提示：一般纳税人销售自己使用过的"不得抵扣且未抵扣进项税额"的固定资产，适用简易办法依照3%征收率减按2%征收增值税，应开具普通发票，不得开具增值税专用发票。纳税人也可以放弃减税，按照简易办法依照3%征收率征收增值税，并可以开具增值税专用发票。但本题中纳税人在购入该设备时已抵扣进项税额，不符合享受此税收优惠政策的条件。

4.5 🔍斯尔解析　**B**　本题考查金融商品转让应纳增值税额的计算。

选项B当选，甲公司应缴纳的增值税 =（2 400-1 800）÷（1+6%）×6%=33.96（万元）。

提示：金融商品转让，按照卖出价扣除买入价后的余额为销售额。

4.6 🔍斯尔解析　**A**　本题考查房地产开发企业预缴增值税的计算。

选项A当选，房地产开发企业，采用一般计税方法预缴税款，应预缴增值税 = 预收款÷（1+适用税率）× 预征率 =5 000÷（1+9%）×3%=137.61（万元）。

4.7 🔍斯尔解析　**B**　本题考查房地产开发企业销项税额的计算。

选项B当选，具体过程如下：

（1）当期允许扣除的土地价款 =（当期销售房地产项目建筑面积÷房地产项目可供销售建筑面积）× 支付的土地价款 =（15 000÷37 500）×12 000=4 800（万元）。

（2）甲公司当期的销项税额 =（20 000-4 800）÷（1+9%）×9%=1 255.05（万元）。

提示：房地产开发企业按照差额计算增值税时，当期允许扣除的土地价款按照当期销售的房地产建筑面积占全部可供销售建筑面积的比例分摊，而非全部的土地价款都允许扣除。

4.8 🔍斯尔解析　**B**　本题考查纳税人转让不动产采用简易计税方法应纳税额的计算。

选项B当选，2016年4月30日及以前缴纳契税的，增值税应纳税额 =［全部交易价格（含增值税）– 契税计税金额（含营业税）］÷（1+5%）×5%=（4 800-1 925）÷（1+5%）×5%=136.90（万元）。

提示：

如为2016年5月1日及以后缴纳契税的，按照以下公式计算应纳税额：增值税应纳税额 =［全部交易价格（含增值税）÷（1+5%）– 契税计税金额（不含增值税）］×5%。

4.9 🔍斯尔解析　A　本题考查不动产出租预缴增值税的计算。

选项 A 当选，纳税人出租不动产适用一般计税方法计税的，按照以下公式计算应预缴税款：

应预缴税款 = 租金收入 ÷（1+ 税率）× 预征率 =120÷（1+9%）×3%=3.3（万元）。

选项 B 不当选，误以含税金额适用 3% 预征率。

选项 C 不当选，误按 9% 的税率计算预缴税额。

选项 D 不当选，误按 5% 进行价税分离换算后乘以 5% 预征率计算预缴税额。

提示：

（1）租赁服务采取预收款方式的，其增值税纳税义务发生时间为收到预收款的当天。本题中收到的全年租金均应计算增值税。

（2）若采用简易计税方法，按照以下公式计算应预缴税款：应预缴税款 = 租金收入 ÷（1+5%）×5%。

4.10 🔍斯尔解析　B　本题考查不得抵扣进项税额的计算。

选项 B 当选，具体过程如下：

一般纳税人已抵扣进项税额的不动产，发生非正常损失，或者改变用途，专用于简易计税方法、免征增值税项目、集体福利或者个人消费的，按照下列公式计算不得抵扣的进项税额：

不动产净值率 =（不动产净值 ÷ 不动产原值）×100%=2 000÷2 200×100%=90.91%

不得抵扣的进项税额 = 已抵扣进项税额 × 不动产净值率 =198×90.91%=180（万元）

选项 A 不当选，误按账面价值计算进项税额转出金额。

选项 C 不当选，误按账面价值占账面净值的比例乘以销项税额计算进项税额转出金额。

选项 D 不当选，误以销项税额作为进项税额转出金额。

提示：

（1）本题也可以用简便方法计算，直接用账面净值计算，即 2 000×9%=180（万元）。

（2）在计算公式中我们用到的数据为"账面净值"，而非"账面价值"。

账面价值 = 资产原价 − 计提的累计折旧 − 计提的减值准备

账面净值 = 资产原价 − 计提的累计折旧

4.11 🔍斯尔解析　D　本题考查金融服务增值税销项税额的计算。

选项 D 当选，金融机构开展贴现、转贴现业务，以其实际持有票据期间取得的利息收入作为贷款服务销售额计算缴纳增值税。该银行上述业务的销项税额 =（3 600+160+654）÷（1+6%）×6%=249.85（万元）。

选项 A 不当选，仅将利息收入作为应税收入计算销项税额。

选项 B 不当选，仅将利息收入和直接收费服务收入作为应税收入计算销项税额。

选项 C 不当选，仅将利息收入和开展贴现业务取得的利息收入作为应税收入计算销项税额。

4.12 🔍斯尔解析　C　本题考查无法划分用途时允许抵扣的进项税额的计算和增值税税控设备技术维护费的处理。

选项 C 当选，具体过程如下：

（1）除固定资产、不动产、无形资产以外的购进货物、劳务、服务，兼用于一般计税项目、简易计税项目或免税项目而无法划分的，按下面公式按比例计算不得抵扣的进项税额：

不得抵扣的进项税额 = 当期无法划分的全部进项税额 ×（当期简易计税方法计税项目销售额 + 免征增值税项目销售额）÷ 当期全部销售额

（2）企业初次购买增值税税控系统专用设备支付的费用及每年缴纳的技术维护费允许在增值税应纳税额中全额抵减。

综上，应纳增值税 =113÷（1+13%）×13%−［6.8−6.8×50÷（100+50）］−280÷10 000= 8.44（万元）。

选项 A 不当选，误以为无法划分耗料情况的原材料进项税额不得抵扣。

选项 B 不当选，误以为增值税税控设备技术维护费不能抵减增值税应纳税额。

选项 D 不当选，误以为无法划分耗料情况的原材料不得抵扣且增值税税控设备技术维护费不能抵减增值税应纳税额。

4.13　⑤斯尔解析　**D**　本题考查二手车经销商增值税应纳税额的计算。

选项 D 当选，根据现行政策，对从事二手车经销的纳税人销售其收购的二手车，按照简易办法依 3% 征收率减按 0.5% 征收增值税。甲公司的增值税应纳税额 =150 000÷（1+0.5%）×0.5%=746.27（元）。

选项 A 不当选，二手车经销商适用 0.5% 征收率简易计税，不允许抵扣进项税额。

选项 B 不当选，误将价税合计金额按 3% 计算应纳增值税。

选项 C 不当选，误将价税合计金额按 13% 计算销项税额后，将 0.3 万元作为进项税额抵扣。

4.14　⑤斯尔解析　**B**　本题考查转让不动产预缴增值税的计算。

选项 B 当选，转让取得的不动产，一般计税方法和简易计税方法的预缴公式一致，应预缴增值税 =（全部价款和价外费用 − 购置原价）÷（1+5%）×5%=（9 200−5 500）÷（1+5%）×5%=176.19（万元）。

选项 A 不当选，未考虑扣除购置原价。

选项 C 不当选，误适用 3% 的预征率。

选项 D 不当选，误按 9% 税率进行价税分离。

提示：本题中的办公楼如为转让自建的不动产，一般计税方法和简易计税方法的预缴公式一致，应预缴税款 = 全部价款和价外费用 ÷（1+5%）×5%。

4.15　⑤斯尔解析　**C**　本题考查增值税进项税额加计抵减政策。

选项 C 当选，在 2024 年，邮政服务、电信服务、现代服务业和生活性服务业加计抵减政策已到期，先进制造业可按 5% 享受加计抵减政策，集成电路和工业母机企业可按 15% 享受加计抵减政策。

4.16　⑤斯尔解析　**A**　本题考查增值税加计抵减额的计算。

选项 A 当选，具体过程如下：

（1）自 2023 年 1 月 1 日至 2027 年 12 月 31 日，允许先进制造业纳税人按照当期可抵扣进项税额加计 5%，抵减应纳税额。

当期计提加计抵减额 = 本期可抵扣进项税额 ×5%=180×5%=9（万元）

（2）已计提加计抵减额的进项税额，需要作进项税额转出的，应在进项税额转出当期，调减相应的加计抵减额。

本期调减加计抵减额 =30×5%=1.5（万元）

（3）当期可抵减的加计抵减额 = 上期结转的加计抵减额余额 + 本期计提加计抵减额 − 本期调减加计抵减额 =10+9−1.5=17.5（万元）。

选项 B 不当选，未考虑进项税额转出和上期结转金额的影响。

选项 C 不当选，未考虑上期结转的加计抵减余额的影响。

选项 D 不当选，误按 10% 的比例计算加计抵减金额。

4.17 斯尔解析　**B**　本题考查留抵退税政策中关于增量留抵税额和存量留抵税额的规定。

选项 A 不当选，纳税人获得一次性存量留抵退税前，当期期末留抵税额大于或等于 2019 年 3 月 31 日期末留抵税额的，存量留抵税额为 2019 年 3 月 31 日期末留抵税额；当期期末留抵税额小于 2019 年 3 月 31 日期末留抵税额的，存量留抵税额为当期期末留抵税额。

选项 C 不当选，纳税人可以在规定期限内同时申请增量留抵退税和存量留抵退税。

选项 D 不当选，纳税人获得一次性存量留抵退税后，存量留抵税额为零。

4.18 斯尔解析　**B**　本题考查留抵退税政策进项构成比例的细节规定。

选项 B 当选，具体过程如下：

（1）进项构成比例，为 2019 年 4 月至申请退税前一税款所属期已抵扣的增值税专用发票（含带有"增值税专用发票"字样全面数字化的电子发票、税控机动车销售统一发票）、收费公路通行费增值税电子普通发票、海关进口增值税专用缴款书、解缴税款完税凭证注明的增值税额占同期全部已抵扣进项税额的比重。

（2）在计算进项构成比例时，"进项税额转出"无须从进项构成比例计算公式的分子或分母中扣减，故其进项税额转出的 60 万元无须在计算公式的分子、分母中扣减。

综上，进项构成比例 =（600+200+100）÷（600+200+100+150+50）×100%=81.82%。

选项 A 不当选，误以为国内旅客运输服务电子客票行程单和铁路车票上注明的进项税额和农产品收购发票计算抵扣的进项税额均可计入进项构成比例。

选项 C 不当选，误以为分子、分母均要考虑进项税额转出的影响。

选项 D 不当选，误以为分母需要考虑进项税额转出的影响。

4.19 斯尔解析　**C**　本题考查增值税纳税申报的相关知识。

选项 C 当选，一般纳税人销售服务、不动产和无形资产，在确定销售额时，按照有关规定可以从取得的全部价款和价外费用中扣除价款的（差额），需填报《增值税及附加税费申报表附列资料（三）》，其他情况不需要填写。

4.20 斯尔解析　**D**　本题考查小规模纳税人的相关规定。

选项 D 当选，适用增值税差额征税政策的小规模纳税人，以差额后的金额确定销售额，从而判断是否可以享受上述规定的免征增值税政策。

选项 A 不当选，小规模纳税人销售不动产按照 5% 的征收率计算增值税，销售自己使用过的固定资产（有形动产），适用简易办法依照 3% 征收率减按 2% 征收增值税（根据现行政策可减按 1% 征收率征税）。

选项 B 不当选，小规模纳税人适用 3% 征收率的应税销售收入，减按 1% 征收率征税，并不是针对所有的应税行为均按 1% 征收率征税。

选项 C 不当选，小规模纳税人合计月销售额未超过 10 万元（以 1 个季度为 1 个纳税期的，季度销售额未超过 30 万元）的，免征增值税。

4.21　⑤斯尔解析　C　本题考查增值税纳税申报期限。

选项 C 当选，以 1 个季度为纳税期限的规定适用于小规模纳税人、银行、财务公司、信托投资公司、信用社，以及财政部和国家税务总局规定的其他纳税人。

4.22　⑤斯尔解析　D　本题考查消费税的征税范围。

选项 D 当选，果啤应按"啤酒"征税，属于消费税征税范围。

选项 ABC 不当选，均不属于消费税征税范围。

4.23　⑤斯尔解析　B　本题考查消费税的征税环节。

选项 B 当选，高档手表在生产销售、委托加工或者进口环节缴纳消费税，在零售环节不缴纳消费税。

选项 A 不当选，超豪华小汽车在零售环节加征消费税。

选项 C 不当选，金银首饰仅在零售环节征收消费税。

选项 D 不当选，电子烟征税环节为生产（进口）、批发两个环节，因此批发电子烟会发生消费税的纳税义务。

4.24　⑤斯尔解析　A　本题考查消费税委托加工的定义。

选项 A 当选，委托加工应税消费品指由委托方提供原料和主要材料，受托方只收取加工费和代垫部分辅助材料加工的应税消费品。

下列情况不属于委托加工业务，应按照受托方自产应税消费品处理：

（1）由受托方提供原材料生产的应税消费品。（选项 B 不当选）

（2）受托方先将原材料卖给委托方，再接受加工的应税消费品。（选项 C 不当选）

（3）由受托方以委托方名义购进原材料生产的应税消费品。（选项 D 不当选）

4.25　⑤斯尔解析　D　本题考查已纳消费税的扣除。

选项 D 当选，根据消费税法律制度的规定，用外购已税的白酒、小汽车、摩托车、游艇、高档手表、电池、涂料连续生产应税消费品的，其已纳税款不允许扣除。

提示：以外购珠宝玉石用于连续生产贵重首饰和珠宝玉石准予扣除已纳消费税的规定中，不包含以外购珠宝玉石连续生产的"金、银、铂、钻"首饰，因为"金、银、铂、钻"首饰变为仅在零售环节征税，跨环节不得扣除已纳消费税额。

4.26　⑤斯尔解析　D　本题考查"换、抵、投"情形下消费税的计算。

选项 D 当选，自产的应税消费品用于换取生产资料和消费资料、投资入股和抵偿债务，按同类应税消费品的最高销售价格计算消费税，则应纳消费税 $=150 \times 1\,000 \times 15\% \div 10\,000 = 2.25$（万元）。

选项 A 不当选，误以为焰火不属于消费税征税范围。

选项 B 不当选，误以作价作为计算消费税的计税依据。

选项 C 不当选，误以平均售价作为计算消费税的计税依据。

提示：对于"换、抵、投"情形，增值税按平均售价计税，而消费税按照最高售价计税。此时增值税的计税依据与消费税的计税依据不同。此规定非常特殊，属于消费税中特有的规定，也是高频热门考点。

4.27 🔍斯尔解析 　B　本题考查消费税的计算和已纳消费税款的扣除。

选项 B 当选，具体过程如下：

（1）卷烟的消费税实行复合计征。

（2）外购已税烟丝连续生产卷烟的，已纳消费税可以按照当期"生产领用"数量计算扣除。

综上，当月该卷烟厂应纳消费税税额 $=400 \times 56\% + 150 \times 80 \div 10\,000 - 50 \times 30\% \times 60\% = 216.2$（万元）。

选项 A 不当选，在已纳消费税款的扣除时未考虑"生产领用"的比例。

选项 C 不当选，仅按比例税率计算消费税，且未考虑已纳消费税的扣除。

选项 D 不当选，未考虑已纳消费税的扣除。

4.28 🔍斯尔解析 　A　本题考查消费税销售额的确定。

选项 A 当选，符合条件的代垫运输费用，不计入销售额。

销售额包括向购买方收取的全部价款和价外费用。所谓价外费用，包括价外向购买方收取的手续费、补贴（选项 C 不当选）、基金、集资费、返还利润、奖励费、违约金、滞纳金、延期付款利息（选项 D 不当选）、赔偿金、代收款项、代垫款项、包装费（选项 B 不当选）、优质费以及其他各种性质的价外收费。

4.29 🔍斯尔解析 　D　本题考查消费税中关于包装物押金的规定。

选项 A 不当选，金银首饰连同包装物销售的，无论是否单独计价，也无论会计上如何核算，均应并入金银首饰销售款一并计征消费税。

选项 B 不当选，啤酒属于从量定额征收消费税的应税消费品，无论包装物是否返还，都不再对包装物押金征收消费税。

选项 C 不当选，收取的逾期的应税高档化妆品包装物押金应征收消费税。

4.30 🔍斯尔解析 　B　本题考查消费税的相关规定。

选项 B 当选，纳税人收回委托加工的已税消费品，以不高于受托方的计税价格出售的，不再缴纳消费税；以高于受托方的计税价格出售的，出售时按规定正常申报缴纳消费税，同时受托方已代收代缴的消费税在计算时准予扣除。

选项 A 不当选，自产的应税消费品用于连续生产应税消费品的，不纳税；用于其他方面的，于移送使用时缴纳消费税。

选项 C 不当选，将适用不同税率的应税消费品组成成套消费品销售的，从高适用税率。

选项 D 不当选，纳税人兼营不同税率的应税消费品"未分别核算"销售额、销售数量的，从高适用税率。

4.31 🔍斯尔解析 　C　本题考查消费税的征收管理。

选项 A 不当选，消费税收入为中央政府固定收入。

选项 B 不当选，委托个体工商户加工的应税消费品由委托方收回后向其所在地主管税务机关申报纳税。

选项 D 不当选，消费税纳税人的总机构与分支机构不在同一县（市），但在同一省（自治区、直辖市）范围内，经省（自治区、直辖市）财政厅（局）、国家税务总局审批同意，可以由总机构汇总向总机构所在地的主管税务机关申报缴纳消费税。

4.32 〔斯尔解析〕　D　本题考查企业所得税收入的确认时点。

选项 A 不当选，转让股权收入，应于转让协议生效且完成股权变更手续时，确认收入的实现。

选项 B 不当选，接受捐赠收入，应按照实际收到捐赠资产的日期确认收入的实现。

选项 C 不当选，租金收入，应按合同约定的承租人应付租金的日期确认收入的实现。其中，交易合同或协议中规定租赁期限跨年度，且租金提前一次性支付的，根据配比原则，出租人可对上述已确认的收入，在租赁期内，分期均匀计入相关年度收入。

4.33 〔斯尔解析〕　D　本题考查企业所得税的免税收入。

选项 D 当选，购买的公司债券利息收入没有免税优惠。

选项 A 不当选，国债利息收入属于免税收入。

选项 B 不当选，持有期间不足 12 个月的上市公司股票取得的股息、红利不享受免税。

选项 C 不当选，符合条件的居民企业之间的股息、红利属于免税收入。

4.34 〔斯尔解析〕　A　本题考查股权转让应纳税所得额的计算。

选项 A 当选，企业在计算股权转让所得时，不得扣除被投资企业未分配利润等股东留存收益中按该项股权所可能分配的金额。因此，投资转让所得 =1 100−1 000=100（万元），该项投资转让所得应缴纳的企业所得税 =100×25%=25（万元）。

4.35 〔斯尔解析〕　D　本题考查企业所得税免税收入。

选项 D 当选，具体过程如下：

（1）国债利息收入免税，持有期间国债利息收入 =625×4%×242÷365=16.58（万元）。

（2）国债转让所得 =655−625=30（万元）。

综上，应计入 2023 年应纳税所得额的金额 =30−16.58=13.42（万元）。

选项 A 不当选，误以为国债转让所得也为免税收入。

选项 B 不当选，误以为持有期间国债利息收入也为应税收入。

选项 C 不当选，误以为持有期间国债利息收入为应税收入，而国债转让所得为免税收入。

4.36 〔斯尔解析〕　B　本题考查企业所得税不得扣除的项目。

选项 B 当选，罚金、罚款、被没收的财物损失以及税收滞纳金，不得税前扣除。但是平等主体之间支付的违约金、赔偿金、逾期归还银行贷款而支付的罚息允许税前扣除。

4.37 〔斯尔解析〕　B　本题考查借款利息税前扣除的计算。

选项 B 当选，向职工借款，不超过按照金融企业同期同类贷款利率计算的部分，据实扣除，超过的部分，不得扣除。可以税前扣除的职工借款利息 =120×5%×5÷12=2.5（万元），超标准部分 =3.5−2.5=1（万元），应调增应纳税所得额 1 万元，该公司应纳税所得额 =25+1= 26（万元）。

提示：如向股东或关联企业借款，除考虑金融企业同期同类贷款利率外，还需考虑债资比的相关规定。

4.38 〔斯尔解析〕　D　本题考查企业所得税税收优惠中的研发费用加计扣除。

选项 D 当选，具体过程如下：

（1）除集成电路企业和工业母机企业外的其他企业，开展研发活动中实际发生的研发费用，研发费用加计扣除的比例是 100%。

（2）委托境内机构进行研发，委托方按照费用实际发生额的 80% 计入委托方研发费用并计算加计扣除。

综上，甲公司当年可以税前加计扣除的研发费用 =（30+100+10+10）×80%×100%=120（万元）。

提示：集成电路企业和工业母机企业开展研发活动中实际发生的研发费用，未形成无形资产计入当期损益的，在按规定据实扣除的基础上，在 2023 年 1 月 1 日至 2027 年 12 月 31 日期间，再按照实际发生额的 120% 在税前扣除；形成无形资产的，在上述期间按照无形资产成本的 220% 在税前摊销。

4.39 ⑤斯尔解析　**D**　本题考查固定资产一次性税前扣除的税收优惠。

选项 D 当选，企业在 2018 年 1 月 1 日至 2027 年 12 月 31 日期间新购进的设备、器具（指除房屋、建筑物以外的固定资产），单位价值不超过 500 万元的，允许一次性计入当期成本费用在计算应纳税所得额时扣除，不再分年度计算折旧。单位价值超过 500 万元的固定资产，仍按照企业所得税相关规定执行。

4.40 ⑤斯尔解析　**B**　本题考查企业所得税三项经费和补充养老、补充医疗保险费扣除金额的计算。

选项 B 当选，具体过程如下：

（1）职工福利费的扣除限额 =200×14%=28（万元）<实际发生额 35 万元，需调增应纳税所得额 7 万元。

（2）工会经费的扣除限额 =200×2%=4（万元）>实际发生额 3.5 万元，未超过扣除限额，可以全额扣除。

（3）软件生产企业发生的职工教育经费中的职工培训费可以在企业所得税前全额扣除，即职工培训费用 4 万元可以全额扣除，其他职工教育经费扣除限额 =200×8%=16（万元）>实际发生额 4 万元，未超过扣除限额，可以全额扣除。

（4）补充养老保险费扣除限额 =200×5%=10（万元）<实际发生额 12 万元，需调增应纳税所得额 2 万元。

（5）补充医疗保险费扣除限额 =200×5%=10（万元）>实际发生额 8 万元，可以全额扣除。

综上，该企业各项费用应调增应纳税所得额 =7+2=9（万元）。

4.41 ⑤斯尔解析　**A**　本题考查税前扣除凭证的要求。

选项 A 当选，企业应当取得而未取得发票、其他外部凭证或取得不合规发票、不合规其他外部凭证的，若支出真实且已实际发生，能够补开、换开合规发票、其他外部凭证，相应支出可以税前扣除。该支出真实发生，且目前处于正常经营状态，故应向其换开发票。

提示：

企业在补开、换开发票、其他外部凭证过程中，因对方注销、撤销、依法被吊销营业执照、被税务机关认定为非正常户等特殊原因无法补开、换开发票、其他外部凭证的，可凭以下证明资料证实支出真实性后，其支出允许税前扣除：

（1）无法补开、换开发票、其他外部凭证原因的证明资料（包括工商注销、机构撤销、列入非正常经营户、破产公告等证明资料）。

（2）相关业务活动的合同或者协议。

（3）采用非现金方式支付的付款凭证。

（4）货物运输的证明资料。

（5）货物入库、出库内部凭证。

（6）企业会计核算记录以及其他资料。

其中，第（1）项至第（3）项为必备资料。

4.42　斯尔解析　**A**　本题考查特殊性税务处理中应纳税所得额的计算。

选项 A 当选，重组交易各方对交易中股权支付暂不确认有关资产的转让所得或损失的，其非股权支付仍应在交易当期确认相应的资产转让所得或损失，并调整相应资产的计税基础。

非股权支付对应的资产转让所得或损失 =（被转让资产的公允价值 − 被转让资产的计税基础）×（非股权支付金额 ÷ 被转让资产的公允价值）=3 000×（12−10）×3 600÷（12×3 000）=600（万元），所以甲公司股权转让的应纳税所得额为 600 万元。

选项 B 不当选，误以为股权支付部分需确认所得或损失。

选项 C 不当选，误以为非股权支付对应的资产所得可以减半计入应纳税所得额。

选项 D 不当选，误以为股权支付部分和非股权支付部分均需确认所得或损失。

4.43　斯尔解析　**D**　本题考查特殊性税务处理。

选项 D 当选、选项 B 不当选，特殊性税务处理中，股权支付部分暂不确认有关资产的转让所得或损失的，其非股权支付部分仍应在交易当期确认相应的资产转让所得或损失，并调整相应资产的计税基础。

选项 A 不当选，特殊性税务处理的条件之一为股权收购交易对价中涉及的股权支付金额不得低于交易支付总额的 85%，而非 50%。

选项 C 不当选，股权收购交易中，不论采用一般性税务处理还是特殊性税务处理，被收购企业的相关所得税事项原则上保持不变，适用的所得税税收优惠，适用条件未发生改变的，仍然可以继续享受。

4.44　斯尔解析　**A**　本题考查企业所得税亏损弥补的计算。

选项 A 当选，亏损弥补期限不得超过 5 年。具体过程如下：

（1）2017 年的亏损可以在 2018—2022 年间有盈利的年度进行弥补，即 2019 年、2020 年和 2022 年弥补 90 万元，剩余未弥补完的 10 万元不得结转扣除。弥补亏损后，2019 年、2020 年和 2022 年均不用交税。

（2）2018 年和 2021 年的亏损可以在 2023 年进行弥补，共弥补金额 60 万元。弥补亏损后，2023 年缴纳企业所得税 =5×25%=1.25（万元）。

综上，该企业 7 年共缴税企业所得税 1.25 万元。

4.45　斯尔解析　**A**　本题考查企业所得税纳税申报。

选项 A 当选，年度中间开业的企业，"税款所属期间"填报实际生产经营之日至当年 12 月 31 日。

4.46　斯尔解析　**C**　本题考查个人所得税所得来源地的确定。

选项 C 当选，由中国境外企业支付的稿酬属于来源于中国境外的所得。

选项 A 不当选，在中国境内提供劳务取得的任职、履约、受雇所得，不论支付所在地，均属于来源于中国境内的所得。

选项 B 不当选，从中国境内的企业取得的利息、股息、红利属于来源于中国境内的所得。

选项 D 不当选，转让中国境内的不动产的所得属于来源于中国境内的所得。

4.47 🔍斯尔解析　B　本题考查按照累计预扣法预扣预缴个人所得税的情形。

选项 B 当选，扣缴义务人向居民个人支付劳务报酬所得、稿酬所得、特许权使用费所得，以每次或每月收入额为预扣预缴应纳税所得额，分别适用三级超额累进预扣率和 20% 的比例预扣率，按次或按月计算每项所得应预扣预缴的个人所得税。

选项 A 不当选，正在接受全日制学历教育的学生因实习取得劳务报酬所得的，扣缴义务人预扣预缴个人所得税时，应按照累计预扣法计算并预扣预缴税款。

选项 CD 不当选，扣缴义务人向保险营销员、证券经纪人支付佣金收入时，应按照累计预扣法计算预扣税款。

4.48 🔍斯尔解析　B　本题考查稿酬所得预扣预缴个人所得税的计算。

选项 B 当选，稿酬所得应缴纳的个人所得税 =56 000×60%×（1−20%）×（1−30%）×20%=3 763.2（元）。

选项 A 不当选，收入额未减除 20% 的费用，也未减按 70% 计算。

选项 C 不当选，收入额未按 6∶4 比例进行分摊，也未减按 70% 计算。

选项 D 不当选，收入额未减按 70% 计算。

4.49 🔍斯尔解析　A　本题考查工资薪金预扣预缴个人所得税的计算。

选项 A 当选，小张同时满足三个条件：（1）上一纳税年度 1—12 月均在同一单位任职且预扣预缴申报了工资、薪金个人所得税；（2）上一年度 1—12 月工资、薪金收入未超过60 000 元；（3）本纳税年度自 1 月起，仍在该单位任职受雇并取得工资、薪金所得。

因此，扣缴义务人在预扣预缴本年度工资、薪金所得个人所得税时，累计减除费用自 1 月份起直接按照全年 60 000 元计算扣除。2024 年 1—3 月，小张累计收入不足 60 000 元，无须预缴税款。

选项 B 不当选，误按累计预扣法计算为 1 月份应预扣预缴的个人所得税金额。

选项 C 不当选，误按累计预扣法计算为 2 月份应预扣预缴的个人所得税金额。

选项 D 不当选，未考虑减除生计费 5 000 元，且未按预扣预缴法计算。

4.50 🔍斯尔解析　A　本题考查个人取得股权激励的个人所得税规定。

选项 A 当选，非上市公司授予本公司员工的股票期权、股权期权、限制性股票和股权奖励，符合规定条件的，经向主管税务机关备案，可实行递延纳税政策，即员工在取得股权激励时可暂不纳税，递延至转让时纳税。股权转让时，按照股权转让收入减除股权取得成本及合理税费后的差额，适用"财产转让所得"项目，按照 20% 计算缴纳个人所得税。

4.51 🔍斯尔解析　B　本题考查个人养老金的具体规定。

选项 B 当选，个人缴纳的个人养老金，在限额内可以选择在综合所得或经营所得中扣除。

4.52 🔍斯尔解析　C　本题考查个人转让上市公司限售股的计算。

选项 C 当选，对个人转让限售股取得的所得，按照"财产转让所得"项目，适用 20% 的比例税率征收个人所得税。以每次限售股转让收入，减除限售股原值和合理税费后的余额为应纳税所得额。如果纳税人未能提供完整、真实的限售股原值凭证，不能准确计算限售股原值，主管税务机关一律按限售股转让收入的 15% 核定限售股原值及合理税费。应缴纳个人所得税 =40×（1-15%）×20%=6.8（万元）。

4.53 🔍斯尔解析　**B**　本题考查持股期间的分红涉及的政策依据。

选项 B 当选，个人独资企业和合伙企业对外投资分回的利息或者股息、红利，不并入企业的收入，而应单独作为投资者个人取得的利息、股息、红利所得，按"利息、股息、红利所得"应税项目计算缴纳个人所得税。

4.54 🔍斯尔解析　**C**　本题考查房产税的计算。

选项 C 当选，纳税人对原有房屋进行改建、扩建的，要相应增加房屋的原值。因此该企业应缴纳房产税 =300×（1-20%）×1.2%×8÷12+（300+70）×（1-20%）×1.2%×4÷12=3.1（万元）。

提示：做题时要注意把时间划分清楚，自完工次月起以新的房产原值来进行计算。

4.55 🔍斯尔解析　**C**　本题考查资源税的计算。

选项 C 当选，纳税人以外购原矿与自采原矿混合为原矿销售，或者以外购选矿产品与自产选矿产品混合为选矿产品销售的，在计算应税产品销售额或者销售数量时，直接扣减外购原矿或者外购选矿产品的购进金额或者购进数量。具体过程如下：

（1）外购原矿的购进金额 =900×1÷3×800÷10 000=24（万元）。

（2）扣减外购原矿金额后的应税原矿计税依据 =100-24=76（万元）。

（3）应纳资源税 =76×6%=4.56（万元）。

4.56 🔍斯尔解析　**D**　本题考查房产税的征税范围和税收优惠。

选项 D 当选，大学出租房产，由大学缴纳房产税。

选项 A 不当选，对房地产开发企业建造的商品房，在出售前不征收房产税，但对出售前房地产开发企业已使用或出租、出借的商品房应按规定征收房产税。

选项 BC 不当选，免征房产税。

4.57 🔍斯尔解析　**B**　本题考查房产税的计税依据。

选项 B 当选，对于与地上房屋相连的地下建筑，如房屋的地下室、地下停车场、商场的地下部分等，应将地下部分与地上房屋视为一个整体按照地上房屋建筑的有关规定计算征收房产税。

4.58 🔍斯尔解析　**A**　本题考查城镇土地使用税的计税依据。

选项 A 当选，城镇土地使用税以纳税人实际占用的土地面积为计税依据，土地面积计量标准为每平方米。

4.59 🔍斯尔解析　**C**　本题考查城镇土地使用税减免税优惠。

选项 C 当选，对企业的铁路专用线、公路等用地，在厂区以外、与社会公用地段未加隔离的，暂免征收城镇土地使用税；在企业厂区内的，不予免征城镇土地使用税。

选项 A 不当选，对国家拨付事业经费和企业办的各类学校，托儿所，幼儿园自用的土地，免征城镇土地使用税。

选项 B 不当选，宗教寺庙、公园、名胜古迹自用的土地，免征城镇土地使用税。公园、名胜古迹中附设的营业单位如度假酒店、影剧院、照相馆、饮食部、索道经营场所等使用的土地，应按规定缴纳城镇土地使用税。

选项 D 不当选，直接用于农、林、牧、渔业的生产用地，免征城镇土地使用税。该类用地仅指直接从事于种植养殖、饲养的专业用地，不包括农副产品加工场地和生活办公用地。

4.60 🔍斯尔解析　**B**　本题考查土地增值税中房地产开发费用的计算公式。

选项 B 当选，纳税人能够按转让房地产项目计算分摊利息支出，并能提供金融机构的贷款证明的，其允许扣除的房地产开发费用在"利息 +（取得土地使用权所支付的金额 + 房地产开发成本）× 5%"以内。土地增值税清算时，已经计入房地产开发成本的利息支出，应调整至开发费用中计算扣除。

4.61 🔍斯尔解析　**B**　本题考查房地产开发企业契税的扣除项目。

选项 B 当选，房地产开发企业为取得土地使用权所支付的契税，应视同"按国家统一规定缴纳的有关费用"，计入"取得土地使用权所支付的金额"中扣除。

4.62 🔍斯尔解析　**C**　本题考查印花税税目。

选项 C 当选，电网与用户之间签订的供用电合同不征收印花税。

4.63 🔍斯尔解析　**B**　本题考查印花税计税依据的规定。

选项 A 不当选，财产保险合同的计税依据为支付（收取）的保险费金额，不包括所保财产的金额。

选项 C 不当选，用以货换货方式进行商品交易签订的合同，是反映既购又销双重经济行为的合同，应视同签订了两份合同，按合同所载的购、销金额合计数计税。

选项 D 不当选，建筑安装工程承包合同的计税依据为承包金额，不得扣除任何费用，如果施工单位将自己承包的建设项目再分包或转包给其他施工单位，其所签订的分包或转包合同，仍应按所载金额另行贴花。

4.64 🔍斯尔解析　**A**　本题考查运输合同的计税依据。

选项 A 当选，运输合同计税依据为列明的运输费金额，不包括所运货物的金额、装卸费用和保险费用等。

选项 B 不当选，误以为运输合同的计税依据应包括装卸费、保险费和运输费。

选项 C 不当选，误以为运输合同的计税依据应包括保险费和运输费。

选项 D 不当选，误以为运输合同的计税依据应包括装卸费和运输费。

4.65 🔍斯尔解析　**D**　本题考查环境保护税征收规定和计税依据的判定。

选项 A 不当选，对于大气污染物，按照每一排放口排放的污染物的"污染当量数"从大到小进行排序，对前三项污染物征收环境保护税。

选项 B 不当选，对第一类水污染物按照污染当量数从大到小排序，对前五项征收环境保护税，对其他类水污染物的前三项征收环境保护税。

选项 C 不当选，应税固体废物按照废物的排放量确定计税依据。

4.66 🔍斯尔解析　**B**　本题考查关于个人的税收优惠。

选项 B 当选，其他个人，采取一次性收取租金形式出租不动产取得的租金收入，可在对应的租赁期内平均分摊，分摊后的月租金收入未超过 10 万元的，免征增值税。

选项 A 不当选，个人出租住房，不区分用途，按 4% 从租计征房产税。个人出租商铺（非住房），应按 12% 从租计征房产税。

选项 C 不当选，对个人出租、承租住房签订的租赁合同，免印花税。个人出租商铺（非住房），应按租赁合同缴纳印花税。

选项 D 不当选，对于个人出租住房，减按 10% 征收个人所得税，个人出租商铺（非住房），应按财产租赁所得适用 20% 税率计征个人所得税。

4.67 ⑤斯尔解析　**A**　本题考查土地增值税纳税申报代理。

选项 A 当选，自 2021 年 6 月 1 日起，纳税人申报缴纳城镇土地使用税、房产税、车船税、印花税、耕地占用税、资源税、土地增值税、契税、环境保护税、烟叶税中一个或多个税种时，使用《财产和行为税纳税申报表》。

二、多项选择题

4.68 ⑤斯尔解析　**BDE**　本题考查一般纳税人资格认定中关于年应税销售额的规定。

选项 B 当选，选项 A 不当选，纳税人偶然发生的销售无形资产、转让不动产的销售额，不计入年应税销售额；出租不动产的销售额，要计入年应税销售额。

选项 DE 当选，年应税销售额，是指纳税人在连续不超过 12 个月或四个季度的经营期内累计应征的增值税销售额，包括纳税申报销售额、稽查查补销售额、纳税评估调整销售额。

选项 C 不当选，销售服务、无形资产或者不动产有扣除项目的纳税人，其销售服务、无形资产或者不动产年应税销售额按未扣除之前的销售额核算。

4.69 ⑤斯尔解析　**BD**　本题考查增值税税率。

选项 A 不当选，融资租赁按"租赁服务"缴纳增值税，汽车属于动产，适用的增值税税率为 13%。

选项 C 不当选，适用简易计税办法按照 0.5% 征收率缴纳增值税。

选项 E 不当选，按照"交通运输服务"适用增值税税率 9%。

提示：融资租赁按"租赁服务"缴纳增值税，融资性售后回租按"金融服务"缴纳增值税。

4.70 ⑤斯尔解析　**ABCD**　本题考查增值税征税范围。

物流辅助服务包括航空服务（包括航空地面服务和通用航空服务）（选项 C 当选）、港口码头服务（包括港口设施保安费）（选项 A 当选）、货运客运场站服务、打捞救助服务（选项 B 当选）、装卸搬运服务、仓储服务（选项 D 当选）和收派服务。

选项 E 不当选，属于"交通运输服务"。

4.71 ⑤斯尔解析　**ABD**　本题考查增值税销售额的确定。

价外费用中不包括：

（1）受托加工应征消费税的消费品所代收代缴的消费税。（选项 E 不当选）

（2）同时符合以下条件的代垫运费：①承运部门的运费发票开具给购货方的；②纳税人将该项发票转交给购货方的。（选项 C 不当选）

（3）符合条件代为收取的政府性基金或者行政事业性收费。

（4）销售货物的同时代办保险等而向购买方收取的保险费，以及向购买方收取的代购买方缴纳的车辆购置税、车辆牌照费。

4.72 🔍斯尔解析　　**BCE**　本题考查特殊情形下增值税销售额的确认。

选项 A 不当选，折扣销售方式下销售价款和折扣额在同一张发票上的"金额栏"分别注明，可以从销售额中扣减折扣额，如果另开折扣额发票或仅在发票"备注栏"注明折扣额，则不能扣除。并不是所有的折扣销售均按照折后价格计算增值税。

选项 D 不当选，采取以旧换新方式销售货物的，按新货同期销售价格确定销售额，不得扣减旧货收购价格（金银首饰除外）。

4.73 🔍斯尔解析　　**ACE**　本题考查兼营和混合销售行为的辨析。

选项 ACE 当选，一项销售行为中既涉及货物又涉及服务的，属于混合销售，根据规定，混合销售行为按"主业"征税，选项 ACE 的"主业"为销售货物，故应将全部销售额均按销售货物计算增值税。

选项 BD 不当选，纳税人销售自产的活动板房、钢结构件、机器设备的同时提供建筑安装服务，不属于混合销售，按销售货物和提供建筑安装服务两项分别计算缴纳增值税。销售外购机器设备的同时提供安装服务也比照此规定执行。

4.74 🔍斯尔解析　　**BCE**　本题考查不可抵扣的进项税额的情形。

选项 BCE 当选，纳税人购进的贷款服务、餐饮服务、居民日常服务和娱乐服务的进项税额不得从销项税额中抵扣。

4.75 🔍斯尔解析　　**CDE**　本题考查需要预缴增值税的情形。

选项 A 不当选，销售货物预售收到的款项无须预缴增值税，待其纳税义务发生时按规定缴纳增值税

选项 B 不当选，其他个人异地提供不动产经营租赁无须预缴，预缴与申报合二为一。

4.76 🔍斯尔解析　　**ABE**　本题考查房地产开发企业差额征税的规定。

向政府部门支付的土地价款，是指向政府、土地管理部门或受政府委托收取土地价款的单位直接支付的土地价款，可以在计算销售额时扣除，具体包括土地受让人向政府部门支付的征地和拆迁补偿费用（选择 AB 当选）、土地前期开发费用和土地出让收益等。此外，在取得土地时向其他单位或个人支付的拆迁补偿费用（选项 E 当选）也允许在计算销售额时扣除。

提示：

此处注意与土地增值税种可以扣除的项目 1"取得土地使用权所支付的金额"的异同：

（1）土地增值税项目 1"取得土地使用权所支付的金额"包括纳税人为取得土地使用权所支付的地价款、办理有关手续而缴纳的登记、过户等手续费和契税（增值税中允许扣除的不包括契税）。

（2）在土地增值税扣除项目中，拆迁补偿费、土地前期开发费用作为项目 2"房地产开发成本"扣除。

4.77 🔍斯尔解析　　**ABC**　本题考查增值税和企业所得税的视同销售。

选项 D 不当选，增值税和企业所得税均无须视同销售。

选项 E 不当选，增值税需视同销售，企业所得税不视同销售，属于内部处置资产。

4.78 🔍斯尔解析　　**AB**　本题考查进项税额不得抵扣的情形。

选项 C 不当选，因管理不善导致的损失其进项税额不得抵扣，但是自然灾害导致的损失其进

项税额可以正常抵扣。

选项 DE 不当选，用于免征增值税项目的原材料和用于个人消费的礼品，均不得抵扣进项税额。

4.79 $\widehat{\text{⑤斯尔解析}}$ **ABCE** 本题考查对一般纳税人能否选择简易计税方法情形的判断。

选项 A 当选，一般纳税人提供的公共交通运输服务可以选择简易计税方法，按照 3% 的征收率计算缴纳增值税。

选项 B 当选，一般纳税人提供的劳务派遣服务，可以选择差额纳税，按照简易计税方法适用 5% 的征收率计算缴纳增值税。

选项 C 当选，一般纳税人以清包工方式提供的建筑服务可以选择简易计税方法，按照 3% 的征收率计算缴纳增值税。

选项 E 当选，一般纳税人提供的人力资源外包服务可以选择简易计税方法，按照 5% 的征收率计算缴纳增值税。

选项 D 不当选，一般纳税人提供的融资性售后回租服务取得的利息及利息性质的收入按照"金融服务——贷款服务"征收增值税，不能选择简易计税。

4.80 $\widehat{\text{⑤斯尔解析}}$ **ABDE** 本题考查增值税的税收优惠。

选项 C 不当选，个人销售自建自用住房，免征增值税。

4.81 $\widehat{\text{⑤斯尔解析}}$ **BD** 本题考查增值税纳税义务发生时间。

选项 A 不当选，采取直接收款方式销售货物的，不论货物是否发出，均为收到销售款或者取得索取销售款凭据的当天。

选项 C 不当选，采取赊销和分期收款方式销售货物的，为书面合同约定的收款日期的当天，无书面合同的或者书面合同没有约定收款日期的，为货物发出的当天。

选项 E 不当选，采取预收货款方式销售货物的，为货物发出的当天，但生产销售工期超过 12 个月的大型机械设备、船舶、飞机等货物，为收到预收款或者书面合同约定的收款日期的当天。

4.82 $\widehat{\text{⑤斯尔解析}}$ **ABE** 本题考查消费税中委托加工收回货物成本的确定。

选项 C 不当选，委托方将委托加工产品收回后用于连续生产应税消费品（属于可扣除范围）的，应将受托方代收代缴的消费税记入"应交税费——应交消费税"科目的借方，待最终的应税消费品缴纳消费税时予以扣除，而不是计入委托加工应税消费品的成本中。

选项 D 不当选，可以抵扣的增值税不计入委托加工收回货物的成本中。

4.83 $\widehat{\text{⑤斯尔解析}}$ **BD** 本题考查委托加工代收代缴消费税的处理和计算。

选项 B 当选、选项 A 不当选，对于该委托加工业务，B 烟花厂无同类应税消费品销售价格，应按照组成计税价格计算纳税，所以受托方 B 烟花厂代收代缴消费税的组成计税价格 =（材料成本 + 加工费）÷（1- 消费税比例税率）=（65+20）÷（1-15%）=100（万元），B 烟花厂应代收代缴消费税 =100×15%=15（万元）。

选项 D 当选、选项 CE 不当选，委托加工的应税消费品，委托方以高于受托方的计税价格出售的，需按规定申报缴纳消费税，在计税时准予扣除受托方已代收代缴的消费税。即，A 烟花厂销售烟花时应缴纳消费税 =180×15%-15=12（万元）。

提示：

委托加工的应税消费品的计税依据按照如下顺序确定：

（1）受托方的同类消费品的销售价格。

（2）没有受托方同类消费品销售价格的，按照组成计税价格计算纳税。

需看清题目条件，不能直接组价。

4.84 🅢斯尔解析 **ADE** 本题考查已纳消费税的扣除。

选项 B 不当选，葡萄酒仅于外购收回时允许扣除，委托加工收回时不可扣除。

选项 C 不当选，黄金镶嵌首饰应在零售环节纳税，蓝宝石戒面已纳消费税款不能抵扣。

4.85 🅢斯尔解析 **CE** 本题考查金银首饰消费税的规定。

选项 A 不当选，铂金首饰在零售环节征收消费税，而非加征。

选项 B 不当选，纳税人采用以旧换新（含翻新改制）方式销售的金银首饰，应按实际收取的不含增值税的全部价款确定计税依据征收消费税。

选项 D 不当选，金银首饰连同包装物销售的，无论包装是否单独计价，也无论会计上如何核算，均应并入金银首饰的销售额，计征消费税。

4.86 🅢斯尔解析 **DE** 本题考查企业所得税收入总额。

选项 D 当选，企业接收股东划入资产，合同、协议约定作为资本金且会计上已作实际处理的，作为资本金，不计入收入总额。

选项 E 当选，县级以上人民政府将国有资产明确以股权投资方式投入企业，企业作为国家资本金计入实收资本，不计入收入总额。

选项 A 不当选，企业应当在搬迁完成当年，将搬迁收入计入企业当年应纳税所得额计算纳税。

选项 B 不当选，国债利息收入应计入企业收入总额，但其为免税收入，在计算缴纳企业所得税时应作纳税调减。

选项 C 不当选，应计入企业的收入总额计算缴纳企业所得税。

4.87 🅢斯尔解析 **ACD** 本题考查企业所得税不得扣除的项目。

选项 ACD 当选，合同违约金、诉讼费和逾期归还银行贷款而支付的罚息可以在企业所得税税前扣除。

选项 BE 不当选，税收滞纳金、罚金、罚款和被没收的财物损失，不得在企业所得税税前扣除。

4.88 🅢斯尔解析 **AD** 本题考查企业所得税税会差异的纳税调整。

选项 B 不当选，安置残疾人员的工资费用在据实扣除的基础上，可 100% 加计扣除，所以应作纳税调减。

选项 C 不当选，企业按规定缴纳的公众责任险允许在企业所得税税前扣除，所以不存在税会差异。

选项 E 不当选，因非正常损失而转出的不得抵扣的进项税额，允许在企业所得税税前扣除，所以不存在税会差异。

4.89 🅢斯尔解析 **ABD** 本题考查企业所得税税会差异的纳税调整。

选项 AB 当选，按照税法规定，权益性投资资产的税务成本以历史成本计量，对于会计上按照权益法核算所确认的投资收益，在企业所得税法的规定下，不应该确认为收益或损失，因此产生的"税会差异"，要进行纳税调整。

选项 C 不当选，分配股利企业确认的损益，根据税法规定属于收入总额。符合条件的居民企业之间的股息、红利等权益性投资收益，免征企业所得税；而会计处理上，乙公司分配利润，甲公司借记"应收股利"，贷记"长期股权投资——损益调整"，不影响甲公司的会计利润，无须纳税调整。

选项 D 当选、选项 E 不当选，出售股权时会计核算长期股权投资账面成本为 5 000+300-200×50%-500=4 700（万元），确认的投资收益为 5 500-4 700=800（万元）。税法上仅认可历史计税基础，故税法上股权转让所得为 500 万元（5 500-5 000），调整税会差异，应调减应纳税所得额 300 万元。

4.90　斯尔解析　**ACDE**　本题考查企业所得税扣除限额的计算基数。

选项 B 不当选，转让财产收入不属于企业的营业收入，不得作为广告费和业务宣传费计算扣除基数，也不得作为业务招待费计算扣除基数。

提示：能够作为计算业务招待费、广告费和业务宣传费税前扣除限额的基数的包括主营业务收入、其他业务收入和视同销售收入；不能作为计算业务招待费、广告费和业务宣传费税前扣除限额的基数的还有股息、红利等权益性投资收益（从事股权投资业务的企业除外）、利息收入、接受捐赠收入。

4.91　斯尔解析　**ACD**　本题考查企业所得税的纳税申报表。

选项 BE 不当选，加计扣除和免税项目业务需要在 A107010《免税、减计收入及加计扣除优惠明细表》调整。

4.92　斯尔解析　**ABC**　本题考查企业所得税广告费和业务宣传费的扣除。

化妆品制造与销售（选项 AB 当选）、医药制造（选项 C 当选）、饮料制造（不含酒类制造）（选项 D 不当选）企业发生的广告费和业务宣传费支出，不超过当年销售（营业）收入30% 的部分，准予扣除。

选项 E 不当选，烟草企业的广告费和业务宣传费支出，不得在计算应纳税所得额时扣除。

4.93　斯尔解析　**AD**　本题考查企业所得税的扣除项目。

选项 B 不当选，购买作为交易性金融资产管理的股票发生的手续费，会计上记入"投资收益"科目借方，税法上认为应属于初始投资成本，应进行纳税调增，待其实际转让时，才允许扣除。

选项 C 不当选，房屋、建筑物以外未投入使用的固定资产计提的折旧，不允许税前扣除。

选项 E 不当选，房地产开发期间发生的借款利息应资本化，计入开发成本，待完工后随着房屋销售，作为成本的一部分扣除。

4.94　斯尔解析　**AC**　本题考查企业所得税税收优惠中的研发费用加计扣除。

选项 A 当选，失败的研发活动所发生的研发费用也允许加计扣除。

选项 C 当选，外聘研发人员的劳务费用允许作为研发人员人工费用加计扣除。

选项 B 不当选，研发活动形成产品或作为组成部分形成产品对外销售的，研发费用中所对应的材料费用不得加计扣除。

选项 D 不当选，委托境外机构的研发费用不得全额进行加计扣除，应该按照实际发生额的

80%，同时不得超过境内符合条件的研发费用 2/3 的部分，计算加计扣除。

选项 E 不当选，无论委托方是否享受研发费用税前加计扣除政策，受托方所发生的研发费用均不得加计扣除。

4.95 **斯尔解析** **CE** 本题综合考查企业所得税的各类扣除项目。

选项 A 不当选，企业支付的赞助费用，如果属于与生产经营无关的非广告性质的赞助费，不得在税前扣除。

选项 B 不当选，存货跌价准备金不得在企业所得税税前扣除。

选项 D 不当选，企业之间支付的管理费用不得在税前扣除。

4.96 **斯尔解析** **ACDE** 本题考查企业所得税税务机关有权核定征收的情形。

纳税人有下列情形之一的，税务机关有权核定其应纳税额：

（1）依照法律、行政法规的规定可以不设置账簿的。（选项 C 当选）

（2）依照法律、行政法规的规定应当设置但未设置账簿的。（选项 D 当选）

（3）擅自销毁账簿或者拒不提供纳税资料的。

（4）虽设置账簿，但账目混乱或者成本资料、收入凭证、费用凭证残缺不全，难以查账的。（选项 E 当选）

（5）发生纳税义务，未按照规定的期限办理纳税申报，经税务机关责令限期申报，逾期仍不申报的。（选项 B 不当选）

（6）纳税人申报的计税依据明显偏低，又无正当理由的。（选项 A 当选）

4.97 **斯尔解析** **AD** 本题考查个人所得税的征税项目。

选项 AD 当选，均为个人因任职或者受雇而取得的收入，应按工资、薪金所得扣缴个人所得税。

选项 B 不当选，属于劳务报酬所得项目。

选项 C 不当选，属于不予计入工资、薪金所得的收入。

选项 E 不当选，应由劳务派遣公司代扣代缴个税。

4.98 **斯尔解析** **BCD** 本题考查个人所得税的居民和非居民个人。

按照个人所得税法的规定，居民个人取得综合所得（工资、薪金所得，劳务报酬所得，稿酬所得，特许权使用费所得）时，才适用于专项附加扣除。非居民个人不可享受专项附加扣除，分类所得中也不得扣除专项附加扣除。

选项 B 当选，属于我国居民个人取得的综合所得，可享受专项附加扣除。

选项 C 当选，虽然在我国境内无住所，但在我国境内累计居住满 183 天，属于我国居民个人，其取得的综合所得，可享受专项附加扣除。

选项 D 当选，该中国公民在我国境内有住所，所以直接可以判定为我国居民个人，其取得的综合所得，可享受专项附加扣除。

选项 A 不当选，该外国人在我国境内无住所，居住累计不满 183 天，属于我国个人所得税的非居民个人，不适用于专项附加扣除。

选项 E 不当选，股息、红利所得属于分类所得，不可享受专项附加扣除。

4.99 **斯尔解析** **CD** 本题考查个人所得税专项附加扣除。

选项 A 不当选，个人继续教育专项附加扣除不得由其配偶扣除，个人接受本科及以下学历继续教育，可以选择由其父母扣除，也可以选择由本人扣除。

选项 B 不当选，夫妻双方主要工作城市相同的，只能由其中一方享受住房租金专项附加扣除。

选项 E 不当选，夫妻双方婚前分别购买住房发生的首套住房贷款，其贷款利息支出，婚后可以选择其中一套购买的住房，由购买方按扣除标准的 100% 扣除，也可以由夫妻双方对各自购买的住房分别按扣除标准的 50% 扣除。

4.100 ⓢ斯尔解析　**ACDE**　本题考查无须办理个人所得税汇算清缴的情形。

纳税人在 2023 年已依法预缴个人所得税且符合下列情形之一的，无须办理汇算清缴：

（1）汇算需补税但综合所得收入全年不超过 12 万元的。（选项 A 当选）

（2）汇算需补税金额不超过 400 元的。（选项 C 当选）

（3）已预缴税额与汇算应纳税额一致的。（选项 E 当选）

（4）符合汇算退税条件但不申请退税的。（选项 D 当选）

选项 B 不当选，扣缴义务人未依法履行扣缴义务，造成少申报或者未申报综合所得的，纳税人应当依法据实办理汇算。

4.101 ⓢ斯尔解析　**AD**　本题考查土地增值税中房地产开发费用的计算。

选项 AD 当选、选项 B 不当选，财政部、国家税务总局对扣除项目金额中利息支出的计算问题作了两点专门规定：一是利息的上浮幅度按国家的有关规定执行，超过上浮幅度的部分不允许扣除；二是对于超过贷款期限的利息部分和加罚的利息不允许扣除。

选项 CE 不当选，财务费用中的利息支出，凡能够按转让房地产项目计算分摊并提供金融机构证明的，允许据实扣除，但最高不能超过按商业银行同类同期贷款利率计算的金额；凡不能按转让房地产项目计算分摊利息支出或不能提供金融机构证明的，房地产开发费用按取得土地使用权所支付的金额和房地产开发成本金额之和的 10% 以内计算扣除。

4.102 ⓢ斯尔解析　**AB**　本题考查土地增值税中"与转让房地产有关的税金"。

选项 C 不当选，应在"取得土地使用权所支付的金额"项目扣除。

选项 D 不当选，房地产开发企业缴纳的印花税不作为"与转让房地产有关的税金"进行扣除。

选项 E 不当选，销售开发产品缴纳的增值税不计入"与转让房地产有关的税金"项目。

4.103 ⓢ斯尔解析　**ADE**　本题考查主管税务机关可以要求纳税人进行土地增值税清算的情形。

符合以下条件之一的，主管税务机关可要求纳税人进行土地增值税清算：

（1）已竣工验收的房地产开发项目，已转让的房地产建筑面积占整个项目可售建筑面积的比例在 85% 以上（选项 E 当选），或该比例虽未超过 85%，但剩余的可售建筑面积已经出租或自用的。

（2）取得销售（预售）许可证满 3 年仍未销售完毕的。（选项 A 当选）

（3）纳税人申请注销税务登记但未办理土地增值税清算手续的。（选项 D 当选）

（4）省（自治区、直辖市、计划单列市）税务机关规定的其他情况。

提示：

纳税人符合下列条件之一的，"应"进行土地增值税的清算：

①房地产开发项目全部竣工、完成销售的。

②整体转让未竣工决算房地产开发项目的。

③直接转让土地使用权的。

4.104 ⓢ斯尔解析   **BD**   本题考查资源税的纳税审核。

选项 A 不当选，对于连续加工而无法正确计算原煤移送使用量的煤炭，可按加工产品的综合回收率，将加工产品实际销量和自用量折算成原煤数量及相应的应税销售额作为计税依据。

选项 C 不当选，应重点注意审核纳税人是否存在降低或混淆应税产品的等级，使用低等级的单位税额，少纳资源税问题。

选项 E 不当选，纳税人开采或者生产应税产品自用的，以自用数量为计税依据。

4.105 ⓢ斯尔解析   **ACD**   本题考查资源税的征收管理。

选项 ACD 均当选，其中选项 D 中以自采原矿加工成精矿产品的，在原矿移送环节暂不纳税，在精矿销售或自用时缴纳。

选项 B 不当选，资源税的纳税地点为应税产品的开采地或生产地。

选项 E 不当选，纳税人销售应税产品，资源税纳税义务发生时间为收讫销售款或者取得索取销售款凭据的当日。

4.106 ⓢ斯尔解析   **BCE**   本题考查资源税的征税范围和税收优惠。

选项 B 当选，从衰竭期煤矿开采的煤炭应征收资源税，但可以享受减征 30% 的优惠，此外其对外出口无免征资源税的规定。

选项 C 当选，二氧化碳气属于水气矿产，其开采并出售应当征收资源税。

选项 E 当选，从低丰度油气田开采的原油、天然气，减征 20% 资源税。

选项 A 不当选，资源税的纳税人是在中国领域及管辖的其他海域开发应税资源的单位和个人，进口资源不缴纳资源税。

选项 D 不当选，煤炭企业因安全生产而抽采的煤层气免征资源税。

4.107 ⓢ斯尔解析   **DE**   本题考查环境保护税的征税范围和税收优惠。

选项 D 当选，企业排放的冶炼渣属于固体废物，应征收环境保护税。

选项 E 当选，规模化畜禽养殖场排放污染物应当缴纳环境保护税。

选项 A 不当选，机动车、铁路机车、非道路移动机械、船舶和航空器等流动污染源排放应税污染物的，暂免征收资源税。

选项 B 不当选，目前环境保护税中的噪声仅指"工业噪声"。建筑施工噪声、交通噪声不在环境保护税的征税范围。

选项 C 不当选，二氧化碳不属于大气污染物，不缴纳环境保护税。

4.108 ⓢ斯尔解析   **ACD**   本题考查环境保护税的征收管理。

选项 A 当选，环境保护主管部门依照环境保护税法和有关环境保护法律法规的规定对污染物监测管理。

选项 C 当选，环境保护税纳税义务发生时间为纳税人排放应税污染物的当日。

选项 D 当选，环境保护税按月计算，按季申报缴纳；不能按固定期限计算缴纳的，可以按次申报缴纳。

4.109 ⓢ斯尔解析   **BD**   本题考查土地增值税的征税范围和税收优惠。

选项 A 不当选，与改制重组有关的土地增值税政策不适用于房地产转移任意一方为房地产开发企业的情形，有任意一方为房地产开发企业的，应照章纳税。

选项 C 不当选，个人之间互换自有住房，经税务机关核实，可暂免征收土地增值税；企业之间互换房地产，应照章纳税。

选项 E 不当选，房地产抵押期满后，发生了房地产权属转移的，应照章纳税。

4.110 🔍斯尔解析 **ABCE** 本题考查房产税房产原值的确定。

选项 ACE 当选，凡以房屋为载体，不可随意移动的附属设备和配套设施，如给排水、采暖、消防、中央空调、电气及智能化楼宇设备等，无论在会计核算中是否单独记账与核算，都应计入房产原值，计征房产税。

选项 B 当选，对于与地上房屋相连的地下建筑，如房屋的地下室、地下停车场、商场的地下部分等，应将地下部分与地上房屋视为一个整体，按照地上房屋建筑的有关规定计算征收房产税。

4.111 🔍斯尔解析 **ADE** 本题考查房产税纳税义务发生时间。

选项 B 不当选，纳税人将原有房产用于生产经营的，从生产经营之月起缴纳房产税。

选项 C 不当选，纳税人购置存量房，自办理房屋权属转移、变更登记手续，房地产权属登记机关签发房屋权属证书之次月起，缴纳房产税。

4.112 🔍斯尔解析 **BD** 本题考查城镇土地使用税的相关规定。

选项 A 不当选，城镇土地使用税的征税范围为城市、县城、建制镇和工矿区。

选项 C 不当选，降低额不得超过规定的最低税额的"30%"。

选项 E 不当选，城镇土地使用税按年计算，分期缴纳。

4.113 🔍斯尔解析 **BCDE** 本题考查土地增值税的征税范围。

选项 A 不当选，出让国有土地使用权不属于土地增值税的征税范围。

4.114 🔍斯尔解析 **ABC** 本题考查土地增值税的各类扣除项目。

选项 D 不当选，房地产开发企业销售已装修的房屋，其装修费用可以计入房地产开发成本在计算土地增值税时扣除。

选项 E 不当选，建成后无偿移交给政府、公用事业单位用于非营利性社会公共事业的配套公共设施，其成本、费用可以扣除。

4.115 🔍斯尔解析 **ACDE** 本题考查印花税税目。

选项 ACDE 当选，产权转移书据包括财产所有权和版权、商标专用权、专利权、专有技术使用权等转移书据和土地使用权出让合同、土地使用权转让合同、商品房销售合同等权利转移合同。

选项 B 不当选，非专利技术转让合同属于"技术合同"。

4.116 🔍斯尔解析 **DE** 本题考查印花税计税依据的细节规定。

选项 A 不当选，同一应税凭证由两方以上当事人书立的，按照各自涉及的金额分别计算应纳税额。未列明纳税人各自涉及金额的，以纳税人平均分摊的应税凭证所列金额确定。

选项 B 不当选，同一应税凭证载有两个以上税目事项并分别列明金额的，按照各自适用的税目税率分别计算应纳税额；未分别列明金额的，从高适用税率。

选项 C 不当选，应税凭证所列金额与实际结算金额不一致，不变更应税凭证所列金额的，以所列金额为计税依据；变更应税凭证所列金额的，以变更后的所列金额为计税依据。

4.117 Ⓢ斯尔解析　　**ABDE**　本题考查"六税两费"的范围。

自 2023 年 1 月 1 日至 2027 年 12 月 31 日，对增值税小规模纳税人、小型微利企业和个体工商户减半征收资源税（不含水资源税）、城市维护建设税（选项 E 当选）、房产税（选项 B 当选）、城镇土地使用税（选项 D 当选）、印花税（不含证券交易印花税）、耕地占用税（选项 A 当选）和教育费附加、地方教育附加。

三、简答题

4.118 Ⓢ斯尔解析　　本题属于计算加简述类题目，考查小规模纳税人的税收优惠政策。

（1）1 月份不含税销售额 40 000 元＜100 000 元，免征增值税，无须缴纳增值税。

2 月份不含税销售额 110 000 元＞100 000 元，应缴纳增值税 =110 000×1%=1 100（元）。

3 月份不含税销售额 130 000 元＞100 000 元，应缴纳增值税 =1 500+（130 000−50 000）×1%=2 300（元）。

说明：自 2023 年 1 月 1 日至 2027 年 12 月 31 日，小规模纳税人合计月销售额未超过 10 万元（以 1 个季度为 1 个纳税期的，季度销售额未超过 30 万元）的，免征增值税。

（2）应缴纳增值税 1 500 元。

说明：如按季缴纳，第一季度不含税销售额 =40 000+110 000+130 000=280 000（元）＜300 000 元，除开具的增值税专用发票的销售额外，可以享受小规模纳税人免征增值税的税收优惠。

（3）不可以。

理由：按固定期限纳税的小规模纳税人可以选择以 1 个月或 1 个季度为纳税期限，一经选择，一个会计年度内不得变更。

（4）若小张经营业务销售额超过免征增值税标准，其适用 3% 征收率的应税销售收入可减按 1% 征收率征税。

可以开具增值税专用发票。

说明：2023 年 1 月 1 日至 2027 年 12 月 31 日，增值税小规模纳税人适用 3% 征收率的应税销售收入，减按 1% 征收率征收增值税；适用 3% 预征率的预缴增值税项目，减按 1% 预征率预缴增值税。减按 1% 征收率征收增值税的，应按照 1% 征收率开具增值税发票，纳税人也可就该笔销售收入选择放弃减税并开具增值税专用发票。

4.119 Ⓢ斯尔解析　　本题属于简述类题目，综合考查增值税即征即退、不得抵扣进项税额等情形的判断。

（1）增值税一般纳税人销售其自行开发的软件产品，按 13% 的法定税率征收增值税后，对其增值税实际税负超过 3% 的部分实行增值税即征即退政策。

（2）该行为不属于不得抵扣进项税额的范围，不需作进项税额转出，也不属于视同销售货物行为，进项税额可以正常抵扣。

（3）不需要作进项税额转出。因为较强降雨属于不可抗力的自然灾害，不属于管理不善造成的损失，可以抵扣进项税额，不需要作进项税额转出。

（4）购入安装的视频会议系统可以抵扣进项税额。

4.120 ⑤斯尔解析　本题属于简述类题目，综合考查增值税的征税范围和简易计税。

（1）物业公司为业主提供的房屋装修装饰服务，应按照"建筑服务——装饰服务"缴纳增值税，适用税率为9%。如果属于清包工项目，可以选择简易计税方法按照3%征收率缴纳增值税。

（2）物业公司收取的车位管理费用应按照"现代服务——商务辅助服务"缴纳增值税，适用税率为6%。

（3）出租地下车位收取的租金应按照"现代服务——不动产租赁服务"缴纳增值税，适用税率为9%。不能选择简易计税方法，一般纳税人出租其营改增（2016年5月1日）后取得的不动产，应适用一般计税方法。

4.121 ⑤斯尔解析　本题属于简述类题目，综合考查房地产开发企业的预征预缴规定，以及一般计税方法下差额征税的计算公式。

（1）向政府支付的土地出让金应以省级以上（含省级）财政部门监（印）制的财政票据为合法有效凭证。

（2）①房地产开发企业采取预收款方式销售自行开发的房地产项目，应在收到预收款时按照3%的预征率预缴增值税。公式为：应预缴税款 = 预收款 ÷（1+ 适用税率或征收率）×3%。预缴增值税的同时还应预缴城市维护建设税、教育费附加和地方教育附加。

②房地产开发企业采取预收款方式销售自行开发的房地产项目的，应按该省规定的2%预征率预缴土地增值税。

③房地产企业销售未完工房地产产品取得的收入，应先按预计计税毛利率分季度或分月计算预计毛利额，计入当期应纳税所得额，缴纳企业所得税。

（3）当期允许扣除的土地价款 =（当期销售房地产项目建筑面积 ÷ 房地产项目可供销售建筑面积）× 支付的土地价款。

销售额 =（全部价款和价外费用 − 当期允许扣除的土地价款）÷（1+9%）

4.122 ⑤斯尔解析　本题为简述类题目，考查以自产货物对外投资的增值税、消费税和企业所得税的处理规定。

（1）增值税：应以当月该品牌小汽车的平均销售价格（不含增值税）作为计税依据。

消费税：应以当月该品牌小汽车的最高销售价格（不含增值税）作为计税依据。

（2）A企业以自产产品对外投资，应分解为按公允价格销售该品牌小汽车和投资两笔业务。应以该品牌小汽车的公允价格作为收入，同时确认相应的成本，以二者差额作为非货币性资产对外投资所得。A企业经备案可选择在不超过5年的期间内分期递延纳税的处理。

4.123 ⑤斯尔解析　本题属于计算类题目，考查企业所得税利息支出的扣除和纳税调整的计算。

业务（1）：应资本化的利息支出 =800×5%×9÷12=30（万元）；应计入财务费用的利息支出应该为10万元（40−30），应调增会计利润30万元。

说明：该笔借款在2023年的资本化期间为2023年1月至2023年9月，共计9个月。2023年10月至12月，达到预定可使用状态后的利息支出应费用化。

业务（2）：利息支出应调增应纳税所得额 =180÷2-480×2×5%=42（万元）。

说明：

①关联企业利息费用的扣除，要受两个限制：

a.债资比（金融企业为 5：1；其他企业为 2：1）：如能证明符合独立交易原则，或实际税负不高于关联企业，可不受"债资比"限制。

b.利率：不超过按照金融企业同期同类贷款利率计算的数额的部分可据实扣除，超过部分不许扣除。

②题干中的 180 万元为两年的利息费用，需要换算为 1 年的利息费用。

4.124 🔍 斯尔解析　本题属于计算类题目，综合考查企业所得税各项扣除和纳税调整的计算。

（1）利润总额 =5 000+500-2 500-100-220-550-900-100+60+100-180=1 110（万元）。

（2）①业务招待费调整：

扣除限额① =80×60%=48（万元），扣除限额② = 销售（营业）收入 ×5‰=（主营业务收入 + 其他业务收入 + 视同销售收入）×5‰=（5 000+500+100+50）×5‰=28.25（万元）。

两个限额取孰低，应按 28.25 万元进行扣除。税法允许扣除的金额 28.25 万元 < 实际发生额 80 万元，应调增应纳税所得额 =80-28.25=51.75（万元）。

说明：通过市民政局向贫困地区捐赠电脑以及直接向某中学捐赠电脑，均需要视同销售确认收入，按照电脑的公允价值（不含税售价）确认收入。

②广告费调整：

扣除限额 = 销售（营业）收入 ×15%=（5 000+500+100+50）×15%=847.5（万元）< 实际发生额 850 万元，应调增应纳税所得额 =850-847.5=2.5（万元）。

③捐赠支出调整：

a.直接向某中学捐赠电脑和直接向灾区捐赠现金均不符合规定，税前不得扣除，应调增应纳税所得额 =（50+6.5）+34.5=91（万元）。

b.符合规定的公益性捐赠扣除限额 = 利润总额 ×12%=1 110×12%=133.2（万元）> 实际发生额 113 万元（100+13），因未超过税法规定标准，无须调整。

综上，应调增应纳税所得额合计数 =51.75+2.5+91+（100-80-20）+（50-40-10）=145.25（万元）。

说明：将自产货物对外捐赠，企业所得税确认视同销售收入时确认视同销售成本，同时将视同销售收入与视同销售成本的差额，在"其他"栏次中进行纳税调减。

4.125 🔍 斯尔解析　本题属于简述类题目，考查企业所得税中研发费用的加计扣除政策。

（1）委托境内单位进行研发，由委托方享受加计扣除政策。

按照研发费用实际发生额的 80% 计入委托方研发费用并计算可加计扣除的研发费用。

（2）委托境外进行研发活动所发生的费用，按照费用实际发生额的 80% 计入委托方的委托境外研发费用。委托境外研发费用不超过境内符合条件的研发费用三分之二的部分，可以按规定在企业所得税前加计扣除。

涉及委托、合作研究开发的合同需经科技主管部门登记，该资料需要留存备查。其中，发生委托境内研发活动的，由受托方到科技部门进行登记；委托境外进行研发活动应签订技术开发合同，并由委托方到科技行政主管部门进行登记。

（3）委托境内个人研发，可以享受加计扣除政策。

委托境外个人研发，不可以享受加计扣除政策。

委托境内个人研发，应凭个人出具的发票等合法有效凭证在税前加计扣除。

4.126 ⑤斯尔解析　本题属于简述类题目，综合考查企业向不同类型股东分红时的企业所得税和个人所得税处理。

（1）①向企业股东分红：

第一种情况：企业股东如果是在中国境内未设立机构、场所的，或者虽设立机构、场所但取得的所得与其机构、场所没有实际联系的非居民企业，实行源泉扣缴，以支付人（甲有限责任公司）为扣缴义务人。税款由扣缴义务人在每次支付或者到期应支付时，从支付或者到期应支付的款项中扣缴10%的企业所得税（不考虑税收协定）。

第二种情况：企业股东如果是居民企业或在中国境内设立机构、场所且取得的股息所得与其机构、场所有实际联系的非居民企业，符合条件的属于企业所得税免税收入，无须缴纳企业所得税。甲有限责任公司无扣缴义务。

②转增股本：

有限责任公司向企业股东转增股本时，相当于股东取得投资收益后再向其追加投资。

企业股东为上述第一种情况，取得转增股本时，需要代扣代缴10%企业所得税（不考虑税收协定）。在符合相应条件时，境外投资者以分配利润直接投资可以享受递延纳税政策。

企业股东为上述第二种情况，取得转增股本时，免税。甲有限责任公司无扣缴义务。

（2）有限责任公司缴纳企业所得税后，用税后利润进行分红以及转增股本的，无须再缴纳企业所得税，不发生纳税义务。

（3）①甲有限责任公司在向居民个人股东分红时应按照"利息、股息、红利所得"项目，按照20%税率扣缴个人所得税。

②甲有限责任公司向个人股东转增股本时，应按照"利息、股息、红利所得"项目，适用20%税率，由甲有限责任公司代扣代缴个人所得税。

说明：有限责任公司为非上市公司，个人取得有限责任公司的分红款，不适用上市公司差别化的股息、红利政策。

4.127 ⑤斯尔解析　本题属于计算和简述结合类题目，综合考查企业所得税中利息支出的扣除计算、扣除凭证，以及个人所得税的处理。

（1）陈先生向银行支付的利息不能在有限责任公司计算企业所得税时扣除。

理由：因为陈先生是以个人名义取得个人住房抵押贷款，其支付给银行的利息支出不属于有限责任公司的费用，不能作为有限责任公司的费用进行税前扣除。

（2）企业向股东或其他与企业有关联关系的自然人借款的利息支出，符合规定条件的（符合关联方债资比例 2：1 和利率标准），准予扣除。

扣除限额 =200×2×6.5%×6/12=13（万元）＜实际发生额 500×6.5%×6/12=16.25（万元），超过规定标准，故企业所得税税前允许扣除的利息费用为 13 万元。

企业向个人借款发生的利息支出，须凭内部付款单据、真实有效的借款合同，以及发票（陈先生可以到税务机关代开增值税普通发票），在税前扣除，同时还应提供金融企业的同期同类贷款利率情况说明。

（3）有限责任公司向陈先生支付利息时，需要按照"利息、股息、红利所得"适用 20% 的税率，代扣代缴陈先生的个人所得税。

说明：个人取得"利息、股息、红利所得"，应以取得的全部收入作为应纳税所得额，无任何扣除。

4.128 Ⓢ斯尔解析 本题属于简述类题目，考查企业所得税免税收入、转让财产收入的规定。

（1）做法正确。理由：居民企业直接投资于非上市居民企业取得的股息、红利等投资收益是免税收入。

（2）做法不正确。理由：因为居民企业连续持有居民企业公开发行并上市流通的股票不足 12 个月取得的投资收益不能享受免税优惠。

（3）做法不正确。理由：将长期股权投资对外出售，属于股权转让行为，其取得的所得没有免税规定，应该并入应纳税所得额计算缴纳企业所得税。

说明：不同类型企业从我国居民企业取得的股息、红利的企业所得税处理的辨析。

投资方	被投资方的类型	
	非上市公司	上市公司
居民企业 非居民企业在我国设立机构、场所的 （与该机构、场所有实际联系）	免税	持股不足 12 个月，征税； 持股满 12 个月，免税
非居民企业在我国没有设立机构、场所的， 或虽设立机构、场所但与其无实际联系的	征税 （10% 税率）	

4.129 Ⓢ斯尔解析 本题属于简述和计算结合类题目，考查劳务报酬所得预扣预缴个人所得税的计算，以及预扣预缴和年度应纳税额计算时的区别。

（1）应纳税所得额 =60 000×（1−20%）=48 000（元）。

支付单位预扣预缴的个人所得税 =48 000×30%−2 000=12 400（元）

（2）①费用减除的区别如下：

预扣预缴时，以每次收入减除费用后的余额为收入额，每次收入不超过 4 000 元的，减除费用按 800 元计算；每次收入 4 000 元以上的，减除费用按 20% 计算。

年度汇算清缴时，收入额为收入减除 20% 费用后的余额。在年度汇算清缴时，劳务报酬所得和工资、薪金所得，稿酬所得，特许权使用费所得合并为综合所得，以合计收入额减除费用 6 万元以及专项扣除、专项附加扣除和依法确定的其他扣除后的余额为应纳税所得额。

②适用税率（或预扣率）的区别如下：

劳务报酬所得预扣税款时，适用三级超额累进预扣率。

劳务报酬所得年度汇算清缴时，适用七级超额累进税率。

4.130 ⑤斯尔解析　本题属于计算加简述类题目，考查劳务报酬所得的相关规定。

（1）上市公司在支付独立董事报酬时，按照"劳务报酬所得"预扣预缴个人所得税。

（2）符合相关政策规定。

理由：劳务报酬可以按月发放并预扣预缴个人所得税。

（3）两种发放方式所预扣预缴的个人所得税的结果不一致。

每半年发放报酬全年应预扣预缴的个人所得税 = [60 000×（1－20%）×30%－2 000]×2= 24 800（元）

每月发放报酬全年应预扣预缴的个人所得税 =120 000÷12×（1－20%）×20%×12=19 200（元）

（4）王先生的观点不正确。

劳务报酬所得属于综合所得，判断个人所得税的税负是高还是低，应该以汇算清缴结果为准，而不应该以预扣预缴结果为准。

只要王先生需参加汇算清缴，无论该笔报酬是按月发放还是按半年发放，计入综合所得的收入额是相同的，对于汇算清缴的影响是相同的，此时发放方式不影响税负。

说明：若王先生免于汇算清缴，不同的发放方式可能会影响个人所得税税负。

4.131 ⑤斯尔解析　本题属于计算类题目，综合考查个人所得税综合所得、经营所得和偶然所得的计算。

（1）截至12月，陈某当年工资薪金收入预扣预缴时的累计应纳税所得额 =（95 000+20 000）－ 5 000×12－4 000×6－3 000×6－1 000×3=10 000（元）。

本期应预扣预缴税额 =（累计预扣预缴应纳税所得额 × 预扣率 － 速算扣除数）－ 累计已预扣预缴税额 =（10 000×3%－0）－283=17（元）

说明：取得工资、薪金所得应当按照累计预扣法计算预扣税款，首先计算截至12月的累计预扣预缴应纳税所得额，查找年度所得税率表计算截至12月份的总应纳税额，再减去已纳税额，即12月当月应预扣预缴的税款。

①工资收入 95 000 元、取得的加班补贴 20 000 元均应计入工资、薪金所得缴纳个人所得税。

②对一个纳税年度内首次取得工资、薪金所得的居民个人，预扣预缴个人所得税时，可按照 5 000 元 / 月乘以纳税人当年截至本月月份数计算累计减除费用，故截至 12 月末可扣除减除费用 =5 000×12=60 000（元）。

③专项扣除标准为 4 000 元 / 月，截至 12 月末，可扣除 6 个月金额。

④预扣预缴时专项附加扣除按纳税人截至本月在本单位的任职受雇月份数计算。陈某为独生子女，双亲均已超过 60 岁，纳税人赡养一位及以上被赡养人的赡养支出，纳税人为独生子女的，按照每月 3 000 元的标准定额扣除；截至 12 月末，赡养父母专项附加扣除在预扣预缴时可扣除 6 个月金

额（需要注意的是，在汇算清缴时需要按全年符合条件的月份数进行扣除，即可以扣除12个月的金额）。

⑤10月首次购房，每月偿还贷款利息，可扣除住房贷款专项附加扣除1 000元/月。住房贷款利息自10月起实际发生，可扣除3个月金额。

⑥个人养老金选择在汇算清缴时扣除，因此预扣预缴税款时无须考虑。

（2）陈某年度经营所得应纳税所得额=50 000-（6 000+2 000+8 000×40%）=38 800（元）。

说明：个体工商户的生产、经营所得，以每一纳税年度的收入总额，减除成本、费用、税金、损失、其他支出以及允许弥补的以前年度亏损后的余额，为应纳税所得额。

①收入50 000元。

②成本费用中陈某本人工资12 000元不可税前扣除；雇员工资6 000元可据实扣除。

③家庭生活与生产经营难以分清的费用支出8 000元，其40%视为与生产经营有关的费用，准予扣除。

④广告费扣除限额=当年销售收入×15%=50 000×15%=7 500（元）>实际发生额2 000元，准予全额扣除。

（3）陈某彩票中奖收入应缴纳的个人所得税额=11 000×20%=2 200（元）。

参加论坛取得的各项所得应缴纳的个人所得税税额=（1 000+500）×20%=300（元）

合计应纳税额=2 200+300=2 500（元）

说明：

①对个人购买福利彩票、体育彩票，一次中奖收入在1万元以下（含1万元）的暂免征收个人所得税，超过1万元的，应全额按偶然所得适用20%税率纳税。

②个人取得省级人民政府、国务院部委和中国人民解放军军以上单位，以及外国组织、国际组织颁发的科学、教育、技术、文化、卫生、体育、环境保护等方面的奖金免税，但陈某取得的"某论坛"颁发的奖金不属于免税情形，应全额按偶然所得适用20%税率纳税。

③企业在业务宣传、广告等活动中，随机向本单位以外的个人赠送礼品，以及企业在年会、座谈会、庆典以及其他活动中向本单位以外的个人赠送礼品，个人取得的礼品收入，按照"偶然所得"项目计算缴纳个人所得税，但具有价格折扣或折让性质的消费券、代金券、抵用券、优惠券等礼品除外。故陈某取得的价值500元的纪念品应全额以20%税率按偶然所得纳税，取得的1 000元消费券无须缴纳个人所得税。

（4）稿酬所得的预扣预缴税额=（1 000-800）×70%×20%=28（元）。

说明：

①照片在某地理杂志发表取得的收入属于"稿酬所得"。

②稿酬所得在预扣预缴税款时，要用收入和4 000元进行比较，以确定减除费用。陈某取得的收入为1 000元，未超过4 000元，减除费用为800元。

③稿酬所得的收入额再减按70%计算。

（5）陈某全年综合所得应纳税所得额=［95 000+20 000+1 000×（1-20%）×70%］-60 000-4 000×6-3 000×12-1 000×3-12 000=-19 440（元），故全年综合所得应纳个人所得税税额为0。

陈某截至12月末已预扣预缴税款=283+17+28=328（元），应办理退税328元。

说明：

①本题中计入全年综合所得的金额有工资、薪金所得以及稿酬所得。经营所得和偶然所得不参与汇算清缴。

②稿酬所得在汇算清缴时，费用减除标准为收入的20%，无须和4 000元进行比较。

③汇算清缴时专项附加扣除需要按全年符合条件的月份数进行扣除，和纳税人在本单位的任职受雇月份无关，因此赡养老人专项附加扣除应扣除12个月的金额；首套住房贷款利息应扣除3个月的金额。

④自2022年1月1日起，"个人养老金"可以在12 000元/年的限额内据实扣除。

4.132 🅢斯尔解析　　本题为计算和简述结合类题目。综合考查财产租赁所得、专项附加扣除、综合所得的计算、申报和汇算清缴。

（1）出租房产每月应纳个人所得税额 = 4 500 × （1−20%） × 10% = 360（元）。

出租房产年度应纳个人所得税额 = 360 × 12 = 4 320（元）

说明：个人出租住房，取得的租金属于财产租赁所得，应该按次征收（以1个月内取得的收入为1次），减按10%税率征收个人所得税。

（2）可以享受专项附加扣除。

纳税人未将相关扣除信息报送任职受雇单位的，可以在次年3月1日至6月30日内，纳税人自行办理或者受托人为纳税人代为办理年度汇算清缴时，向纳税人任职受雇单位所在地主管税务机关办理汇算清缴时申报扣除。

（3）王某年度综合所得应纳税所得额 = 180 000 − 60 000 − 2 000 × 12 − 2 000 × 12 − 1 500 × 12 = 54 000（元）。

综合所得年度应纳个人所得税额 = 54 000 × 10% − 2 520 = 2 880（元）

可申请综合所得退税额 = 5 480 − 2 880 = 2 600（元）

说明：

①王某可享受"3岁以下婴幼儿照护"专项附加扣除，扣除标准为2 000元/月。

②王某可享受"子女教育"专项附加扣除，扣除标准为2 000元/月。

③王某可享受"住房租金"专项附加扣除，省会城市扣除标准为1 500元/月。

（4）办理渠道：王某可以选择网络办税渠道办理，也可以通过邮寄方式办理或到办税服务厅办理。

4.133 🅢斯尔解析　　本题属于计算和简述结合类题目，综合考查转让不动产的税务处理，以及企业所得税财产转让所得应纳税所得额的计算。

（1）①出售商铺应缴纳增值税、城市维护建设税、教育费附加、土地增值税、印花税。

②应纳增值税 = （800 − 500） ÷ （1+5%） × 5% = 14.29（万元）。

说明：一般纳税人转让2016年4月30日前取得的不动产（不含自建）选择适用简易计税方法的，以取得的全部价款和价外费用扣除不动产购置原价或者取得不动产时的作价后的余额为销售额。

③应纳城市维护建设税 = 14.29 × 7% = 1（万元）。

④应纳教育费附加 $=14.29 \times 3\%=0.43$（万元）。

⑤应纳印花税 $=800 \times 0.5‰=0.4$（万元）。

说明：应税凭证上价款和税款未分别列明的，印花税以价税合计金额计算。

⑥应纳土地增值税：

增值额 $=800-14.29-[500 \times (1+8 \times 5\%)+1+0.43+0.4+15]=785.71-716.83=68.88$（万元）

增值率 $=68.88 \div 716.83 \times 100\%=9.61\%$，适用的土地增值税税率为30%、速算扣除系数为0。

应缴纳土地增值税 $=68.88 \times 30\%=20.66$（万元）

说明：

①纳税人转让旧房时，凡不能取得评估价格的，可按发票所载金额并从购买年度起至转让年度止每年加计5%计算扣除项目的金额（每满12个月计1年；超过1年，未满12个月但超过6个月的，视为1年）。

②纳税人转让旧房时，与转让房地产有关的税金（包括城市维护建设税、教育费附加和印花税）可以扣除；凡不能取得评估价格时，对购房时缴纳的契税，凡能提供契税完税凭证的，准予作为"与转让房地产有关的税金"予以扣除，但不作为加计5%的基数。

（2）商铺出售后应计入企业所得税应纳税所得额的金额 $=（800-14.29）-（600-140）-1-0.43-0.4-20.66=303.22$（万元）。

说明：应计入企业所得税的应纳税所得额金额 = 不含增值税收入 - 账面价值 - 转让过程中缴纳的城市维护建设税及教育费附加、印花税、土地增值税。

（3）应缴纳企业所得税 $=303.22 \times 25\%=75.81$（万元）。

4.134 🔊斯尔解析　本题为计算类题目，综合考查房地产开发企业增值税和土地增值税的计算。

（1）销售房地产应纳增值税：

销售房地产应纳增值税 = 销项税额 - 进项税额 =（全部价款和价外费用 - 当期允许扣除的土地价款）$\div（1+9\%）\times 9\%$- 进项税额 =（120 000 000-20 000 000）$\div（1+9\%）\times 9\%-20 000 000 \div （1+13\%）\times 13\%-8 000 000 \div（1+9\%）\times 9\%=5 295 445.32$（元）。

说明：

一般计税方式下房地产开发企业销售商品房：

应缴纳增值税 = 销项税额 - 准予抵扣的进项税额

销项税额 =（全部价款和价外费用 - 当期允许扣除的土地价款）$\div（1+9\%）\times 9\%$

（2）①转让房地产的收入（不含增值税收入）$=120 000 000-（120 000 000-20 000 000）\div（1+9\%）\times 9\%=111 743 119.27$（元）。

②取得土地使用权所支付的全额（土地价款）$=20 000 000$（元）。

③房地产开发成本 $=20 000 000 \div（1+13\%）+8 000 000 \div（1+9\%）=25 038 564.58$（元）。

④房地产开发费用 =（取得土地使用权所支付的金额 + 房地产开发成本）$\times 10\%$=（20 000 000+25 038 564.58）$\times 10\%=4 503 856.46$（元）。

⑤与转让房地产有关的税金 = 城市维护建设税 + 教育费附加 $=5 295 445.32 \times 7\%+5 295 445.32 \times 3\%=529 544.53$（元）。

⑥应加计扣除的金额 =（取得土地使用权所支付的金额 + 房地产开发成本）×20%

$$=（20\,000\,000+25\,038\,564.58）\times20\%=9\,007\,712.92（元）。$$

转让房地产的扣除项目金额合计 =20 000 000+25 038 564.58+4 503 856.46+529 544.53+9 007 712.92= 59 079 678.49（元）

（3）转让房地产的增值额 =111 743 119.27－59 079 678.49=52 663 440.78（元）。

（4）增值税额与扣除项目金额的比率（增值率）=52 663 440.78÷59 079 678.49×100%=89.14%，适用税率为 40%，速算扣除系数为 5%。

应纳土地增值税 =52 663 440.78×40%－59 079 678.49×5%=18 111 392.39（元）

说明：

土地增值税的计算步骤和公式总结如下：

第一步：计算应税收入总额。注意收入中不含增值税。

第二步：计算扣除项目的金额。应注意按照不同项目和情形进行处理：

（1）销售新房，可以扣除的项目：

①项目 1 取得土地使用权所支付的金额：包括为取得土地使用权所支付的地价款，按国家规定缴纳的有关费用，房地产开发企业为取得土地使用权所支付的契税。

②项目 2 房地产开发成本。

③项目 3 房地产开发费用。

a. 能够按转让房地产项目计算分摊利息支出并能提供金融机构贷款证明：

允许扣除的房地产开发费用 = 利息 +（项目 1+ 项目 2）×5%

b. 不能按转让房地产项目计算分摊利息支出，或不能提供金融机构贷款证明：

房地产开发费用 =（项目 1+ 项目 2）×10%

④项目 4 与转让房地产有关的税金：包括城市维护建设税、教育费附加、印花税（房地产开发企业不包括印花税）。

⑤项目 5 加计扣除项目（仅适用于房地产开发企业销售自行开发的新建房地产项目）。

加计扣除金额 =（项目 1+ 项目 2）×20%

（2）转让存量房，可以扣除的项目：

①项目 1 取得土地使用权所支付的金额（如题干未涉及，不予考虑）。

②项目 6 旧房及建筑物的评估价格：

a. 能取得评估价，评估价格 = 重置成本价 × 成新度折扣率。

b. 不能取得评估价，但能提供购房发票的，可按发票所载金额并从购买年度起至转让年度止每年加计 5% 计算扣除（年数的确定：满 12 个月计 1 年；超过 1 年，未满 12 个月但超过 6 个月的，视为 1 年）。

③项目 4 与转让房地产有关的税金：包括城市维护建设税、教育费附加、印花税。

转让旧房不能取得评估价格时，对购房时缴纳的契税，凡能提供契税完税凭证的，准予作为与转让房地产有关的税金（"项目 4"）予以扣除，但不作为旧房及建筑物的评估价格（"项目 6"）中加计 5% 的基数。

第三步：用应税收入减扣除项目金额，计算出增值额。

第四步：计算增值额与扣除项目金额的比率，以确定适用税率和速算扣除系数。

第五步：代入公式计算应纳税额。

4.135 斯尔解析　本题属于计算和简述结合类题目。综合考查纳税人转让固定资产应缴纳的税费以及各项税费的计算。

（1）出售办公楼需要缴纳增值税、城市维护建设税、教育费附加、地方教育附加、印花税、土地增值税。

①应纳增值税 =2 500÷（1+5%）×5%=119.05（万元）。

说明：办公楼属于甲公司自建，采取简易计税按照全额缴纳增值税。

②应纳城市维护建设税 =119.05×7%=8.33（万元）。

应纳教育费附加 =119.05×3%=3.57（万元）

应纳地方教育附加 =119.05×2%=2.38（万元）

③产权转移书据应纳印花税 =2 500×0.05%=1.25（万元）。

④计算土地增值税：

不含增值税收入 =2 500−119.05=2 380.95（万元）

扣除项目：

旧房及建筑物的评估价格 =5 000×0.4=2 000（万元）

与转让房地产有关的税金 =8.33+3.57+2.38+1.25=15.53（万元）

扣除项目合计 =2 000+15.53=2 015.53（万元）

增值额 =2 380.95−2 015.53=365.42（万元）

增值率 =365.42÷2 015.53×100%=18.13%。适用的土地增值税税率为30%、速算扣除系数为0。

应纳土地增值税 =365.42×30%=109.63（万元）

说明：计算项目4与转让房地产有关的税金时，注意题干要求，是否需要包括地方教育附加。

（2）出售办公家具需要缴纳增值税、城市维护建设税、教育费附加、地方教育附加、印花税。

①应纳增值税 =30÷（1+3%）×3%+20÷（1+13%）×13%=0.87+2.3=3.17（万元）。

说明：

a. 对于2008年的家具，出售自己使用过的不得抵扣进项税额且未抵扣进项税额的固定资产，采用简易计税方法，但甲公司开具了增值税专用发票，故按3%征收率，不享受减征。

b. 对于2018年的办公家具，已经抵扣过进项税额的固定资产，应采用一般计税方法计算缴纳增值税。

②应纳城市维护建设税 =3.17×7%=0.22（万元）。

应纳教育费附加 =3.17×3%=0.10（万元）

应纳地方教育附加 =3.17×2%=0.06（万元）

③购销合同应纳印花税 =50×0.03%=0.015（万元）。

4.136 斯尔解析　本题属于简述加计算类题目，综合考查城镇土地使用税、增值税和房产税的处理。

（1）宗地应从 2022 年 3 月开始缴纳城镇土地使用税。

新建办公楼应从 2023 年 4 月份开始缴纳房产税。

说明：

①通过招标、拍卖、挂牌方式取得的建设用地，应从合同约定交付土地时间的次月起缴纳城镇土地使用税；合同未约定交付土地时间的，从合同签订的次月起缴纳城镇土地使用税。

②委托施工企业建设的房屋，从办理验收手续之日的次月起缴纳房产税。

（2）新建办公楼计算缴纳房产税时的原值，包括地价、建造成本、与房屋不可分割的各种附属设备或一般不单独计算价值的配套设施。

地价：包括为取得土地使用权支付的价款，为土地总价款和契税合计，2 000+80=2 080（万元）。

建造成本：1 000 万元。

与房屋不可分割的各种附属设备或一般不单独计算价值的配套设施：电梯相关费用 200 万元。

（3）增值税：免租期内不属于视同销售，无须缴纳增值税。

房产税：免收租金期间由产权所有人按照房产余值从价计征房产税。

说明：注意免租期内增值税和房产税两者处理方式的不同。

（4）新建办公楼房产税 =（2 080+1 000+200）×（1−30%）×1.2%×9/12=20.66（万元）。

原办公楼房产税 =500×（1−30%）×1.2%×7/12+4×5×12%=4.85（万元）。

说明：原办公楼房产税注意分段计算，自用和免租期内，由产权所有人从价计征，免租期后，以不含税租金收入从租计征。

4.137 斯尔解析　本题属于简述和计算结合类题目，考查房产税、城镇土地使用税和印花税的纳税审核和计算。

（1）需要缴纳房产税。房产税的征税范围为城市、县城、建制镇和工矿区，出租房产房产税的计税依据是房产的租金收入。

应补缴的房产税 =62 400×12%=7 488（元）

（2）应补缴印花税。财产租赁合同应由出租方和承租方分别以租金总额作为计税依据纳税。

应补缴的印花税 =31 200×24×1‰=748.8（元）

（3）补缴城镇土地使用税 =34 000×（1.2−0.8）=13 600（元）。

4.138 斯尔解析　本题属于简述类题目，考查酒店式公寓不同运营模式下增值税和房产税的处理。

（1）第一种运作模式下，按住宿服务 6% 的增值税税率计算缴纳增值税。

第二种运作模式下，属于出租不动产，一般纳税人适用 9% 的增值税税率计算缴纳增值税。

（2）第一种运作模式下，经营者应按房产余值为计税依据，税率为 1.2%。

第二种运作模式下，经营者以收取的不含税租金为计税依据，税率为 12%。

说明：该酒店式公寓产权为经营者所有，在第一种运作模式下，经营者收到的是住宿服务收入，而非租金收入，应按照从价计征的方式计征房产税。在第二种运作模式下，属于出租不动产，应按照从租计征的方式计征房产税。

（3）两种运作模式下房产税的纳税人均为公寓的产权所有人。

房产税以收取的不含税租金为计税依据，税率为12%。

4.139 🔍斯尔解析   本题属于简述类题目，考查免租期内的增值税、房产税及印花税的处理。

（1）不需要缴纳增值税。

纳税人出租不动产，租赁合同中约定免租期的，不需要缴纳增值税。

（2）需要缴纳房产税。

对出租房产，租赁双方签订的租赁合同约定有免收租金期限的，免收租金期间由产权所有人按照房产余值缴纳房产税。

（3）对于财产租赁合同，应在签订合同时按合同约定的租金全额的1‰缴纳印花税。

4.140 🔍斯尔解析   本题属于简述和计算结合类题目，考查自产自用应税资源产品时增值税和资源税的处理和计算。

（1）需要缴纳资源税。

理由：纳税人自采自用应税资源产品，应在移送使用时计算缴纳资源税。该煤矿将自采煤矿用于职工宿舍区锅炉取暖，直接冲减了"生产成本"，未缴纳资源税，应补缴资源税 =500×120×4%=2 400（元）。

（2）需要缴纳增值税。

理由：以自产产品用于集体福利应视同销售处理。应补缴增值税销项税额 =500×120×13%=7 800（元）。

4.141 🔍斯尔解析   本题属于计算类题目，综合考查简易计税增值税的计算、非货币性资产投资企业所得税的处理和城镇土地使用税、房产税的相关处理。

（1）应缴纳的增值税 =（1 325−800）÷（1+5%）×5%=25（万元）。

说明：一般纳税人转让2016年4月30日前取得的不动产（不含自建）选择适用简易计税方法的，以取得的全部价款和价外费用扣除不动产购置原价或者取得不动产时的作价后的余额为销售额，适用5%的征税率。

（2）应确认的非货币性资产转让所得 =（1 325−25）−（840−340）=800（万元）。

展销集团分4年计入应纳税所得额，每年应计入应纳税所得额 =800÷4=200（万元）。

2023 年的计税基础 =（840−340）+200=700（万元）

2024 年的计税基础 =700+200=900（万元）

2025 年的计税基础 =900+200=1 100（万元）

2026 年的计税基础 =1 100+200=1 300（万元）

说明：投资方取得被投资企业的股权的计税基础以非货币性资产的原计税成本为计税基础（840−340），加上每年确认的非货币性资产转让所得（每年确认200万元），逐年进行调整。

（3）家具展销中心接受投资的该展馆2023—2026年的计税基础 =1 325−25=1 300（万元）。

说明：被投资方取得的非货币性资产的计税基础按非货币性资产的公允价值确定。题干告知该展销集团按要求开具了增值税专用发票，所以家具展销中心接受投资的该展馆的计税基础应为不含税金额。

（4）城镇土地使用税不会发生变化。房产税会发生变化。

理由：城镇土地使用税的计税依据为实际占地面积，实际占地面积未变，城镇土地使用税年税额不变，应缴纳的城镇土地使用税额就不会发生变化。

房产税的计税依据为按照房产原值一次减除 10% ~ 30% 后的余值，展销集团与家具展销中心的计入房产原值的金额不同，所以应缴纳的房产税会发生变化。

4.142 🅢斯尔解析　本题属于简答类题目，考查政策搬迁相关的增值税、土地增值税、契税和企业所得税的处理。

（1）不缴纳增值税。

理由：土地使用者将土地使用权归还给土地所有者，免征增值税。

（2）不缴纳土地增值税。

理由：因国家建设需要依法征收、收回的房地产，免征土地增值税。

（3）契税的计税依据为 $D-C$。

理由：土地使用权互换价格不相等的，按超出部分由支付差价方缴纳契税。

（4）企业所得税的计税基础为 $B+C$。

理由：企业政策性搬迁被征用的资产，采取资产置换的，其换入资产的计税成本按被征用资产的净值，加上换入资产所支付的税费（涉及补价的还应加上补价款）计算确定。

4.143 🅢斯尔解析　本题属于简述类题目，综合考查企业所得税和个人所得税纳税人和征税方式。

成立一人有限责任公司、个人独资企业或合伙企业在税收上的主要差异在于缴纳的所得税不同。

（1）一人有限责任公司：

缴纳企业所得税，基本税率为 25%；如果企业符合小型微利企业条件，税率为 20%，年应纳税所得额还有减征的规定。若将税后利润分配或转增企业股本，对分配或转增的部分，个人还应按"股息、利息、红利所得"缴纳个人所得税。

（2）个人独资企业：

取得的所得应按经营所得征收个人所得税，适用五级超额累进税率；缴纳个人所得税后的利润分配或转增企业股本，不再缴纳所得税。

（3）合伙企业：

合伙企业的经营成果应先按投资比例分配确认为合伙人的所得，然后个人合伙人按经营所得缴纳个人所得税，适用五级超额累进税率；缴纳个人所得税后的利润分配或转增企业股本，不再缴纳所得税。

无论成立一人有限责任公司、个人独资企业还是合伙企业，应缴纳的其他税金及附加没有差异。若只考虑所得税的税负差异（不考虑符合小型微利企业的情形），建议刘先生成立个人独资企业或合伙企业。

4.144 🔵斯尔解析　本题属于简述类题目，考查无法取得抵扣凭证时增值税和企业所得税的处理。

（1）无法取得抵扣凭证时增值税和企业所得税的处理：

①增值税处理：已支付的送货费在未取得增值税专用发票之前，该送货费的进项税额无法抵扣。

②企业所得税处理：在企业所得税预缴时，已支付但未取得发票的费用，可暂按账面发生金额进行核算并扣除；但在企业所得税汇算清缴时，只有在当年度汇算清缴期结束前取得送货费发票，才允许在税前扣除；否则，属于无票支出，不得在税前扣除。

若企业在汇算清缴结束之后取得补开的增值税发票，可以追补至该送货费支出发生年度税前扣除，但追补年限不得超过 5 年。

（2）事后发现该快递公司已破产并注销的税务处理：

①增值税处理：若事后了解该快递公司已破产注销，增值税进项税额无法进行抵扣。

②企业所得税处理：针对企业已支付而因特殊原因无法补开、换开增值税发票的送货费，可凭以下资料证实送货费的真实性后在税前扣除。

a.破产公告或工商注销等无法补开增值税发票的证明资料。

b.相关业务活动的合同或者协议。

c.采用非现金方式支付的付款凭证。

说明：上述 3 项为必须资料。

d.货物运输的证明资料。

e.货物出库内部凭证。

f.企业会计核算记录以及其他资料。

4.145 🔵斯尔解析　本题属于简述类题目，考查发生销售折让情况下的增值税和企业所得税处理。

（1）增值税方面：

已售出机械设备发生的销售折让，购买方取得增值税专用发票已用于申报抵扣的，购买方可在增值税发票管理系统填开并上传《开具红字增值税专用发票信息表》。甲机械设备生产企业可凭税务机关系统校验通过的《开具红字增值税专用发票信息表》开具红字增值税专用发票。退还给购货方的增值税额，可从发生销售折让当期的销项税额中扣减。

（2）企业所得税方面：

销售折让可以在发生折让当期冲减当期销售商品收入。

4.146 🔵斯尔解析　本题属于简述类题目，综合考查资源综合利用行业涉及的增值税和企业所得税收优惠政策。

（1）增值税方面优惠政策。

①向化工企业收取的污水处理费，可享受即征即退增值税，退税比例为 70%。

②销售的再生水，可享受即征即退增值税，退税比例为 50%。

需符合的条件：享受增值税即征即退政策，应符合综合利用增值税优惠目录所列明的资源名称、综合利用产品和劳务名称、技术标准和相关条件；且同时符合其他法律、法规规定的相关条件和要求。

（2）企业所得税方面优惠政策：

①企业从事符合条件的节能节水项目的所得，自项目取得第一笔生产经营收入所属纳税年度起，第一年至第三年免征企业所得税，第四年至第六年减半征收企业所得税。

需符合的条件：享受"三免三减半"的企业，应符合目录范围，且优惠项目应当单独计算所得，并合理分摊期间费用；没有单独计算的，不得享受税收优惠。

②企业以规定的资源作为主要原材料，生产国家非限制和禁止并符合国家和行业标准的产品取得的收入，减按90%计入收入总额计算缴纳企业所得税。

需符合的条件：生产的再生水的技术标准应符合国家规定，并经资源综合利用主管部门认定为生产资源综合利用产品的企业，取得《资源综合利用认定证书》。

③企业购置并实际使用目录规定范围内的环境保护、节能节水、安全生产等专用设备，该专用设备的投资额的10%可以从企业当年的应纳税额中抵免；当年不足抵免的，可以在以后5个纳税年度结转抵免。

需符合的条件：购置的专用设备，应符合目录规定范围，并且是企业已实际投入使用的。

四、综合题

4.147 🔵**斯尔解析**　本题综合考查企业所得税应纳税额的计算和纳税申报表的填写。

（1）甲公司2023年利润总额 = 2 000+195-900-280-230+850-30 = 1 605（万元）。

（2）技术转让所得 = 技术转让收入 - 无形资产摊销费用 - 相关税费 - 应分摊的期间费用。

技术转让收益 = 800-100-3-800÷2 000×230 = 605（万元）

应调减应纳税所得额 = 500+（605-500）×50% = 552.5（万元）

说明：

①居民企业转让5年（含）以上非独占许可使用权取得的技术转让所得，纳入享受企业所得税优惠的技术转让所得范围。

②居民企业的年度技术转让所得不超过500万元的部分，免征企业所得税；超过500万元的部分，减半征收企业所得税。

③在计算企业应纳税额时需要注意，减半征收的部分不得与高新技术企业15%的优惠叠加享受。

（3）权益法核算的股权投资收益35万元应作纳税调减，成本法核算的投资收益80万元符合股息、红利免税政策，应作纳税调减。

说明：

①对于会计上按照权益法核算所确认的投资收益，在企业所得税法的规定下，不应该确认为收益或损失，因此产生的"税会差异"需要纳税调整，所以权益法核算的股权投资收益35万元应纳税调减。

②对于成本法下确认的投资收益，从非上市居民企业取得，属于符合条件的居民企业之间的股息、红利，应作为免税收入，所以成本法核算的投资收益80万元应作纳税调减。

（4）转让子公司收益因投资成本存在税会差异应调增应纳税所得额 = 100-80 = 20（万元）。

说明：转让子公司的股权会计上确认的投资收益 = 580-500 = 80（万元），税法上确认的投资收益 = 580-480 = 100（万元），调整税会差异。

（5）业务招待费的扣除限额①＝实际发生额的60%＝50×60%＝30（万元），业务招待费的扣除限额②＝销售（营业）收入的5‰＝（2 000+80+580）×5‰＝13.3（万元），两者取孰低，按照13.3万元进行扣除。

业务招待费应调增应纳税所得额＝50−13.3＝36.7（万元）

说明：

从事股权投资业务的企业（包括集团公司总部、创业投资企业等），其从被投资企业所分配的股息、红利（包括免税的股息、红利收入）以及股权转让收入，可以按规定的比例计算业务招待费扣除限额。关于该规定，需要注意两点：

①该规定中的"从事股权投资业务的企业"未限定于专门从事股权投资业务的企业。

②股息、红利以及股权转让收入仅允许作为计算"业务招待费"的基数，而不能作为计算"广告费和业务宣传费"的基数。

因此，本题中税法允许计入业务招待费计算基数的金额为营业收入2 000万元，股息、红利收入为80万元，股权转让收入为580万元。

（6）职工教育经费税前扣除限额＝（120+82）×8%＝16.16（万元）。

职工教育经费调增应纳税所得额＝（20+5）−16.16＝8.84（万元）

（7）公益性捐赠税前扣除限额＝1 605×12%＝192.6（万元）＞实际发生额25万元，可全额税前扣除。

（8）甲公司2023年应纳税所得额＝1 605−552.5−35−80+20+36.7+8.84＝1 003.04（万元）。

（9）甲公司技术转让收益减半征收叠加享受的减免税额＝105×50%×（25%−15%）＝5.25（万元）。

（10）甲公司2023年实际应纳所得税额＝1 003.04×15%+5.25＝155.71（万元）。

说明：技术转让所得减半征税的优惠，与高新技术企业的15%优惠税率不能同时享受。

即：适用15%税率的高新技术企业取得的技术转让所得在500万元以内的，免税；超出500万元的部分，应按25%的标准税率征收企业所得税。所以要把叠加享受的减免税额再加到应纳税所得额中。

（11）甲公司2023年应补缴企业所得税额＝155.71−50＝105.71（万元）。

A105000 纳税调整项目明细表

行次	项目	账载金额	税收金额	调增金额	调减金额
		1	2	3	4
1	一、收入类调整项目 （2+3+4+5+6+7+8+10+11）	*	*		150 000
2	（一）视同销售收入 （填写A105010）	*			*
3	（二）未按权责发生制原则确认的收入 （填写A105020）				

续表

行次	项目	账载金额 1	税收金额 2	调增金额 3	调减金额 4
4	（三）投资收益 （填写 A105030）	1 150 000 ①	1 000 000		150 000
5	（四）按权益法核算长期股权投资对初始 投资成本调整确认收益	＊	＊	＊	
6	（五）交易性金融资产初始 投资调整	＊	＊		＊
7	（六）公允价值变动净损益			＊	
8	（七）不征税收入	＊	＊		
9	其中：专项用途财政性资金 （填写 A105040）	＊	＊		
10	（八）销售折扣、折让和退回				
11	（九）其他				
12	二、扣除类调整项目 (13+14+…24+26+27+28+29+30)	＊	＊	455 400	
13	（一）视同销售成本 （填写 A105010）	＊		＊	
14	（二）职工薪酬 （填写 A105050）	2 270 000	2 181 600	88 400	
15	（三）业务招待费支出	500 000	133 000	367 000	＊
16	（四）广告费和业务宣传费支出 （填写 A105060）	＊	＊		
17	（五）捐赠支出 （填写 A105070）	250 000	250 000		
18	（六）利息支出				
19	（七）罚金、罚款和 被没收财物的损失		＊		＊
20	（八）税收滞纳金、加收利息		＊		＊
21	（九）赞助支出		＊		＊

续表

行次	项目	账载金额	税收金额	调增金额	调减金额
		1	2	3	4
22	（十）与未实现融资收益相关在当期确认的财务费用				
23	（十一）佣金和手续费支出（保险企业填写 A105060）				
46	合计（1+12+31+36+44+45）	*	*	455 400	150 000

注释①：对于成本法核算确认的股权投资收益 80 万元（系直接投资于非上市居民企业，被投资方当年已实际作出利润分配决定），此处不在纳税调整明细表填列，应在 A107010 免税、减计收入及加计扣除优惠明细表填列。

4.148 斯尔解析 本题综合考查增值税及附加税费、企业所得税的税务处理、计算，企业所得税纳税申报表的填写。

（1）①资料（1）扣除限额① =60 000×60%=36 000（元），扣除限额② =8 000 000×5‰=40 000（元），两者取孰低，应按照 36 000 元进行扣除。

应调增应纳税所得额 =60 000−36 000=24 000（元）

说明：企业发生的与生产经营有关的业务招待费支出，按照实际发生额的 60% 扣除，但最高不得超过当年销售（营业）收入的 0.5%。

②资料（2）相当于从被清算企业累计未分配利润和累计盈余公积中应分得的部分，确认为股息所得，因为居民企业之间取得的股息、红利免税，所以 40 000 元免税，应调减应纳税所得额 40 000 元。

剩余部分 210 000 元，超过投资成本 200 000 元的 10 000 元，确认为投资资产转让所得，照章纳税。

③业务（3）当年收回的坏账损失，应作调增应纳税所得额 60 000 元。当年收回以前年度的坏账损失，填入《纳税调整明细表》的第 11 行"其他"项目。

说明：企业在计算应纳税所得额时已经扣除的资产损失，在以后纳税年度全部或者部分收回时，其收回部分应当作为收入计入收回当期的应纳税所得额。

④资料（4）收到的延期付款利息应作为价外费用，换算为不含税金额并入销售额，计算销项税额。

销项税额 =30 000÷（1+13%）×13%=3 451.33（元）

财务费用增加 3 451.33 元，因而利润总额减少 3 451.33 元。

说明：

调账分录应为：

借：财务费用   3 451.33

　　贷：应交税费——应交增值税（销项税额）   3 451.33

⑤资料（5）处理正确。

⑥资料（6）未进行进项税额转出，应转出金额=（200 000-80 000）×13%=15 600（元）。

该事项导致当期增值税少交15 600元。

同时，应增加营业外支出金额15 600元。

对该资产损失，应填报企业所得税年度纳税申报表《资产损失税前扣除及纳税调整明细表》进行税前扣除，相关资料由企业留存备查。

说明：已抵扣进项税额的固定资产，进项税额需要转出的，按照固定资产净值计算转出。

调账分录应为：

借：营业外支出   15 600

　　贷：应交税费——应交增值税（进项税额转出）   15 600

（2）应补缴的增值税=3 451.33+15 600=19 051.33（元）。

应补缴的城市维护建设税及附加=19 051.33×（7%+3%+2%）=2 286.16（元）

（3）

A105000　纳税调整项目明细表

行次	项目	账载金额	税收金额	调增金额	调减金额
		1	2	3	4
1	一、收入类调整项目 (2+3+4+5+6+7+8+10+11)	*	*	60 000	0
4	（三）投资收益 （填写A105030）	50 000	50 000		0
11	（九）其他			60 000	60 000
12	二、扣除类调整项目 (13+14+…24+26+27+28+29+30)	*	*	24 000	
15	（三）业务招待费支出	60 000	36 000	24 000	*
46	合计 (1+12+31+36+44+45)	*	*	84 000	0

（4）应纳税所得额=1 550 000-3 451.33-15 600-2 286.16+24 000-40 000+60 000=1 572 662.51（元）。

应缴纳企业所得税税额=1 572 662.51×25%=393 165.63（元）

应补企业所得税=393 165.63-387 500=5 665.63（元）

4.149 🅢斯尔解析　本题综合考查企业所得税各项扣除、税收优惠、纳税调整项目和应纳税额的计算。

（1）利润总额 =6 500-3 900-265.5-1 650-280-980-265-60.5+600+800-350=149（万元）。

（2）工会经费扣除限额 =650×2%=13（万元）＜实际发生额 15 万元，应调增应纳税所得额 =15-13=2（万元）。

职工教育经费扣除限额 =650×8%=52（万元）＜实际发生额 62 万元，应调增应纳税所得额 =62-52=10（万元），可以结转以后年度扣除。

只计提未使用的职工福利费不得税前扣除，应调增应纳税所得额 5 万元；职工福利费扣除限额 =650×14%=91（万元）＞实际发生额 85 万元，实际发生部分无须调整。

综上，三项经费合计调增 =2+10+5=17（万元）。

（3）支付研发团队差旅费 20 万元、会议费 33 万元、职工福利费 10 万元属于"其他相关费用"，其他相关费用总额不得超过自行研发部分可加计扣除研发费用总额的 10%。

台账中其他费用合计金额 =20+33+10=63（万元）

可加计扣除的其他相关费用 =（300-10-63）÷（1-10%）×10%=25.22（万元）

自行研发部分可以加计扣除的金额 =（300-10-63+25.22）×100%=252.22（万元）

委托外部机构研发可以加计扣除的金额 =10×80%×100%=8（万元）

综上，可以加计扣除的研发费用金额 =252.22+8=260.22（万元）。

说明：

①自行研发部分可以加计扣除的金额也可以按照以下思路进行计算：

可加计扣除的其他相关费用 =（35+19.25+35+100.5+2.5+6.5+28.25）÷（1-10%）×10%=227÷（1-10%）×10%=25.22（万元）。

自行研发部分可以加计扣除的金额 =（227+25.22）×100%=252.22（万元）

②委托境内外部机构或个人研发，委托方按照费用实际发生额的 80% 计入委托方研发费用并计算加计扣除。

③自 2023 年 1 月 1 日起，一般行业（除集成电路企业和工业母机企业）开展研发活动中实际发生的研发费用，未形成无形资产的加计扣除比例均为 100%。

（4）企业在 2018 年 1 月 1 日至 2027 年 12 月 31 日期间新购进的设备、器具（指除房屋、建筑物以外的固定资产），单位价值不超过 500 万元的，允许一次性计入当期成本费用在计算应纳税所得额时扣除，不再分年度计算折旧。

应调减应纳税所得额 =90-90÷（5×12）×3=85.5（万元）

（5）应调增应纳税所得额 =200（非广告性质产品的视同销售收入）+100（未取得合规发票）+［65-（6 500+200+200）×5‰］（业务招待费）+150（利息支出）+265（资产减值准备）+60.5（公允价值变动损失）+100（不征税收入形成的支出）+4（工商罚款）+（20-149×12%）（捐赠支出）+226（赞助支出）+17（"三项经费"）=1 155.12（万元）。

应调减应纳税所得额 =200（非广告性质产品的视同销售成本）+10（结转扣除的广告费）+400（投资收益）+300（不征税收入）+85.5（固定资产加速折旧）+260.22（研发费用加计扣除数）=1 255.72（万元）

整体纳税调整合计金额 =1 155.12-1 255.72=-100.6（万元）

说明：

①产品赞助在企业所得税中应视同销售，确认视同销售收入，同时结转视同销售成本。

②在计算业务招待费纳税调整金额时，销售收入包含营业收入 6 500 万元、视同销售收入 200 万元以及股权分红款 200 万元。

③业务（6）中投资 A 公司取得的分红款，属于税法上认可的股息、红利收入，因持有上市公司股票不足 12 个月，因此应缴纳企业所得税。而投资 B 公司按照权益法计算的投资收益，不属于税法上认可的股息、红利收入，不应作为业务招待费的计算基数；税法上在被投资单位宣告分配股利时确认股息、红利，因此投资 B 公司确认的 400 万元的股息、红利应纳税调减。

④广宣费扣除限额 =（6 500+200）×15%=1 005（万元）>实际发生额 600 万元，未超限额，本年度发生的广宣费可以全额扣除，另以前年度结转扣除的广告费 10 万元也可以在本年度进行扣除，故应调减应纳税所得额 10 万元。

（6）甲公司当年应补（退）所得税 =［149-100.6-（125-116）］×15%-22.35=-16.44（万元）。甲公司当年应退企业所得税的金额为 16.44 万元。

4.150 🔶斯尔解析　本题综合考查增值税、附加税费、企业所得税的纳税审核、计算，以及调账会计处理。

（1）①业务（1）应确认销项税额 =56×13%=7.28（万元）。

业务（2）应确认销项税额 =3.39÷（1+13%）×13%=0.39（万元）

应补缴增值税 =7.28+0.39=7.67（万元）

②应补缴城市维护建设税、教育费附加及地方教育附加 =7.67×（5%+3%+2%）=0.767（万元）。

综上，合计补缴金额 =7.67+0.767=8.437（万元）。

（2）①企业年度利润总额 =416.39+56-40-0.39-0.767=431.233（万元）。

说明：

业务（1）应确认主营业务收入 56 万元，同时结转主营业务成本 40 万元。

业务（2）计提销项税金应冲减营业外收入 0.39 万元。

应补缴的城市维护建设税、教育费附加及地方教育附加应记入"税金及附加"科目，从而减少会计利润。

②应纳税所得额的计算：

企业销售（营业）收入 =6 500+56+3=6 559（万元）

业务（3）业务招待费扣除限额① =50×60%=30（万元），业务招待费扣除限额② =6 559×0.5%=32.795（万元），两者取孰低，按照 30 万元进行扣除，所以业务招待费需要调增应纳税所得额 =50-30=20（万元）。

广告费和业务宣传费扣除限额 =6 559×15%=983.85（万元）>实际发生额 90 万元，不需要作纳税调整。

业务（4）公益性捐赠扣除限额 =431.233×12%=51.748（万元）<实际发生额 90 万元，通过省级人民政府向灾区捐赠需要调增应纳税所得额 =90-51.748=38.252（万元）。

被市场监督管理部门处以的罚款不得在税前扣除，需要调增应纳税所得额 12 万元。

支付给供货方的违约金可以在税前扣除，不需要进行纳税调整。

业务（5）职工福利费扣除限额 =700×14%=98（万元）<实际发生额 100 万元，需调增应纳税所得额 =100-98=2（万元）。

职工教育经费扣除限额 =700×8%=56（万元）>实际发生额 18 万元，不需要纳税调整。

工会经费扣除限额 =700×2%=14（万元）<实际发生额 15 万元，需调增应纳税所得额 =15-14=1（万元）。

综上，企业应纳税所得额 =431.233+20+38.252+12+2+1=504.485（万元）。

③应纳税额 =504.485×25%=126.1213（万元）。

④应补缴企业所得税 =126.1213-104.0975=22.0238（万元）。

业务（1）调账：

借：主营业务成本	400 000	
应付账款	232 800	
贷：主营业务收入		560 000
应交税费——应交增值税（销项税额）		72 800

业务（2）调账：

借：营业外收入	33 900	
贷：其他业务收入		30 000
应交税费——应交增值税（销项税额）		3 900

业务（1）（2）补缴的城市维护建设税、教育费附加及地方教育附加调账：

借：税金及附加	0.767	
贷：应交税费——城市维护建设税		0.3835
——教育费附加		0.2301
——地方教育附加		0.1534

4.151 ⑤斯尔解析　本题综合考查税前扣除凭证、平销返利、计提准备金和实际损失的处理。

（1）企业预缴企业所得税时，实际发生的相关成本费用未能及时取得发票的，可暂按账面发生金额进行核算扣除。

企业所得税汇算清缴时，应取得发票才能扣除，未取得发票的，不得在所得税汇算清缴时扣除。

（2）对基于客户采购情况等给予的现金返利，企业应当按照可变对价原则进行会计处理，冲减当期销售收入。

不需要作进项税额转出处理，应该冲减销项税额。

说明：平销返利行为指商业企业向供货方收取的与商品销售量、销售额挂钩（如以一定比例、金额、数量计算）的各种返还收入，应当按照有关规定冲减当期增值税进项税金。本题为商业企业对"购货方"的返利，是一种价格折让行为，应冲减销项税额。

（3）A 公司可以开具增值税红字专用发票。

说明：对于纳税人销售货物并向购买方开具增值税专用发票后，由于购货方在一定时期内累计购买货物达到一定数量，或者由于市场价格下降等原因，销货方给予购货方相应的价格优惠或补偿等折扣、折让行为，销货方可按现行规定开具红字增值税专用发票。

（4）过期损失的存货，相关的进项税金无须作进项税额转出处理。

说明：商业企业库存商品过期的损失，属于正常损失范围，准予从销项税额中抵扣其进项税额。

（5）按税法规定，计提的准备金不可以在税前扣除。

说明：未经核定的准备金支出不得税前扣除。

（6）实际发生损失时，应作纳税调整的金额为存货成本减除残值、保险赔款和责任人赔偿后的余额。

（7）实际发生损失进行纳税调整时，转回可抵扣的暂时性差异，需要将以前年度确认的递延所得税资产转回。

说明：存货计提跌价准备，未经核定前不得在企业所得税税前扣除，应进行纳税调增处理，其实际发生时才允许税前扣除，期末账面价值小于计税基础（当期多交税，未来少交税），属于可抵扣暂时性差异，应确认递延所得税资产，当实际发生时再进行纳税调减，转回可抵扣的暂时性差异，将以前年度确认的递延所得税资产转回。

（8）发生损失的存货，进行税前扣除时，无须到税务局备案。

企业向税务机关申报扣除资产损失，仅需填报企业所得税年度纳税申报表《资产损失税前扣除及纳税调整明细表》，不再报送资产损失相关资料，相关资料由企业留存备查。

说明：自2017年度及以后年度企业所得税汇算清缴，企业向税务机关申报扣除资产损失，仅需填报企业所得税年度纳税申报表《资产损失税前扣除及纳税调整明细表》，不再报送资产损失相关资料。相关资料由企业留存备查。

（9）收到直播带货方开具的专用发票可以凭专用发票上注明的税额全额抵扣进项税额。

企业所得税税前不得全额扣除。

说明：一般企业的佣金支出，按与具有合法经营资格的中介服务机构或个人所签订服务协议或合同确认的收入金额的5%计算限额，未超过规定限额的部分准予扣除。

4.152 ⑤斯尔解析　　本题综合考查增值税和消费税的知识，包括应纳税额的计算和增值税纳税申报表的填写。

（1）①业务（1）A类面霜每克不含税价格 =400÷20=20（元），为高档化妆品。

增值税销项税额 =400×1 500×13%=78 000（元）

应纳消费税 =400×1 500×15%=90 000（元）

②业务（2）B类护肤液每毫升不含税价格 =61.02÷（1+13%）÷60=0.9（元），不属于高档化妆品，不缴纳消费税。

增值税销项税额 =61.02÷（1+13%）×20×50×13%=7 020（元）

③业务（3）C类面膜每片不含税价格 =27 000÷300÷5=18（元），为高档化妆品。

增值税销项税额为发票税额3 510元。

应纳消费税 =27 000×15%=4 050（元）

④业务（4）增值税销项税额 =490×100×13%=6 370（元）。

应纳的消费税 =490×100×15%=7 350（元）

说明：业务（4）中将应税消费品和非应税消费品组成成套商品出售，应按照全额缴纳消费税。

⑤业务（5）增值税销项税额 =18×5×120×13%=1 404（元）。

应纳消费税 =18×5×120×15%=1 620（元）

说明：业务（5）将自产货物用于发放职工福利应视同销售缴纳增值税和消费税。

⑥业务（6）简易计税应缴纳的增值税 =1 050 000÷（1+5%）×5%=50 000（元）。

⑦业务（7）可以抵扣的进项税额 =（50×1 000+100×20+500×600）×13%=45 760（元）。

⑧业务（8）可以抵扣的进项税额为 1 800 元。

当月应纳的增值税 =78 000+7 020+3 510+6 370+1 404-（45 760+1 800）+50 000=98 744（元）

当月应纳的消费税 =90 000+4 050+7 350+1 620=103 020（元）

（2）按适用税率计算的一般计税方法的不含税销售额 =400×1 500［业务（1）］+61.02÷（1+13%）×20×50［业务（2）］+27 000［业务（3）］+490×100［业务（4）］+18×5×120［业务（5）］=600 000+54 000+27 000+49 000+10 800=740 800（元）。

	项目	栏次	一般项目 本月数
销售额	（一）按适用税率计税销售额	1	740 800
	其中：应税货物销售额	2	740 800
	应税劳务销售额	3	
	纳税检查调整的销售额	4	
	（二）按简易办法计税销售额	5	1 000 000（1 050 000÷1.05）
	其中：纳税检查调整的销售额	6	
	（三）免、抵、退办法出口销售额	7	
	（四）免税销售额	8	
	其中：免税货物销售额	9	
	免税劳务销售额	10	
税款计算	销项税额	11	96 304（78 000+7 020+3 510+6 370+1 404）
	进项税额	12	47 560（45 760+1 800）
	上期留抵税额	13	
	进项税额转出	14	

续表

项目		栏次	一般项目
			本月数
税款计算	免、抵、退应退税额	15	
	按适用税率计算的纳税检查应补缴税额	16	
	应抵扣税额合计	17=12+13−14−15+16	
	实际抵扣税额	18（如 17＜11，则为17，否则为11）	47 560
	应纳税额	19=11−18	48 744 （96 304−47 560）
	期末留抵税额	20=17−18	
	简易计税办法计算的应纳税额	21	50 000
	按简易计税办法计算的纳税检查应补缴税额	22	
	应纳税额减征额	23	
	应纳税额合计	24=19+21−23	98 744

4.153 🔖斯尔解析　本题综合考查各类征税项目增值税销项税额、简易计税应纳税额和留抵退税的计算。

（1）①当期的销项税额：

住宿服务的销项税额 =2 226 000÷（1+6%）×6%+21 200÷（1+6%）×6%=127 200（元）

餐饮服务的销项税额 =1 060 000÷（1+6%）×6%=60 000（元）

会展服务的销项税额 =848 000÷（1+6%）×6%=48 000（元）

货物销售（减除当月的退货）的销项税额 =218 000÷（1+9%）×9%+565 000÷（1+13%）×13%−12 800=70 200（元）

不动产出租的销项税额 =436 000÷（1+9%）×9%=36 000（元）

销售单用途预付卡和接受持卡人充值资金不缴纳增值税。

综上，销项税额合计 =127 200+60 000+48 000+70 200+36 000=341 400（元）。

当期可抵扣的进项税额合计 =362 971−16 100=346 871（元）

②由于当期销项税额＜当期可抵扣的进项税额，故一般计税方法留抵税额 =346 871−341 400=5 471（元）。

（2）①适用简易计税方法业务的应纳增值税额：

旧电视机出售应缴纳的增值税 =160 000÷（1+3%）×2%=3 106.8（元）

营改增前购置的商铺出售应缴纳的增值税=（2 525 000-2 000 000）÷（1+5%）×5%=25 000（元）

简易计税方法的应纳税额合计=3 106.80+25 000=28 106.8（元）

说明：销售旧电视机题干告知未放弃减税，则按照2%的减征优惠，如果纳税人放弃了减税（以开具增值税专用发票为标志），则需要按照3%的征收率计算应纳税额。

②当期在外省出租办公房已预缴的增值税=12 000（元）。

综上，当期纳税申报实际应缴纳的增值税额=28 106.80-12 000=16 106.80（元）。

（3）可以。

符合条件的住宿和餐饮业企业，可以自2022年7月纳税申报期起向主管税务机关申请退还增量留抵税额。

享受该政策需满足的条件有：

①纳税信用等级为A级或者B级。

②退税前36个月未骗取留抵退税、骗取出口退税或虚开专票。

③退税前36个月未因偷税被税务机关处罚两次及以上。

④2019年4月1日起未享受即征即退、先征后返（退）政策。

（4）2019年3月31日的期末留抵税额为10万元，2023年6月30日的期末留抵税额为5 471元。增量留抵税额为5 471元。

说明：一次性取得存量留抵退税前，增量留抵税额为当期期末留抵税额与2019年3月31日相比新增加的部分。在一次性取得存量留抵退税后，增量留抵税额为当期期末留抵税额。

可退税款=增量留抵税额×进项构成比例×100%=5 471×90%×100%=4 923.9（元）

税务机关准予留抵退税时：

借：应交税费——增值税留抵税额   4 923.9

　　贷：应交税费——应交增值税（进项税额转出）   4 923.9

实际收到退税款时：

借：银行存款   4 923.9

　　贷：应交税费——增值税留抵税额   4 923.9

4.154 🄢斯尔解析　　本题综合考查各类征税项目增值税进项税额、进项税转出、应纳税额的计算。

（1）客房部购置货物的进项税额=1 582 000÷（1+13%）×13%=182 000（元）。

餐饮部购置货物的进项税额=226 000÷（1+13%）×13%+280 000×9%+164 800÷（1+3%）×9%=65 600（元）

说明：纳税人取得免税的农产品销售发票或者从小规模纳税人处取得的征收率为3%的增值税专用发票，可以按照9%计算抵扣进项税额。

商场购进货物的进项税额=452 000÷（1+13%）×13%+72 100÷（1+3%）×10%=59 000（元）

说明：购进农产品用于生产销售或委托加工13%税率货物的，在实际生产领用时，在9%的基础上，加计扣除1%的进项税额。

电费的进项税额=101 700÷（1+13%）×13%=11 700（元）

通信费的进项税额 =10 900÷（1+9%）×9%+31 800÷（1+6%）×6%=2 700（元）

通行费的进项税额 =5 150÷（1+3%）×3%+2 100÷（1+5%）×5%=250（元）

说明：试点前高速公路通行费适用征收率3%，而试点前一级公路、二级公路、桥、闸通行费适用征收率5%。ETC 充值款开具的是不征税发票，不计算进项税额。

运输费的进项税额 =15 000÷（1+9%）×9%+6 800÷（1+9%）×9%+721÷（1+3%）×3%=1 821（元）

说明：

①对于国内旅客运输服务，取得航空运输电子客票行程单可抵扣进项税额 =（票价 + 燃油附加费）÷（1+9%）×9%；取得铁路车票可抵扣进项税额 = 票面金额 ÷（1+9%）×9%；取得公路、水路等其他客票可抵扣进项税额 = 票面金额 ÷（1+3%）×3%。

②国际航空运输不得计算抵扣进项税额。

综上，当期允许抵扣销项税额的进项税额合计 =182 000+65 600+59 000+11 700+2 700+250+1 821+9 900=332 971（元）。

（2）工艺品被盗应转出的进项税额 =6 500（元）。

工艺品退货填开《开具红字增值税专用发票信息表》时应转出的进项税额 =9 600（元）。

综上，当期进项税额转出合计 =6 500+9 600=16 100（元）。

（3）应纳税额 =441 400（销项税额）-（332 971-16 100）（进项税额）-30 000（期初留抵税额）-1 400（税控系统技术维护费抵减增值税额）=93 129（元）。

一、单项选择题

4.155 ▸ A	4.156 ▸ A

二、多项选择题

4.157 ▸ ACE	4.158 ▸ BCE

一、单项选择题

4.155 斯尔解析　**A**　本题考查个人所得税应纳税额的计算。

选项 A 当选，计算过程如下：

王某全年工资薪金收入扣除社保、公积金后的余额为 200 000 元。王某可以享受的扣除项目包括：（1）费用减除 60 000 元。（2）3 岁以下婴幼儿照护专项附加扣除 24 000（2 000×12）元。（3）子女教育专项附加扣除 24 000（2 000×12）元。（4）赡养老人专项附加扣除 18 000（1 500×12）元。

王某 2023 年度汇算清缴应纳税额 =（200 000−60 000−24 000−24 000−18 000）×10%−2 520= 4 880（元）

选项 B 不当选，误认为赡养老人专项附加扣除金额为 2 000 元/月，按照每人均摊 1 000 元/月进行计算。

选项 C 不当选，误认为 3 岁以内婴幼儿照护费和子女教育专项附加扣除金额为 1 000 元/月。

选项 D 不当选，未扣费用减除 60 000 元。

4.156 斯尔解析　**A**　本题考查个体工商户税收优惠政策。

选项 A 当选，自 2023 年 1 月 1 日起至 2027 年 12 月 31 日止，个体工商户经营所得年应纳税所得额不超过 200 万元的部分，在现行优惠政策基础上（享受残疾人减免税政策），再减半征收个人所得税。因此享受该政策的减免税额 =［（2 000 000×35%−65 500）−6 000× 2 000 000÷2 500 000］×50%=629 700（元），庄某 2023 年实际应缴纳的税额 =2 500 000×35%− 65 500−629 700−6 000=173 800（元）。

选项 B 不当选，减半征税的计算基数有误且错误使用了优惠叠加的方法。

选项 C 不当选，错误使用了优惠叠加的方法。

选项 D 不当选，未考虑税收优惠。

二、多项选择题

4.157 ⑤斯尔解析　　**ACE**　本题综合考查经营所得应纳税所得额的计算和个体工商户的税收优惠政策。

选项 A 当选，在计算经营所得应纳税所得额时，个体工商户业主个人的工资薪金支出不得税前扣除。

选项 C 当选，选项 B 不当选。取得经营所得的个人，如果没有综合所得的，计算其每一纳税年度的应纳税所得额时，应当减除费用 60 000 元、专项扣除、专项附加扣除以及依法确定的其他扣除。钱某计算年度应纳税所得额时应当减除住房贷款利息专项附加扣除 12 000（1 000×12）元。

选项 E 当选，选项 D 不当选。自 2023 年 1 月 1 日起至 2027 年 12 月 31 日止，个体工商户经营所得年应纳税所得额不超过 200 万元的部分，在现行优惠政策基础上，再减半征收个人所得税。

4.158 ⑤斯尔解析　　**BCE**　本题考查已纳消费税的扣除。

选项 BCE 当选，选项 AD 不当选。根据消费税法律制度的规定，用外购已税的白酒、小汽车、摩托车、游艇、高档手表、电池、涂料连续生产应税消费品的，其已纳税款不允许扣除。

三、简答题

4.159 ⑤斯尔解析　　本题属于简述类题目，考查工业母机企业和集成电路企业能够享受的税收优惠政策。

自 2023 年 1 月 1 日至 2027 年 12 月 31 日，工业母机企业和集成电路企业允许按当期可抵扣进项税额加计 15% 抵减企业应纳增值税税额。

在 2023 年 1 月 1 日至 2027 年 12 月 31 日期间，集成电路企业和工业母机企业开展研发活动中实际发生的研发费用，未形成无形资产计入当期损益的，在按规定据实扣除的基础上，再按照实际发生额的 120% 在税前扣除；形成无形资产的，在上述期间按照无形资产成本的 220% 在税前摊销。

4.160 ⑤斯尔解析　　本题属于计算与简述结合类题目，综合考查小型微利企业的判断条件、税款计算和税收优惠政策。

（1）该物流公司符合小型微利企业的判定条件。

①该商贸企业为国家非限制或禁止的行业。

②该公司从业人数全年季度平均值 =［（200+242）÷2+（242+280）÷2+（280+310）÷2+（310+320）÷2］÷4=273（人），小于 300 人。

③该公司资产总额全年季度平均值 =［（3 200+3 150）÷2+（3 150+3 860）÷2+（3 860+4 700）÷2+（4 700+5 100）÷2］÷4=3 965（万元），小于 5 000 万元。

④该公司 2023 年度应纳税所得额为 288 万元，小于 300 万元。

综上，该公司符合小型微利企业关于从事行业类型、从业人数、资产总额和年应纳税所得额的条件。

（2）2023 年应当缴纳的企业所得税税额 =288×25%×20%=14.4（万元）。

（3）2023年1月1日至2027年12月31日，对小型微利企业减半征收"六税两费"，"六税两费"是指资源税、城市维护建设税、房产税、城镇土地使用税、印花税（不含证券交易印花税）、耕地占用税和教育费附加、地方教育附加。

第五章　涉税会计核算
答案与解析

一、单项选择题

5.1 ▸ B	5.2 ▸ D	5.3 ▸ C	5.4 ▸ D	5.5 ▸ C
5.6 ▸ A	5.7 ▸ C	5.8 ▸ C	5.9 ▸ B	5.10 ▸ B
5.11 ▸ C	5.12 ▸ A	5.13 ▸ A	5.14 ▸ B	5.15 ▸ D
5.16 ▸ D	5.17 ▸ B	5.18 ▸ B	5.19 ▸ D	

二、多项选择题

5.20 ▸ CE	5.21 ▸ CE	5.22 ▸ ABC	5.23 ▸ CD	5.24 ▸ ABDE
5.25 ▸ ABCE	5.26 ▸ ACDE	5.27 ▸ BCE		

一、单项选择题

5.1 斯尔解析　**B**　本题考查"税金及附加"科目的核算。

选项 B 当选，所缴关税应计入进口货物的入账价值。

提示：契税、耕地占用税、车辆购置税和进口关税等不通过"税金及附加"科目核算，应直接计入相应资产的入账成本。

5.2 斯尔解析　**D**　本题考查金银首饰包装物消费税的处理。

选项 D 当选，随同金银首饰销售的包装物无论是否单独计价，均应并入应税消费品的销售额中缴纳消费税，记入"税金及附加"科目。

5.3 斯尔解析　**C**　本题考查小规模纳税人减免税款的会计核算。

选项 C 当选，小规模纳税人发生应税行为计提增值税时，应贷记"应交税费——应交增值税"，实际申报享受减免时，应借记"应交税费——应交增值税"，贷记"其他收益"。

5.4 🔍斯尔解析　　**D**　本题考查涉税会计核算的会计科目。

选项 D 当选，企业收到的增值税即征即退、先征后退、先征后返的税款，应在实际收到时贷方记入"其他收益"科目。

提示：

（1）教材中表述为"营业外收入"，但按照现行会计准则应记入"其他收益"科目。考试中选"营业外收入"或"其他收益"都可以拿分，两者不会同时出现在选项当中。

（2）其他应通过"其他收益"科目核算的情形：

①核算符合条件的纳税人享受的进项税额加计抵减。

②个人所得税代扣代缴手续费。

③小规模纳税人按规定享受的增值税减免税税款。

5.5 🔍斯尔解析　　**C**　本题考查"应交税费——应交增值税"明细专栏。

选项 C 当选，属于"应交税费——应交增值税"中的借方专栏。

选项 ABD 不当选，均属于"应交税费——应交增值税"科目的贷方明细专栏。

提示：

"应交税费——应交增值税"各专栏明细科目的借贷对应关系如下：

借方专栏	贷方专栏
销项税额抵减	销项税额
进项税额	进项税额转出
出口抵减内销产品应纳税额	出口退税
转出未交增值税	转出多交增值税
减免税款	—
已交税金	—

5.6 🔍斯尔解析　　**A**　本题考查应交税费中出口退税的核算。

选项 A 当选，"应收出口退税款"科目，借方反映销售出口货物按规定向税务机关申报应退回的增值税、消费税等，还反映出口企业销售出口货物后，按规定向税务机关办理"免、抵、退"税申报，所计算得出的应退税额。

5.7 🔍斯尔解析　　**C**　本题考查增值税视同销售的会计核算。

选项 C 当选，将自产产品用于职工福利，应视同销售，按照市场价格确认收入。

同时按照市场不含税公允价值确认销项税额 =50 000×13%=6 500（元）。

5.8 🔍斯尔解析　　**C**　本题考查增值税视同销售的会计核算。

选项 C 当选，用于市场推广其会计分录为：

借：销售费用

　贷：库存商品（成本价）

　　　应交税费——应交增值税（销项税额）

选项 ABD 的会计分录为：

借：应付股利（选项 A 不当选）、长期股权投资（选项 B 不当选）、应付职工薪酬（选项 D 不当选）

　　贷：主营业务收入

　　　　应交税费——应交增值税（销项税额）

借：主营业务成本

　　贷：库存商品等

提示：需注意以下不同情形的辨析。

（1）增值税上视同销售，会计上也确认收入：将自产、委托加工的货物用于集体福利、个人消费，将自产、委托加工、购进的货物用于对外投资、分配给投资者。

（2）增值税上视同销售，会计上不确认收入：将自产、委托加工、购进的货物对外无偿赠送、市场推广和交际应酬。

（3）增值税上不视同销售，而是作进项税额转出：将购进的货物用于集体福利或个人消费。

5.9　【斯尔解析】　B　本题考查进项税额转出的会计处理。

选项 B 当选，已抵扣过进项税额的货物因管理不善被盗，属于非正常损失，应作进项税额转出处理，进项税额转出金额 =10 000×13%=1 300（元）。由于尚未经有关机关批准，先记入"待处理财产损溢"科目。

5.10　【斯尔解析】　B　本题考查一般纳税人采用简易计税方法的增值税会计核算。

选项 B 当选，一般纳税人采用简易计税方法计提、缴纳的增值税均通过"应交税费——简易计税"科目核算。一般纳税人销售自产的自来水，选择按照简易办法依照 3% 征收率计算缴纳增值税。按简易计税方法计算增值税，不得抵扣进项税额。故应纳增值税额 =30÷（1+3%）×3%=0.87（万元）。

提示：提供物业管理服务的纳税人，向服务接受方收取的自来水水费，以扣除其对外支付的自来水水费后的余额为销售额，按照简易计税方法依照 3% 的征收率计算缴纳增值税。本题主体为自来水厂，选择按照简易办法的直接依照 3% 征收率计算缴纳增值税，无须差额计税。

5.11　【斯尔解析】　C　本题考查房地产企业预缴增值税时的会计处理。

选项 C 当选，一般纳税人转让不动产、提供不动产经营租赁服务、建筑服务、预收款方式销售自行开发的房地产项目在按规定预缴增值税时，应记入"应交税费——预交增值税"明细科目。房地产开发企业销售自行开发的房地产项目应预交税款 = 预收款 ÷（1+ 适用税率）× 预征率（3%）=5 450÷（1+9%）×3%=150（万元）。

5.12　【斯尔解析】　A　本题考查小规模纳税人的核算科目。

选项 A 当选，增值税小规模纳税人不需要设置专栏科目，仅通过"应交税费——应交增值税"科目核算。

提示：小规模纳税人仍需要设置"转让金融商品应交增值税""代扣代交增值税"明细科目。

5.13　【斯尔解析】　A　本题考查纳税检查情况下增值税的会计核算科目。

选项 A 当选，一般纳税人接受纳税检查时应采用"应交税费——增值税检查调整"科目。调增账面进项税额或调减销项税额和进项税额转出的数额，借记"应交税费——增值税检查调整"科目,贷记有关科目。

5.14 〔斯尔解析〕 **B** 本题考查所得税会计核算。

选项 A 不当选,营业外支出中列支非公益性捐赠,税法上不得税前扣除,应进行纳税调增处理,属于永久性差异。

选项 C 不当选,发生符合加计扣除的研究开发费用(未形成无形资产),税法上一般企业允许在据实扣除的基础上按照 100% 加计扣除,属于永久性差异。

选项 D 不当选,存货计提跌价准备,未经核定前不得在企业所得税税前扣除,应进行纳税调增处理,其实际发生时才允许税前扣除,期末账面价值小于计税基础(当期多交税,未来少交税),属于可抵扣暂时性差异。

5.15 〔斯尔解析〕 **D** 本题考查房地产开发企业土地增值税的核算。

选项 D 当选,房地产开发企业在预售自建商品房时预缴的土地增值税应直接通过"应交税费——应交土地增值税"科目核算。

5.16 〔斯尔解析〕 **D** 本题考查契税的会计核算。

选项 D 当选,房地产企业购入的土地使用权应缴纳的契税视开发情况而定:如果土地购入后就进行开发,则作为开发成本处理;如果土地购入后仅作为土地储备,则作为无形资产处理。

5.17 〔斯尔解析〕 **C** 本题考查账务调整方法的适用情形。

选项 C 当选,综合账务调整法一般运用于会计分录借贷方,有一方会计科目用错,而另一方会计科目没有错的情况。

5.18 〔斯尔解析〕 **B** 本题考查房地产开发企业取得预收款时的土地增值税处理。

首先,正确的分录如下:

房地产开发企业预收房款时:

借:银行存款

　贷:合同负债

在房地产项目未竣工前预交的土地增值税:

借:应交税费——应交土地增值税

　贷:银行存款

题目中提示 10 000 万元错误记入了"其他应付款"科目,故调账分录如下:

借:其他应付款

　贷:合同负债(选项 B 当选)

同时针对此部分金额没有预缴土地增值税,调账分录如下:

借:应交税费——应交土地增值税

　贷:银行存款

故选项 ACD 均不当选。

5.19 〔斯尔解析〕 **D** 本题考查以前年度损益类科目的调账处理。

选项 D 当选,"以前年度损益调整"核算本年度发生的调整以前年度损益的事项以及本年度发现的重要前期差错更正涉及调整以前年度损益的事项。企业以前年度少计收益或多计费用,则少计了以前年度的利润,应当调增利润,所以贷记"以前年度损益调整"科目。

二、多项选择题

5.20　🔍斯尔解析　**CE**　本题考查其他收益科目的会计核算。

选项 A 不当选，小型微利企业直接按减免后的应交所得税，借记"所得税费用"，贷记"应交税费——应交所得税"。

选项 B 不当选，收到退税款时，借记"银行存款"科目，贷记"应收出口退税款"科目。

选项 D 不当选，取得退还的留抵税额时，借记"银行存款"科目，贷记"应交税费——增值税留抵税额"科目。

5.21　🔍斯尔解析　**CE**　本题考查初次购置增值税税控系统专用设备的费用及缴纳的技术维护费的处理。

选项 CE 当选，增值税一般纳税人初次购买增值税税控系统专用设备，按实际支付或应付的金额，借记"管理费用"科目，贷记"银行存款""应付账款"等科目。按规定抵减的增值税应纳税额，借记"应交税费——应交增值税（减免税款）"科目，贷记"管理费用"科目。

5.22　🔍斯尔解析　**ABC**　本题考查"应交税费"科目核算的税金。

选项 ABC 当选，应通过"应交税费"科目核算。

选项 DE 不当选，企业不需要预计缴纳的税金，如契税、车辆购置税、耕地占用税等，不通过"应交税费"科目核算，直接计入相关资产成本。

5.23　🔍斯尔解析　**CD**　本题考查增值税明细专栏的核算内容。

一般纳税人外购货物用于对外投资、向股东分配股利（选项 C 当选）、无偿赠送（选项 D 当选）均属于视同销售并计算销项税额的情形，同时外购货物的进项税额可以正常抵扣。

一般纳税人外购货物用于免征增值税项目（选项 B 不当选）、集体福利（选项 A 不当选）或个人消费（含交际应酬）（选项 E 不当选），不作视同销售处理，不允许抵扣进项税额，所以外购货物不会通过"应交税费——应交增值税（进项税额）"科目核算。

5.24　🔍斯尔解析　**ABDE**　本题考查增值税一般纳税人采用一般计税方法处置不动产的税额计算和会计处理。

一般纳税人处置不动产采用一般计税方法，应将收取的增值税记入"应交税费——应交增值税（销项税额）"科目核算。纳税人在不动产所在地预缴增值税 =（5 000-3 270）÷（1+5%）×5%=82.38（万元）。在纳税人机构所在地计算增值税应采用一般计税方法，销项税额 =5 000÷（1+9%）×9%=412.84（万元）。月末通过"应交税费——应交增值税（转出未交增值税）"科目结转到"应交税费——应交增值税"科目中应缴未缴的税额合计金额 =412.84+90-45=457.84（万元）。

5.25　🔍斯尔解析　**ABCE**　本题综合考查消费税的征税范围、征税环节和会计核算科目。

选项 A 当选，卷烟批发商向零售商批发卷烟在批发环节加征一道消费税，记入"应交税费——应交消费税"科目贷方核算。

选项 B 当选，以自产的白酒抵偿债务，属于应缴纳消费税的情形，记入"应交税费——应交消费税"科目贷方核算。

选项 C 当选，委托加工收回的高档化妆品用于连续生产高档化妆品，受托方代收代缴的消费税准予抵扣后续环节的应纳消费税，记入"应交税费——应交消费税"科目借方核算。

选项 E 当选，进口烟丝用于连续生产卷烟准予在后续环节抵扣应纳消费税，记入"应交税费——应交消费税"科目借方核算。

选项 D 不当选，委托加工收回的白酒用于连续生产白酒，已纳消费税不准予抵扣，直接计入委托加工收回的消费品成本中，借记"委托加工物资"等，不通过"应交税费——应交消费税"科目核算。

5.26 ⑤斯尔解析　**ACDE**　本题综合考查各类税种的涉税会计核算。

选项 B 不当选，企业缴纳的车船税应借记"税金及附加"科目。

5.27 ⑤斯尔解析　**BCE**　本题考查采用比例分摊法的调账处理。

选项 BCE 当选，因为该企业各期生产销售均衡，各期原材料领用后在产品和产成品都有一定数量的余额，还有一部分已经对外销售，所以该错账金额依次转入在产品、产成品、销售成本及利润中，且该错误是在决算报表编制后发现的，所以贷方调整科目为：生产成本、库存商品、以前年度损益调整。

三、简答题

5.28 ⑤斯尔解析　本题考查以自产产品进行利润分配、外购商品用于集体福利时的会计处理。

（1）增值税视同销售应缴纳销项税额 =800 000×13%=104 000（元）。

借：应付股利	904 000	
贷：主营业务收入		800 000
应交税费——应交增值税（销项税额）		104 000
借：利润分配——未分配利润	904 000	
贷：应付股利		904 000
借：主营业务成本	500 000	
贷：库存商品		500 000

（2）电暖器的购买价款总额 =1 000×200=200 000（元）。

电暖器的进项税额 =200 000×13%=26 000（元）

购进电暖器时，公司应作如下账务处理：

借：库存商品	200 000	
应交税费——待认证进项税额	26 000	
贷：银行存款		226 000

发放职工福利时：

借：应付职工薪酬	226 000	
贷：库存商品		200 000
应交税费——待认证进项税额		26 000

说明：外购商品用于职工福利，进项税额不得抵扣，当月购进取得增值税专用发票，进项税额尚未抵扣，应将进项税额直接计入相关成本费用科目，无须先抵扣再转出。

5.29　<u>⑤斯尔解析</u>　本题属于计算加简述类题目，考查增值税的计算以及会计核算。

（1）该业务会计处理不正确。

没收包装物押金应计销项税额 =10 000÷（1+13%）×13%=1 150.44（元）

账务调整分录如下：

借：其他业务收入　　　　　　　　　　　　　1 150.44

　　贷：应交税费——应交增值税（销项税额）　　　　　　　1 150.44

（2）该业务处理的会计分录如下：

借：银行存款　　　　　　　　　（红字）22 600

　　贷：主营业务收入　　　　　　　　　　（红字）20 000

　　　　应交税费——应交增值税（销项税额）　　（红字）2 600

借：主营业务成本　　　　　　　（红字）15 000

　　贷：库存商品　　　　　　　　　　　　（红字）15 000

5.30　<u>⑤斯尔解析</u>　本题考查货物采购以及非正常损失的会计处理。

（1）采购货物会计分录如下：

借：物资采购　　　　　　　　　　　11 000

　　应交税费——应交增值税（进项税额）　1 390

　　贷：银行存款　　　　　　　　　　　　　　12 390

（2）验收入库以及货物毁损的会计分录如下：

实际入库商品：

借：库存商品　　　　　　　　　　　9 900

　　贷：物资采购　　　　　　　　　　　　　　9 900

毁损商品：

借：待处理财产损溢　　　　　　　　1 239

　　贷：物资采购　　　　　　　　　　　　　　1 100

　　　　应交税费——应交增值税（进项税额转出）　　139

5.31　<u>⑤斯尔解析</u>　本题考查代销情形的会计核算。

（1）洗衣机生产企业要根据收到的代销结算清单向零售店开具销售的 100 台洗衣机的增值税专用发票，并结转收入。

洗衣机生产企业的会计分录如下：

借：应收账款——零售店　　　　　　113 000

　　贷：主营业务收入　　　　　　　　　　　100 000

　　　　应交税费——应交增值税（销项税额）　　13 000

再根据收到的手续费结算发票（收到的为普通发票，不得抵扣进项税额），作如下会计处理：

借：销售费用　　　　　　　　　　　5 000

　　贷：应收账款——零售店　　　　　　　　　5 000

收到代销店转来的货款时：

借：银行存款 108 000

贷：应收账款——零售店 108 000

（2）电器零售店的会计分录为：

实现销售收到货款时：

借：银行存款 113 000

贷：应付账款——洗衣机生产企业 100 000

应交税费——应交增值税（销项税额） 13 000

结转应收手续费收入：

借：应付账款——洗衣机生产企业 5 000

贷：其他业务收入 4 716.98

应交税费——应交增值税（销项税额） 283.02

收到洗衣机生产企业开具的增值税专用发票并支付剩余货款：

借：应付账款——洗衣机生产企业 95 000

应交税费——应交增值税（进项税额） 13 000

贷：银行存款 108 000

5.32 🔍斯尔解析 本题考查增值税月结的会计核算。

月底应进行的月结会计处理为：

借：应交税费——未交增值税 50 000

贷：应交税费——预交增值税 50 000

借：应交税费——应交增值税（转出未交增值税） 100 000

贷：应交税费——未交增值税 100 000

次月征期实际缴纳时：

借：应交税费——未交增值税 50 000

贷：银行存款 50 000

说明：

①"应交税费——预交增值税"月末直接将本科目的借方余额转入"未交增值税"科目中。

②应通过"应交税费——应交增值税（转出未交增值税）"科目转入到"未交增值税"科目中的金额 =800 000−（750 000−200 000）−150 000=100 000（元）。

5.33 🔍斯尔解析 本题考查纳税人转让不动产在一般计税方法和简易计税方法下的预缴和实缴增值税的会计核算。

（1）甲公司采用一般计税方法下的处理：

在 B 市应预缴增值税额 =1 000÷（1+5%）×5%=47.62（万元）

在 A 市申报的增值税销项税额 =1 000÷（1+9%）×9%=82.57（万元）

在机构所在地 A 市应补缴的增值税额 =82.57−47.62=34.95（万元）

会计分录如下：

①预缴增值税时：

借：应交税费——预交增值税　　　　　　　　　47.62

　　贷：银行存款　　　　　　　　　　　　　　　　　47.62

②转让不动产时：

借：银行存款　　　　　　　　　　　　　　　1 000

　　贷：固定资产清理　　　　　　　　　　　　　　917.43

　　　　应交税费——应交增值税（销项税额）　　　82.57

说明：应计入固定资产清理的金额 =1 000÷（1+9%）=917.43（万元）。

③月末进行增值税月结处理，将预交增值税科目和应交增值税科目转入未交增值税科目：

借：应交税费——未交增值税　　　　　　　　　47.62

　　贷：应交税费——预交增值税　　　　　　　　　47.62

借：应交税费——应交增值税（转出未交增值税）　82.57

　　贷：应交税费——未交增值税　　　　　　　　　82.57

④向 A 市税务机关实际缴纳税额时：

借：应交税费——未交增值税　　　　　　　　　34.95

　　贷：银行存款　　　　　　　　　　　　　　　　34.95

（2）甲公司采用简易计税方法下的处理：

在 B 市应预缴增值税额 =1 000÷（1+5%）×5%=47.62（万元）

在 A 市应申报增值税额 =1 000÷（1+5%）×5%=47.62（万元）

所以在 A 市应补缴的增值税为零。

一般纳税人采用简易计税方法时，预缴税款、实缴税款等均一并记入"应交税费——简易计税"科目核算。

会计分录如下：

借：应交税费——简易计税　　　　　　　　　47.62

　　贷：银行存款　　　　　　　　　　　　　　　47.62

借：银行存款　　　　　　　　　　　　　　1 000

　　贷：固定资产清理　　　　　　　　　　　　　952.38

　　　　应交税费——简易计税　　　　　　　　　47.62

在 A 市无须补缴增值税，无须另作分录。

说明：纳税人转让不动产的增值税规定。

不动产的情形	计税方法	预缴税款计算公式	申报纳税时销售额的规定
取得的	一般计税方法	（全部价款和价外费用 − 原价）÷（1+5%）×5%	全额计税
	简易计税方法		差额计税
自建的	一般计税方法	全部价款和价外费用 ÷（1+5%）×5%	全额计税
	简易计税方法		

5.34 🄢斯尔解析　本题考查采用预收款方式提供租赁服务的增值税、企业所得税处理和账务处理。

（1）计算在当月甲公司应确认的租金收入 =120 000÷（1+13%）×1/12=8 849.56（元）。

12月15日收到预收租金，应确认销项税额 =120 000÷（1+13%）×13%=13 805.31（元）。

甲公司会计分录：

借：银行存款　　　　　　　　　　　　　　　　　120 000

　　贷：其他业务收入　　　　　　　　　　　　　　　　　8 849.56

　　　　应交税费——应交增值税（销项税额）　　　　　13 805.31

　　　　预收账款　　　　　　　　　　　　　　　　　　97 345.13

乙公司会计分录：

借：管理费用　　　　　　　　　　　　　　　　　8 849.56

　　应交税费——应交增值税（进项税额）　　　　13 805.31

　　预付账款　　　　　　　　　　　　　　　　　97 345.13

　　贷：银行存款　　　　　　　　　　　　　　　　　　120 000

（2）甲公司对该笔设备的租金，可按合同约定的应付租金的日期（12月15日）确认收入的实现，并根据收入与费用配比原则，在租赁期内，分期均匀计入相关年度收入，在当年只需要确认12月当月的租金收入。

乙公司租入设备发生的租金支出，按照租赁期限均匀计入成本费用中扣除。

说明：

①会计上：采取预收款方式提供租赁服务，确认租金收入应按照权责发生制分期确认。

②增值税上：采取预收款方式提供租赁服务，纳税义务发生时间为收到预收款的当天，所以确定增值税销项税额时应全额确认。

③企业所得税上：租赁期限跨年度，且租金提前一次性支付的，出租人可对上述已确认的收入，在租赁期内，分期均匀计入相关年度收入。

5.35 🄢斯尔解析　本题考查损益类科目和企业所得税的调账处理。

相关调账分录如下：

（1）对多计提的折旧进行调账：

借：累计折旧　　　　　　　　　　　　　　　　　50 000

　　贷：以前年度损益调整　　　　　　　　　　　　　　50 000

（2）该企业应补交企业所得税额 =50 000×25%=12 500（元）。

补提企业所得税调账：

借：以前年度损益调整　　　　　　　　　　　　　12 500

　　贷：应交税费——应交所得税　　　　　　　　　　　12 500

（3）调账对税后利润的影响金额 =50 000-12 500=37 500（元）。

调整利润结转分录。"本年利润"为利润结转科目，也应由"以前年度损益调整"科目代替。

借：以前年度损益调整　　　　　　　　　　　　　　37 500

　　贷：利润分配——未分配利润　　　　　　　　　　　　　　37 500

5.36 🔍**斯尔解析**　　本题考查接受非关联方实物捐赠的调账处理。

该企业会计处理不正确。

调账分录为：

借：资本公积——其他资本公积　　　　　　　　　　113

　　贷：以前年度损益调整　　　　　　　　　　　　　　　　113

说明：对于接受"非关联方"的捐赠，应记入"营业外收入"科目，而非"资本公积——其他资本公积"科目。由于决算报表已出，所以调账时应通过"以前年度损益调整"科目进行处理。

该业务导致 2023 年应纳税所得额增加 113 万元，按规定应缴纳企业所得税税额 =113×25%=28.25（万元）。

同时需补提企业所得税并作利润分配处理。

借：以前年度损益调整　　　　　　　　　　　　　　28.25

　　贷：应交税费——应交所得税　　　　　　　　　　　　　28.25

借：以前年度损益调整　　　　　　　　　　　　　　84.75

　　贷：利润分配——未分配利润　　　　　　　　　　　　　84.75

5.37 🔍**斯尔解析**　　本题考查视同销售情形下的账务处理、增值税税务处理和调账。

甲公司的处理不正确。企业将自产产品对外投资在会计上应确认收入，并结转销售成本，同时增值税也应视同销售处理，计算增值税销项税额。

（1）正确会计处理为：

借：长期股权投资　　　　　　　　　　　　　　　　226

　　贷：主营业务收入　　　　　　　　　　　　　　　　　　200

　　　　应交税费——应交增值税（销项税额）　　　　　　　26

借：主营业务成本　　　　　　　　　　　　　　　　180

　　贷：库存商品　　　　　　　　　　　　　　　　　　　　180

（2）调账分录为：

①调整长期股权投资，补提销项税额，同时确认主营业务收入和成本：

借：长期股权投资　　　　　　　　　　　　　　　　46

　　以前年度损益调整　　　　　　　　　　　　　　180

　　贷：以前年度损益调整　　　　　　　　　　　　　　　　200

　　　　应交税费——应交增值税（销项税额）　　　　　　　26

说明：此处为了更加清晰，将"主营业务收入"和"主营业务成本"的调整分别列示，也可以直接贷记以前年度损益调整 200-180=20（万元）。

②确认对所得税的影响并结转利润：

少计企业所得税金额 =（200-180）×25%=5（万元）

```
借：以前年度损益调整                          5
    贷：应交税费——应交所得税                        5
借：以前年度损益调整                         15
    贷：利润分配——未分配利润                        15
```

5.38 🔍斯尔解析　本题考查消费税的计算和调账处理。

（1）应缴纳消费税 =113 000÷（1+13%）×15%=15 000（元）。

应缴纳增值税 =113 000÷（1+13%）×13%=13 000（元）

（2）调账处理：

①商品发出时，已知满足会计上收入确认的条件，应将预收的销售款从"合同负债"账户结转为销售收入，调账处理如下：

```
借：合同负债                            113 000
    贷：主营业务收入                                  100 000
        应交税费——应交增值税（销项税额）                 13 000
```

②应缴纳的消费税款作如下账务处理：

```
借：税金及附加                           15 000
    贷：应交税费——应交消费税                          15 000
```

5.39 🔍斯尔解析　本题考查以旧换新方式销售金银首饰增值税和消费税的会计核算。

以旧换新方式销售金银首饰，按照实际收到的差价计算增值税、消费税。

应缴纳销项税额 =（20 000−5 000）÷（1+13%）×13%=1 725.66（元）

应缴纳消费税额 =（20 000−5 000）÷（1+13%）×5%=663.72（元）

会计分录如下：

```
借：库存商品                              5 000
    银行存款/库存现金                        15 000
    贷：主营业务收入                                  18 274.34
        应交税费——应交增值税（销项税额）              1 725.66
借：税金及附加                             663.72
    贷：应交税费——应交消费税                          663.72
```

说明：关于以旧换新的增值税和消费税处理。

①对于一般货物：按新货物的同期销售价格确定销售额，不得扣减旧货物的收购价格。

②对于金银首饰：可以按销售方实际收取的不含增值税的全部价款征收增值税和消费税。

5.40 🔍斯尔解析　本题考查外购（进口）应税消费品用于连续生产应税消费品已纳消费税准予抵扣情形下的增值税和消费税会计核算。

进口柴油应缴纳的进口环节消费税 =1 136×20×1÷10 000=2.27（万元）

（1）进口柴油时的账务处理：

借：原材料	200	
应交税费——应交增值税（进项税额）	26	
贷：银行存款		226
借：应交税费——应交消费税	2.27	
贷：银行存款		2.27

（2）领用时的账务处理：

借：生产成本	198	
贷：原材料		198
借：应付职工薪酬	2.28	
贷：原材料		2
应交税费——应交增值税（进项税额转出）		0.26
应交税费——应交消费税		0.02
借：管理费用	2.28	
贷：应付职工薪酬		2.28

5.41 🅢斯尔解析　　本题考查房地产开发企业采取预收款方式销售自行开发的房地产项目时增值税、土地增值税和企业所得税的处理。

（1）预缴增值税的计税依据是不含增值税的预收款。

预缴土地增值税的计税依据是预收款减去预缴的增值税。

（2）预缴的土地增值税会计分录：

借：应交税费——应交土地增值税

　　贷：银行存款等

完工后预收款结转主营业务收入时计提土地增值税的分录：

借：税金及附加

　　贷：应交税费——应交土地增值税

（3）可以扣除。

预缴的土地增值税在收入未确认之前会计上不确认损益，但在企业所得税中，预缴的土地增值税应当在实际缴纳的年度进行税前扣除。

四、综合分析题

5.42 🅢斯尔解析　　本题综合考查了增值税的税务处理、会计核算及账务处理。

（1）11月5日记账凭证：购进材料发生被盗，属于非正常损失，进项税额不允许抵扣。

应进行进项税额转出金额 =11 300÷（1+13%）×13%=1 300（元）

调账分录为：

借：原材料——棉纱	1 300	
贷：应交税费——应交增值税（进项税额转出）		1 300

（2）11月6日记账凭证：收购农产品，应按收购发票注明的农产品买价和9%的扣除率计算进项税额，在领用生产13%税率货物时再加计1%的进项税额。而企业收购时直接按10%进项税额，造成多抵扣进项税额。

当期进项税额多抵扣金额 =30 000-300 000×9%=3 000（元）

调账分录为：

借：原材料——天然橡胶　　　　　　　　　　　　　　 3 000

　　应交税费——应交增值税（进项税额）　　　　　 -3 000

（3）11月7日记账凭证：从小规模纳税人处购进农产品取得的税务机关代开的征收率为3%的增值税专用发票，应按照增值税专用发票上注明的金额和9%的扣除率计算进项税额。而企业以增值税专用发票注明的税额作为进项税额，造成少抵扣进项税额。

当期进项税额少抵扣金额 =40 000×9%-1 200=2 400（元）

调账分录为：

借：应交税费——应交增值税（进项税额）　　　　　 2 400

　　贷：原材料——天然树脂　　　　　　　　　　　　　　 2 400

（4）11月8日记账凭证：销售的货物已发出并开具增值税专用发票，应全额确认销售额，计算销项税额，而不应计入待转销项税额，造成少计销项税额。

少计当期销项税额金额 =130 000（发票税额）-117 000（记账的销项税额）=13 000（元）

调账分录为：

借：应交税费——待转销项税额　　　　　　　　　　　 13 000

　　贷：应交税费——应交增值税（销项税额）　　　　　 13 000

（5）11月27日记账凭证：旅客运输服务进项税额计算错误，导致多抵进项税额。

当期进项税额多抵扣金额 =720-8 000÷（1+9%）×9%=59.45（元）

调账分录为：

借：管理费用　　　　　　　　　　　　　　　　　　　 59.45

　　应交税费——应交增值税（进项税额）　　　　　 -59.45

（6）11月28日记账凭证：支付销售货物运输服务费用取得的增值税专用发票载明的商品和服务分类简称与适用税率或征收率不相称，为无效增值税抵扣凭证。

当期不能抵扣的进项税额 =4 200（元）

调账分录为：

借：销售费用　　　　　　　　　　　　　　　　　　　 4 200

　　应交税费——应交增值税（进项税额）　　　　　 -4 200

（7）11月29日记账凭证，领用收购的天然橡胶用于生产，可加计扣除1%进项税额。

当期可加计抵扣的进项税额 =216 000÷（1-10%）×1%=2 400（元）

说明：因企业购入天然橡胶时错误计算了允许抵扣的进项税（用10%扣除率计算），而导致原材料成本（270 000×80%）也不准确。因此，需要将错误的成本价（216 000），按照错误的扣除率（10%）还原为正确的"价税合计"金额。前面业务已全部将未领用的进项税额调整到原材料成本，因此，此处仅就领用部分调整进项税额。

调账分录为：

借：应交税费——应交增值税（进项税额）　　　　2 400

　　贷：原材料——天然橡胶　　　　　　　　　　　　　　2 400

（8）11月30日记账凭证，销售已抵扣进项税额的固定资产应按适用税率计算销项税额，不能采取简易计税办法按照3%减按2%计算缴纳增值税。

应计提销项税额=119 480÷（1+13%）×13%=13 745.49（元），同时将企业原记入"应交税费——简易计税"科目的2 320元予以冲销。

调账分录为：

借：应交税费——简易计税　　　　　　　　　2 320

　　固定资产清理　　　　　　　　　　　　11 425.49

　　贷：应交税费——应交增值税（销项税额）　　　　　13 745.49

5.43 🅢斯尔解析　本题综合考查增值税及附加税费、企业所得税的税务处理、计算，企业所得税纳税预缴申报表的填写以及调整会计处理。

（1）业务（1）的会计处理不准确，影响应纳增值税额。

影响的应纳增值税金额=179 000÷（1+13%）×13%=20 592.92（元）

调账分录为：

借：本年利润　　　　　　　　　　　　　20 592.92

　　贷：应交税费——应交增值税（销项税额）　　　　　20 592.92

说明：

①由于企业从政府取得经济资源与其自身销售商品或提供劳务等活动密切相关，并且从政府取得的经济资源构成该商品的对价或组成部分，此时应当按照收入准则进行会计处理，不属于政府补助。所以企业对于业务（1）应确认主营业务收入，同时计算销项税额。

所以正确的分录应为：

借：银行存款　　　　　　　　　　　179 000

　　贷：主营业务收入　　　　　　　　　　　158 407.08

　　　　应交税费——应交增值税（销项税额）　　　20 592.92

②调账分录应为：

借：其他收益　　　　　　　　　　　179 000

　　贷：主营业务收入　　　　　　　　　　　158 407.08

　　　　应交税费——应交增值税（销项税额）　　　20 592.92

由于之前月份的利润已结转至本年利润科目，题干要求用综合账务调整法进行调账，故应将损益类科目（其他收益和主营业务收入）替换成"本年利润"科目（下同）。

业务（2）的会计处理不准确，不影响应纳增值税额。

调账分录为：

借：本年利润　　　　　　　　　　　　40 000

　　贷：研发支出——费用化支出　　　　　　　　40 000

说明：

①应将研发支出——费用化支出结转至"管理费用"科目，正确的分录应为：

借：管理费用　　　　　　　　　　　　　　　　　40 000

　　贷：研发支出——费用化支出　　　　　　　　　　　　　　40 000

②将损益类科目替换为本年利润即为本题答案。

业务（3）的会计处理准确，不影响应纳增值税额。

业务（4）的会计处理不准确，不影响应纳增值税额。

调账分录：

借：其他应付款　　　　　　　　　　　　　　　　600 000

　　贷：本年利润　　　　　　　　　　　　　　　　　　　600 000

说明：

①增值税留抵退税正确的分录应为：

a. 税务机关准予留抵退税时，按税务机关核准允许退还的留抵税额：

借：应交税费——增值税留抵税额

　　贷：应交税费——应交增值税（进项税额转出）

b. 实际收到留抵退税款项时：

借：银行存款

　　贷：应交税费——增值税留抵税额

②正确的调账分录为：

借：其他应付款　　　　　　　　　　　　　　　　600 000

　　贷：主营业务成本　　　　　　　　　　　　　　　　600 000

③将损益类科目替换为本年利润。

业务（5）的会计处理不准确，影响应纳增值税额。

影响的应纳增值税金额 $=92\,700 \div (1+13\%) \times 13\% - 1\,800 = 10\,664.60 - 1\,800 = 8\,864.60$（元）

调账分录：

借：应交税费——简易计税　　　　　　　　　　　1 800

　　本年利润　　　　　　　　　　　　　　　　　8 864.60

　　贷：应交税费——应交增值税（销项税额）　　　　　10 664.60

说明：一般纳税人销售自己使用过的不得抵扣且未抵扣进项税额的固定资产，才能适用简易办法依照3%征收率减按2%征收增值税，但本题题干告知该设备进项税额于投入使用当月抵扣，所以应采用一般计税方法。故应确认增值税销项税额 $=92\,700 \div (1+13\%) \times 13\% = 10\,664.60$（元），记入贷方"应交税费——应交增值税（销项税额）"科目，该企业原确认的"应交税费——简易计税"1 800元应予以冲销，两者之间的差额 $=10\,664.60 - 1\,800 = 8\,864.60$（元），故应确认的"资产处置损益"应减少 8 864.60 元。"资产处置损益"为损益类科目，应替换为"本年利润"。

业务（6）的会计处理不准确，影响应纳增值税额。

影响的应纳增值税金额 $=211\,200 \div (1+13\%) \times 13\% = 24\,297.35$（元）

调账分录：

借：本年利润　　　　　　　　　　　　　　　24 297.35

　　贷：应交税费——应交增值税（销项税额）　　　　　　　24 297.35

说明：对外销售下脚料和残次品应缴纳增值税，按照 13% 的税率进行处理。会计核算中，该下脚料和残次品收入可以计入其他业务收入或营业外收入，此处无须调整。

①正确的分录应为：

借：银行存款　　　　　　　　　　　　　　　211 200

　　贷：应交税费——应交增值税（销项税额）　　　　　　　24 297.35

　　　　营业外收入　　　　　　　　　　　　　　　　　　186 902.65

②调账分录为：

借：营业外收入　　　　　　　　　　　　　　24 297.35

　　贷：应交税费——应交增值税（销项税额）　　　　　　　24 297.35

③将损益类科目替换为本年利润。

（2）业务招待费的当期超支问题无须在第三季度企业所得税预缴申报时填报。

补缴增值税时应同时补缴城市维护建设税、教育费附加和地方教育附加。

（3）

行次	项目	本年累计
1	营业收入	52 858 407.08
2	营业成本	36 760 000
3	利润总额	6 980 394.55
4	加：特定业务计算的应纳税所得额	—
5	减：不征税收入	—
6	减：资产加速折旧、摊销（扣除）调减额（填写 A201 020）	1 160 000
7	减：免税收入、减计收入、加计扣除（7.1+7.2+…）	3 373 097.35
7.1	企业开发新技术、新产品、新工艺发生的研究开发费用加计扣除	3 373 097.35
7.2	（填写优惠事项名称）	—
8	减：所得减免（8.1+8.2+…）	—
8.1	（填写优惠事项名称）	—
8.2	（填写优惠事项名称）	—
9	减：弥补以前年度亏损	—
10	实际利润额（3+4-5-6-7-8-9）\按照上一纳税年度应纳税所得额平均额确定的应纳税所得额	2 447 297.2
11	税率（25%）	25%

续表

行次	项目	本年累计
12	应纳所得税额（10×11）	611 824.3
13	减：减免所得税额（13.1+13.2+…）	224 729.72
13.1	（填写优惠事项名称）	—
13.2	（填写优惠事项名称）	—
14	减：本年实际已缴纳所得税额	—
15	减：特定业务预缴（征）所得税额	—
16	本期应补（退）所得税额（12-13-14-15）\ 税务机关确定的本期应纳所得税额	387 094.58

说明：

①营业收入 =52 700 000+158 407.08（业务1）=52 858 407.08（元）。

②营业成本 =37 360 000−600 000（业务4）=36 760 000（元）。

③补缴城市维护建设税、教育费附加和地方教育附加影响税金及附加的金额 = ［20 592.92（业务1）+8 864.6（业务5）+24 297.35（业务6）+170 000（转出未交增值税）］× （7%+3%+2%）=26 850.58（元）。

④利润总额 =10 021 000（原利润总额）−20 592.92（业务1）−3 560 000（未结转到管理费用的研发支出）+600 000（业务4）−8 864.6（业务5）−24 297.35（业务6）−26 850.58（补缴的城建教育费附加）=6 980 394.55（元）。

⑤资产加速折旧、摊销（扣除）调减额 =1 200 000−40 000=1 160 000（元）。

⑥免税收入、减计收入、加计扣除 =3 560 000−186 902.65（下脚料和残次品收入应冲减研发支出）=3 373 097.35（元）。

⑦应纳税所得额 =6 980 394.55−1 160 000−3 373 097.35=2 447 297.2（元）。

⑧应纳所得税额 =2 447 297.2×25%=611 824.3（元）。

⑨减免所得税额 =2 447 297.2×（25%−15%）=224 729.72（元）。

⑩本期应补（退）所得税额 =611 824.3−224 729.72=387 094.58（元）。

做**新变** new

new

简答题

5.44　⑤斯尔解析　本题考查小规模纳税人免征增值税的会计分录。

（1）确认收入时的账务处理如下：

借：银行存款　　　　　　　　　　　　　61 800

　　贷：主营业务收入　　　　　　　　　　　　　60 000

　　　　应交税费——应交增值税　　　　　　　　 1 800

（2）纳税申报时的账务处理如下：

借：应交税费——应交增值税　　　　　　 1 800

　　贷：其他收益　　　　　　　　　　　　　　　 1 800

第六章　涉税鉴证与纳税情况审查服务

答案与解析

一、单项选择题

6.1 ▶ D	6.2 ▶ D	6.3 ▶ D	6.4 ▶ C	6.5 ▶ A
6.6 ▶ C	6.7 ▶ B	6.8 ▶ C	6.9 ▶ D	6.10 ▶ D

二、多项选择题

6.11 ▶ ABCD	6.12 ▶ ABCD	6.13 ▶ CE	6.14 ▶ BE	6.15 ▶ BCDE
6.16 ▶ ACD				

一、单项选择题

6.1 斯尔解析 **D** 本题考查涉税鉴证业务的范围。

选项 D 当选，涉税鉴证业务不包括"企业财务报表鉴证"，企业财务报表的"鉴证类"业务属于审计人员的工作职能。

涉税鉴证业务包括：企业所得税汇算清缴鉴证、土地增值税清算鉴证、企业资产损失税前扣除鉴证（选项 C 不当选）、研发费用加计扣除鉴证（选项 A 不当选）、高新技术企业专项认定鉴证（选项 B 不当选）、税务司法鉴定、纳税情况审查服务、其他涉税事项鉴证。

6.2 斯尔解析 **D** 本题考查鉴证业务的证据。

下列证据不得作为鉴证依据的证据：

（1）违反法定程序收集的证据材料。

（2）以偷拍、偷录和窃听等手段获取侵害他人合法权益的证据材料。（选项 D 当选）

（3）以利诱、欺诈、胁迫和暴力等不正当手段获取的证据材料。

（4）无正当事由超出举证期限提供的证据材料。

（5）无正当理由拒不提供原件、原物，又无其他证据印证，且对方不予认可的证据的复制件、复制品。

（6）无法辨明真伪的证据材料。

（7）不能正确表达意志的证人提供的证言。

（8）不具备合法性、真实性的其他证据材料。

6.3　斯尔解析　**D**　本题考查涉税鉴证报告的编制人。

选项 D 当选，项目负责人应当负责编制涉税鉴证业务报告。

6.4　斯尔解析　**C**　本题考查涉税鉴定业务的签字要求。

选项 C 当选，涉税鉴证业务报告应由 2 个以上具有涉税鉴证业务资质的涉税服务人员签字。

6.5　斯尔解析　**A**　本题考查涉税鉴证业务的程序。

选项 B 不当选，业务计划确定后，鉴证人可以视情况变化对业务计划作相应的调整。

选项 C 不当选，决定接受涉税鉴证业务委托的，应当与委托人签订涉税鉴证业务委托协议。

选项 D 不当选，项目负责人应当编制涉税鉴证业务报告，并履行复核程序和签字盖章手续。而纳税情况审查服务，可以根据委托协议的约定编制纳税审查业务报告，未约定出具书面业务报告的，也可以口头交换意见，并做相应记录。

6.6　斯尔解析　**C**　本题考查资产损失税前扣除鉴证业务的证据。

具有法律效力的外部证据包括：司法机关的判决或者裁定；公安机关的立案结案证明、回复；工商部门出具的注销、吊销及停业证明；破产清算公告或清偿文件；行政机关的公文；专业技术部门的鉴定报告（选项 C 当选）；具有法定资质的中介机构的经济鉴定证明；仲裁机构的仲裁文书；保险公司对投保资产出具的出险调查单、理赔计算单等保险单据等。

选项 ABD 不当选，均属于企业内部证据。

6.7　斯尔解析　**B**　本题考查税务司法鉴定业务档案的保存年限。

选项 B 当选，税务司法鉴定业务鉴定档案属于税务师事务所的业务档案，应当至少保存 10 年；法律、行政法规另有规定的除外。

6.8　斯尔解析　**C**　本题考查涉税鉴定业务的基本要求。

选项 C 当选，鉴证人（涉税专业服务机构）提供涉税鉴证业务服务，应当遵循涉税鉴证业务与代理服务不相容原则。承办被鉴证单位代理服务的人员，不得承办被鉴证单位的涉税鉴证业务。

6.9　斯尔解析　**D**　本题考查税务司法鉴定中应重新鉴定的情形。

有以下情形之一的，可以重新鉴定：

（1）原鉴定人不具有从事原委托事项相应资格或能力。

（2）原税务师事务所超出登记的业务范围组织鉴定。

（3）原鉴定人应当回避而没有回避。（选项 D 当选）

（4）委托人或者其他诉讼当事人对原鉴定意见有异议，并能提出合法依据和合理理由。

（5）委托人依照法律、法规规定要求重新鉴定。

（6）其他。

选项 A 不当选，属于应补充鉴定的情形。

选项 BC 不当选，属于应终止鉴定的情形。

6.10　🔍斯尔解析　**D**　本题考查纳税情况审查业务的委托人。

选项 D 当选，纳税情况审查服务，为税务师事务所接受行政机关、司法机关的委托，对被审查人纳税情况进行审查并作出专业结论的业务。具体而言委托人可能包括海关、市场监督管理部门、税务机关、司法机关，但不包括税务师协会。

二、多项选择题

6.11　🔍斯尔解析　**ABCD**　本题考查涉税鉴证业务的保密规定。

未经涉税鉴证业务委托人同意，税务师事务所及鉴证人不得向任何第三方泄露涉税鉴证业务的工作底稿，但下列情形除外：

（1）税务机关因行政执法需要进行查阅的。（选项 A 当选）

（2）涉税专业服务监管部门和行业自律部门因检查执业质量需要进行查阅的。（选项 B 当选）

（3）法律、法规规定可以查阅的其他情形（例如公安机关、人民检察院、人民法院根据有关法律、法规需要进行查阅的）。（选项 CD 当选）

6.12　🔍斯尔解析　**ABCD**　本题考查税务司法鉴定的委托人。

下列情形均可成为税务司法鉴定服务的委托人：

（1）刑事诉讼活动中，可以接受办案机关的税务司法鉴定委托，委托方包括：公安机关、人民检察院、人民法院的委托。（选项 ABC 当选）

（2）民事及行政诉讼活动中，可以接受人民法院的委托；也可以接受原告、被告、第三人、上诉人、被上诉人等诉讼参与主体的委托。（选项 D 当选，选项 E 不当选）

（3）仲裁、调解等非诉程序中，可以接受争议解决机关、争议各方、其他程序参与方的委托。

6.13　🔍斯尔解析　**CE**　本题考查高新技术企业专项认定鉴证服务的核心内容。

高新技术企业认定专项鉴证服务出具的鉴证业务报告的核心是对被鉴证人高新技术产品（服务）收入占比（选项 C 当选）、企业研究开发费用占比（选项 E 当选）予以评价；而其他事项虽然是在实施鉴证业务过程中需关注的事项，但是不作为鉴证业务报告所评价的核心内容。

6.14　🔍斯尔解析　**BE**　本题考查信赖保护原则。

根据信赖保护原则（信任保护原则），委托人提供不真实、不完整资料信息的，涉税服务人员有权终止业务。如已完成部分约定业务，应当按照协议约定收取费用（选项 B 当选），并就已完成事项进行免责性声明，由委托人承担相应责任（选项 E 当选）。

6.15　🔍斯尔解析　**BCDE**　本题考查涉税鉴定业务的基本要求。

选项 A 不当选，受托方完成约定业务，应当按照协议约定收取费用。

6.16　🔍斯尔解析　**ACD**　本题考查税务司法鉴定服务的相关规定。

选项 B 不当选，委托人主动撤销鉴定委托或者委托人拒绝支付鉴定费用属于终止鉴定的适用情形。

选项 E 不当选，签名、盖章或者编号不符合制作要求，可以进行补正。

多项选择题

6.17 ▸ BCDE

多项选择题

6.17 ⑤斯尔解析 **BCDE** 本题考查税务师事务所不得承接税务司法鉴定委托的情形。

具有下列情形之一的鉴定委托，税务师事务所不得承接：

（1）委托鉴定事项超出税务司法鉴定业务范围。（选项 B 当选）

（2）鉴定材料不真实、不完整、不充分或者取得方式不合法的。（选项 A 不当选）

（3）鉴定用途不合法或者违背社会公德。（选项 C 当选）

（4）鉴定要求不符合相关执业规范或者相关鉴定技术规范。

（5）鉴定要求超出本事务所技术条件或者鉴定能力。（选项 D 当选）

（6）委托人就同一鉴定事项同时委托其他涉税专业服务机构进行鉴定。（选项 E 当选）

（7）委托人不适合或委托程序违反法律、法规、规章的有关规定。

（8）其他不符合法律、法规、规章规定的情形。

第七章 税务咨询服务
答案与解析

一、单项选择题

| 7.1 ▶ C | 7.2 ▶ B | 7.3 ▶ D | 7.4 ▶ A | 7.5 ▶ C |

| 7.6 ▶ B | 7.7 ▶ B | 7.8 ▶ A | 7.9 ▶ A |

二、多项选择题

| 7.10 ▶ ABCD | 7.11 ▶ BD | 7.12 ▶ AB | 7.13 ▶ BE | 7.14 ▶ ACDE |

| 7.15 ▶ ACDE |

一、单项选择题

7.1 斯尔解析　**C**　本题考查一般税务咨询的内容分类。

选项 C 当选，属于税收程序法方面的咨询。

选项 AB 不当选，属于税务动态方面的咨询。

选项 D 不当选，属于税收分歧方面的咨询。

7.2 斯尔解析　**B**　本题考查一般税务咨询的方式。

选项 B 当选，电话咨询是以电话通话方式提供口头的一般税务咨询服务。主要适用于比较简单明了的涉税事项咨询服务，涉税服务人员通过与委托人电话通话，就其提出的问题或描述的涉税事项，给予简要的答复或给出指导性意见。

选项 A 不当选，书面咨询需要制作书面文书，是比较常见的方法，但不适用于简单明了的咨询服务。

选项 C 不当选，晤谈带有共同研讨的点，往往是双方针对较为复杂的问题进行讨论。

选项 D 不当选，网络咨询只是以网络为载体提供咨询服务，仅仅是形式上更加便利，并没有适合简单明了的咨询服务的特点。

7.3 🔍斯尔解析　　**D**　本题考查税收政策适用咨询的实施。

选项 D 当选，分析税收政策适用条款是一般税务咨询服务的核心和价值所在。税务师应根据咨询问题所涉及税收政策，按照税法适用原则，针对咨询对象情况，找准适用的税收政策条款。

7.4 🔍斯尔解析　　**A**　本题考查长期税务顾问服务的具体内容。

选项 A 当选，长期税务顾问服务，是指对委托人在接受委托时尚不能确定的具体税务事项提供的期限不短于 1 年的咨询服务。

7.5 🔍斯尔解析　　**C**　本题考查专项税务咨询服务。

专项税务咨询服务包括但不限于下列服务：

（1）涉税尽职审慎性调查。

（2）纳税风险评估。（选项 C 当选）

（3）资本市场特殊税务处理合规性审核。

（4）与特别纳税调整事项有关的服务。

选项 ABD 不当选，均属于长期税务顾问服务。

7.6 🔍斯尔解析　　**B**　本题考查税收策划的特点。

选项 B 当选，税收策划的特点不包括确定性，包括合法性（选项 A 不当选）、策划性（选项 D 不当选）、目的性（选项 C 不当选）、适用性。

7.7 🔍斯尔解析　　**B**　本题考查税收策划工作的特点。

选项 B 当选，税收策划虽然将税收作为重要因素进行考虑，但不一定以缴纳税收最少或者减轻税收负担作为唯一目标的。

7.8 🔍斯尔解析　　**A**　本题考查税收策划的方法。

选项 A 当选，减免税方法是指选择国家税收法律、法规或政策规定的可以享受减税或免税优惠的经营、投资、理财等活动方案，以减轻税收负担的方法。建议公司享受西部大开发的企业所得税减免政策，属于减免税方法。

7.9 🔍斯尔解析　　**A**　本题考查税收策划的方法。

选项 A 当选，扣除方法指依据国家税收法律法规和规章规定，使经营、投资、理财等活动的计税依据中尽量增加可以扣除的项目或金额，以减轻税收负担的方法。加大新产品研发费用的投入，符合条件的研发费用可以在企业所得税前加计扣除，从而增加可以扣除的金额，属于扣除方法。

二、多项选择题

7.10 🔍斯尔解析　　**ABCD**　本题考查一般税务咨询的内容。

一般税务咨询的内容包括税收实体法（选项 A 当选）、税收程序法（选项 B 当选）、税收分歧、涉税会计处理（选项 D 当选）、税务动态方面（选项 C 当选）的咨询。

选项 E 不当选，属于违法行为。

7.11 🔍斯尔解析　　**BD**　本题考查一般税务咨询的内容分类。

一般税务咨询分为五类，包括适用税收实体法方面的税务咨询、适用税收程序法方面的税收咨询、解决税收分歧方面的咨询、涉税会计处理的咨询、税务动态方面的咨询。

选项 BD 当选，属于税收实体法方面的咨询。

选项 AE 不当选，属于税收程序法方面的咨询。

选项 C 不当选，属于税务动态方面的咨询。

7.12　⑤斯尔解析　**AB**　本题考查专业税务顾问服务的特点。

与一般税务咨询服务相比，专业税务顾问服务具有时间上的连续性（选项 A 当选）、内容上的综合性（选项 B 当选）、方式上的多样性的特点。

选项 CDE 不当选，属于一般税务咨询的特点。

7.13　⑤斯尔解析　**BE**　本题考查专业税务顾问服务的基本内容。

选项 BE 当选，专业税务顾问服务的基本内容包括专项税务咨询服务和长期税务顾问服务。

7.14　⑤斯尔解析　**ACDE**　本题考查专业税务顾问服务中的授权代表事项。

涉税服务人员在委托人授权范围内处理的涉税事项主要有：（1）向税务机关咨询问题、协商税务处理（选项 A 当选）；（2）向税务机关提起涉税处理分歧（选项 E 当选）；（3）与交易对手洽谈合同或涉税事项（选项 C 当选）；（4）向其他部门洽谈搬迁、补偿等相关涉税事宜（选项 D 当选）。

选项 B 不当选，不属于可以代理委托人处理的涉税事项，属于企业内部的人事任命。

7.15　⑤斯尔解析　**ACDE**　本题考查税收策划的基本方法。

选项 A 当选，不予征税方法指选择国家税收法律法规和规章规定不予征税的经营、投资、理财等活动方案减轻税收负担的方法。

选项 C 当选，减免税方法指选择国家税收法律法规和规章规定的可以享受减税或免税优惠的经营、投资、理财等活动方案减轻税收负担的方法。

选项 D 当选，分割方法指根据国家税收法律法规和规章规定，选择能使计税依据进行分割的经营、投资理财等活动方案实现不同税负、税种的计税依据相分离；或是分解为不同纳税人或征税对象，增大不同计税依据扣除的额度或频度，以减轻税收负担的方法。

选项 E 当选，延期纳税方法指依据国家税收法律法规和规章规定，将经营、投资、理财等活动的当期应纳税额延期缴纳，以实现减轻税收负担的方法。

选项 B 不当选，属于违法行为，税收策划方法的基本要求即为合法性，违法行为会导致税收风险，不能降低企业的税收负担。

第八章 其他税务事项代理服务
答案与解析

一、单项选择题

| 8.1 ▸ D | 8.2 ▸ C | 8.3 ▸ D | 8.4 ▸ B | 8.5 ▸ C |

| 8.6 ▸ B | 8.7 ▸ C | 8.8 ▸ A | 8.9 ▸ D |

二、多项选择题

| 8.10 ▸ ABD | 8.11 ▸ ACDE | 8.12 ▸ ACD | 8.13 ▸ ABCE | 8.14 ▸ BC |

| 8.15 ▸ BCD |

一、单项选择题

8.1 🔍斯尔解析　**D**　本题考查发票相关代理服务的内容。

选项 D 当选，其属于发票缴销类代理服务。

选项 ABC 不当选，均属于发票领用类代理服务。

8.2 🔍斯尔解析　**C**　本题考查税收优惠代理业务的范围

选项 C 当选，其属于资格信息报告代理业务。

选项 ABD 不当选，均属于税收优惠代理服务。

8.3 🔍斯尔解析　**D**　本题考查税收优惠代理服务的实施。

选项 D 当选，税收优惠代理业务应当履行质量复核程序。原则上应履行三级复核程序。

提示：税收优惠代理业务是"其他税务事项代理服务"中唯一一个要求应进行质量复核和质量监控流程的业务种类。

8.4 🔍斯尔解析　**B**　本题考查开具《税收完税证明》的具体内容。

选项 ACD 不当选，纳税人遗失《出口货物完税分割单》、印花税票和《印花税票销售凭证》的，不得重新开具。

8.5 ⓢ斯尔解析   **C**   本题考查纳税人放弃减税、免税的期限。

选项 C 当选，纳税人放弃免税、减税的，36 个月内不得再申请免税、减税。

8.6 ⓢ斯尔解析   **B**   本题考查税收完税证明的类型。

《税收完税证明》分为表格式和文书式两种。

选项 B 当选，适用于文书式完税证明。

选项 ACD 均适用于表格式完税证明。

8.7 ⓢ斯尔解析   **C**   本题考查代理记账的操作规范。

选项 C 当选，原始凭证是进行会计核算的原始资料，税务师代理记账但不代客户制作原始凭证，仅指导其正确填制或依法取得有效的原始凭证。

8.8 ⓢ斯尔解析   **A**   本题考查社会保险费的代理事项。

选项 A 当选，工伤保险费由用人单位缴纳，职工不需要缴纳工伤保险费。

选项 BCD 均不当选，由用人单位和职工共同缴纳。

8.9 ⓢ斯尔解析   **D**   本题考查社会保险缴费基数。

选项 D 当选，根据个人基本养老保险扣缴的现行政策，个人缴费基数的上下限是以当地统计部门公布的上年职工平均工资后作为依据计算的，即下限为当地上年度在岗职工平均工资的 60%，上限为 300%。

二、多项选择题

8.10 ⓢ斯尔解析   **ABD**   本题考查发票领用的规定。

选项 A 当选，对于纳税信用 B 级的纳税人可以一次领取不超过 2 个月的发票用量。

选项 B 当选，对于纳税信用 A 级的纳税人，按需供应发票，可以一次领取不超过 3 个月的发票用量。

选项 D 当选，纳税信用级别为 D 级的，增值税专用发票领用按辅导期一般纳税人政策办理，增值税普通发票领用实行交（验）旧供新、严格限量供应。

选项 C 不当选，纳税信用 C 级的纳税人无"提前领用"规定。

选项 E 不当选，小规模纳税人属于领用发票的纳税人范围，可以申请领用发票。

8.11 ⓢ斯尔解析   **ACDE**   本题考查涉税信息报告事项代理服务中的制度信息报告代理服务。

在办理涉税事项时，需要在规定的期限内办理向税务机关报告、备案的项目有：开立或变更的全部银行账户（选项 AE 当选）、财务会计制度（选项 D 当选）或者财务会计处理办法和会计核算软件（选项 C 当选）和代理银税三方（委托）划缴协议业务。

8.12 ⓢ斯尔解析   **ACD**   本题考查涉税证明代理业务报告的多级审核签发制度。

涉税证明代理业务报告实行多级审核签发制，即代理项目负责人（选项 A 当选）、部门经理（选项 C 当选）、经理（所长）（选项 D 当选）签字后，加盖公章后方可送出。

8.13 ⓢ斯尔解析   **ABCE**   本题考查资格信息报告代理业务。

在境内提供公路货物运输和内河货物运输且具备相关运输资格并已纳入税收管理的小规模纳税人，将营运资质和营运机动车、船舶信息向主管税务机关进行备案后，可在税务登记地（选项 A 当选）、货物起运地（选项 B 当选）、货物到达地（选项 C 当选）或运输业务承揽地

（含互联网物流平台所在地）（选项 E 当选）中任何一地，就近向税务机关申请代开增值税专用发票。

8.14 ⑤斯尔解析 **BC** 本题考查代理服务关于保密情形的规定。

税务师事务所及其涉税服务人员应当对代理服务过程中形成的业务记录和业务成果以及知悉的委托人商业秘密和个人隐私予以保密，未经委托人同意，不得向第三人泄露相关信息。但下列情形除外：

（1）税务机关因行政执法检查需要进行查阅的。（选项 C 当选）

（2）涉税专业服务监管部门和行业自律组织因检查执业质量需要进行查阅的。（选项 B 当选）

（3）法律、法规规定可以查阅的其他情形。

8.15 ⑤斯尔解析 **BCD** 本题考查个体工商户设置简易账的要求。

选项 A 不当选，注册资金在 20 万元以上的，应当设置复式账。

选项 E 不当选，从事货物批发或零售的增值税纳税人月销售额在 80 000 元以上的，应当设置复式账。

第九章 其他涉税专业服务

答案与解析

一、单项选择题

9.1 ▸ A	9.2 ▸ B	9.3 ▸ A	9.4 ▸ D	9.5 ▸ B
9.6 ▸ C	9.7 ▸ B	9.8 ▸ C	9.9 ▸ C	9.10 ▸ B
9.11 ▸ A	9.12 ▸ A	9.13 ▸ A		

二、多项选择题

9.14 ▸ AD	9.15 ▸ ACD	9.16 ▸ ACE	9.17 ▸ ADE	9.18 ▸ BCD
9.19 ▸ ABDE	9.20 ▸ CE	9.21 ▸ ABC		

一、单项选择题

9.1 🅢斯尔解析 **A** 本题考查行政复议的受案范围和复议前置原则。

选项 A 当选，因税款征纳问题发生的争议，当事人在向人民法院提起行政诉讼前，必须先经过税务行政复议程序，即"复议前置"。

9.2 🅢斯尔解析 **B** 本题考查税务行政复议申请人的规定。

选项 B 当选，有权申请行政复议的公民为限制行为能力人的，其法定代理人可以作为申请人申请行政复议。

选项 A 不当选，作为申请人的公民下落不明，应中止行政复议；有权申请行政复议的公民"死亡"的，其近亲属可以申请行政复议。

选项 C 不当选，股份制企业的股东大会、股东代表大会、董事会只有在认为税务具体行政行为侵犯企业合法权益的时候，可以以企业的名义申请行政复议。

选项 D 不当选，有权申请行政复议的法人发生终止的，承受其权利义务的法人或者其他组织可以申请行政复议。

9.3 斯尔解析　**A**　本题考查税务行政复议参加人的相关规定。

选项 A 当选，同一行政复议案件申请人超过 5 人的，应当推选 1 ~ 5 名代表参加行政复议。

9.4 斯尔解析　**D**　本题考查行政复议中的被申请人。

选项 D 当选，申请人对具体行政行为不服申请行政复议的，税务行政复议的被申请人，是指作出该具体行政行为的税务机关。

9.5 斯尔解析　**B**　本题考查行政复议机关。

选项 B 当选，对税务机关委托的单位和个人的代征行为不服的，委托税务机关（甲地税务机关）为被申请人，向其上一级税务局申请行政复议，故复议机关为甲地税务机关的上一级税务机关。

9.6 斯尔解析　**C**　本题考查行政复议申请期限的起始时点的规定。

选项 C 当选，载明具体行政行为的法律文书，是自受送达人签收之日起，作为行政复议申请期限的起始时点。

9.7 斯尔解析　**B**　本题考查行政复议机关。

选项 B 当选，对被撤销的税务机关在撤销以前所作出的具体行政行为不服的，应向继续行使其职权的税务机关的上一级税务机关申请行政复议。

9.8 斯尔解析　**C**　本题考查行政复议的证据。

选项 C 当选，行政复议中，被申请人对其作出的具体行政行为负有举证责任。

9.9 斯尔解析　**C**　本题考查行政复议期限。

选项 C 当选，行政复议机关应当自受理申请之日起 60 日内作出行政复议决定。情况复杂，不能在规定期限内作出行政复议决定的，经批准可适当延期，并告知申请人和被申请人，但延长期限最多不超过 30 日。

9.10 斯尔解析　**B**　本题考查复议决定的类型。

下列情形之一的，行政复议机关可以变更决定：

（1）事实清楚，证据确凿，依据正确，程序合法，但内容不适当。（选项 B 当选）

（2）事实清楚，证据确凿，程序合法，但未正确适用依据。

（3）事实不清、证据不足，经复议机关查清事实和证据。

9.11 斯尔解析　**A**　本题考查行政复议的审查和受理。

选项 A 当选，行政复议机关收到行政复议申请后，应当在 5 日内进行审查，决定是否受理。对于行政复议机关决定不予受理的，申请人可以自收到不予受理决定书之日起 15 日内，依法向人民法院提起行政诉讼。

9.12 斯尔解析　**A**　本题考查行政复议的审理程序。

选项 A 当选，申请人和第三人可以查阅被申请人提出的书面答复、作出具体行政行为的证据、依据和其他有关材料，除了涉及国家秘密、商业秘密或者个人隐私的以外，行政复议机关不得拒绝。

选项 B 不当选，在行政复议过程中，被申请人不得自行向申请人和其他有关组织或者个人收集证据。

选项 C 不当选，违反法定程序收集的证据材料不得作为定案证据。

选项 D 不当选，行政复议机关在审查证据时，不仅要审查证据的真实性，还要审查证据的合法性和关联性。

9.13 〔斯尔解析〕 **A** 本题考查税务行政诉讼的特点。

选项 BCD 不当选，均属于税务行政复议的特点。

二、多项选择题

9.14 〔斯尔解析〕 **AD** 本题考查税务行政复议的受案范围和复议前置原则。

选项 AD 当选，选项 A 属于税务行政处罚行为，选项 D 属于税务机关不确认纳税资格的行为，均属于可以申请复议，也可以直接提起行政诉讼的情形。

选项 BCE 不当选，均属于征税行为，必须先申请税务行政复议，对复议决定不服的，可以提起税务行政诉讼。

9.15 〔斯尔解析〕 **ACD** 本题考查税务行政复议的复议机关和管辖权。

选项 B 不当选，对税务机关委托的单位和个人的代征行为不服的，委托税务机关为被申请人。

选项 E 不当选，税务行政复议的代理人，是指接受当事人委托，以被代理人的名义，在法律规定或当事人授予的权限范围内，为代理复议行为而参加复议的"个人"。

9.16 〔斯尔解析〕 **ACE** 本题考查纳税前置原则。

选项 B 不当选，申请人需在缴清税款和滞纳金或提供担保得到确认之日起 60 日内提出行政复议申请，而非 90 日。

选项 D 不当选，纳税信用评定不属于征税行为，无须遵循纳税前置原则。因此无须提供担保，可以直接申请行政复议。

9.17 〔斯尔解析〕 **ADE** 本题考查行政复议申请期限的起始时点的规定。

选项 B 不当选，载明具体行政行为的法律文书以邮寄方式送达的，起始时点为受送达人在邮件签收单上签收之日；没有邮件签收单的，自受送达人在送达回执上签名之日起计算。

选项 C 不当选，税务机关作出具体行政行为时未告知申请人，事后补充告知的，起始时点为自该申请人收到税务机关补充告知的通知之日。

9.18 〔斯尔解析〕 **BCD** 本题考查复议不停止执行原则。

行政复议期间，具体行政行为不停止执行。但是有下列情形之一的，可以停止执行：

（1）被申请人认为需要停止执行的。（选项 B 当选）

（2）行政复议机关认为需要停止执行的。（选项 C 当选）

（3）申请人、第三人申请停止执行，行政复议机关认为其要求合理，决定停止执行的。（选项 D 当选）

（4）法律、法规、规章规定停止执行的。

9.19 斯尔解析　　**ABDE**　本题考查行政复议的决定。

在税务行政复议中，具体行政行为有下列情形之一的，应决定撤销、变更或者确认该具体行政行为违法：

（1）主要事实不清、证据不足的。（选项 A 当选）

（2）适用的依据不合法。（选项 B 当选）

（3）违反法定程序的。（选项 D 当选）

（4）超越职权或者滥用职权的。（选项 E 当选）

选项 C 不当选，被申请人不履行法定职责的，行政复议机关决定被申请人在一定期限内履行。

9.20 斯尔解析　　**CE**　本题考查税务行政诉讼的管辖权。

经复议的案件，行政复议机关改变原具体行政行为的，由原告选择税务行政诉讼的管辖地（二者择其一）：

（1）最初作出具体行政行为的税务机关所在地的人民法院。（选项 C 当选）

（2）复议机关所在地人民法院。（选项 E 当选）

9.21 斯尔解析　　**ABC**　本题考查税务行政诉讼的判决的相关规定。

选项 D 不当选，人民法院作出撤销判决的同时判决税务机关重新作出具体行政行为的，税务机关应当重新作出具体行政行为。

选项 E 不当选，对于税务行政处罚明显不当的，人民法院可以判决变更。

三、简答题

9.22 斯尔解析　　本题考查税务行政复议申请书的事项。

申请人书面申请行政复议的，应当在行政复议申请书中载明下列事项：

（1）申请人的基本情况，包括公民的姓名、性别、出生年月、身份证件号码、工作单位、住所、邮政编码、联系电话；法人或者其他组织的名称、住所、邮政编码、联系电话和法定代表人或者主要负责人的姓名、职务。

（2）被申请人的名称。

（3）行政复议请求、申请行政复议的主要事实和理由。

（4）申请人的签名或者盖章。

（5）申请行政复议的日期。

9.23 斯尔解析　　本题考查行政诉讼起诉期限的相关规定。

（1）对行政复议决定不服的，应在收到复议决定书之日起 15 日内提起诉讼。

（2）对复议机关逾期不作复议决定的，应在复议期满之日起 15 日内提起诉讼。

（3）直接向人民法院提起诉讼的，应在知道或应当知道作出行政行为之日起 6 个月内提出诉讼。

9.24 斯尔解析　　本题考查税务行政复议的程序。

（1）多缴税款可以退还。

政策规定：纳税人超过应纳税额缴纳的税款，纳税人自结算缴纳税款之日起 3 年内发现的，可以向税务机关要求退还多缴的税款并加算银行同期存款利息，税务机关及时查实后应当立即退还。2020 年 5 月 25 日为结算税款之日，至 2023 年 3 月，时限尚未超过 3 年。因此，可以申请退还多缴税款。

（2）不能直接提起行政诉讼。

理由：税务机关不予退还多缴的税款属于征税行为。申请人对税务机关作出的征税行为不服的，应当先向行政复议机关申请行政复议；对行政复议决定不服的，可以向人民法院提起行政诉讼。

（3）申请人可以在知道或应当知道该行政行为之日起 60 日内提出行政复议申请。故自 3 月 16 日起 60 日内提出申请。

（4）对各级税务机关的具体行政行为不服的，向其上一级税务机关申请行政复议。故应向该公司主管税务机关的上级税务机关申请行政复议。

（5）复议机关应自受理申请之日起 60 日内作出复议决定。情况复杂需要延长的，最多不超过 30 日。

9.25 Ⓢ**斯尔解析**　本题考查固定资产一次性扣除以及税务行政复议的申请。

（1）存在不当之处。

理由：单位价值不超过 500 万元的固定资产一次性税前扣除政策会导致税会差异。甲企业在 2019 年根据固定资产一次性扣除政策进行了纳税调减，在未来年度针对会计上计提的固定资产折旧应该进行相应的纳税调增。

（2）B 市税务局作出的不予受理的决定恰当。

理由：因为甲企业是对于"征税行为"不服而申请税务行政复议的，应当依照税务机关确定的税额、期限，先行缴纳或者解缴税款和滞纳金，或者提供相应的担保。甲企业未缴清所欠税款和滞纳金，不得申请税务行政复议。

（3）甲企业应在缴清税款和滞纳金之日，或提供的担保得到税务机关确认之日起 60 日内提出行政复议申请。

一、单项选择题

| 9.26 ▶ C | 9.27 ▶ D | 9.28 ▶ B | 9.29 ▶ C | 9.30 ▶ A |

二、多项选择题

| 9.31 ▶ BCDE | 9.32 ▶ ABCD | 9.33 ▶ BCDE | 9.34 ▶ ABC | 9.35 ▶ CE |

| 9.36 ▶ ABCE | 9.37 ▶ BCE | 9.38 ▶ ACDE |

一、单项选择题

9.26 斯尔解析　**C**　本题考查税务行政复议申请的原则。

选项 C 当选，纳税人申请行政许可，税务机关不予受理的，纳税人可以申请税务行政复议或直接提起税务行政诉讼。

选项 ABD 不当选，均属于应当先申请税务行政复议的情形，对复议决定不服的，可以提请税务行政诉讼。

9.27 斯尔解析　**D**　本题综合考查税务行政复议相关规定。

选项 D 当选，行政复议期间，申请人以外的公民、法人或者其他组织与被审查的税务行政行为有利害关系的，可以向行政复议机关申请作为第三人参加行政复议。

选项 A 不当选，有下列情形之一的，申请人应当提供证据：

（1）认为被申请人不履行法定职责的，提供曾经要求被申请人履行法定职责的证据，但是被申请人应当依职权主动履行法定职责或者申请人因正当理由不能提供的除外。

（2）提出行政赔偿请求的，提供受行政行为侵害而造成损害的证据，但是因被申请人原因导致申请人无法举证的，由被申请人承担举证责任。

（3）法律、法规规定需要申请人提供证据的其他情形。

选项 B 不当选，行政复议机构准予撤回行政复议申请、行政复议机关决定终止行政复议的，申请人不得再以同一事实和理由提出行政复议申请，但是，申请人能够证明撤回行政复议申请违背其真实意愿的除外。

选项 C 不当选，行政复议机关不得作出对申请人更为不利的变更决定，但是第三人提出相反请求的除外。

9.28　🔍斯尔解析　　**B**　本题考查税务行政复议听证程序。

选项B当选，行政复议机构应当于举行听证的5日前将听证时间、地点和拟听证事项书面通知当事人。

提示：申请人无正当理由拒不参加听证的，视为放弃听证权利。被申请人的负责人应当参加听证，不能参加的，应当说明理由并委托相应工作人员参加听证。

9.29　🔍斯尔解析　　**C**　本题考查税务行政复议调解相关规定。

选项C当选，当事人经调解达成协议的，行政复议机关应当制作行政复议调解书，经各方当事人签字或者签章，并加盖行政复议机关印章，即具有法律效力。

9.30　🔍斯尔解析　　**A**　本题考查税务行政复议简易程序相关规定。

选项A当选，为正确表述。

二、多项选择题

9.31　🔍斯尔解析　　**BCDE**　本题考查可以在申请税务行政复议时附带审查的规范性文件。

申请人认为税务机关的行政行为所依据的下列规范性文件不合法，在对行政行为申请行政复议时，可以一并向行政复议机关提出对该规范性文件的附带审查申请：（1）国务院部门的规范性文件（选项B当选）；（2）县级以上地方各级人民政府及其工作部门的规范性文件（选项CD当选）；（3）乡、镇人民政府的规范性文件；（4）法律、法规、规章授权的组织的规范性文件（选项E当选）。上述规范性文件不含规章，规章的审查依照法律、行政法规办理（选项A不当选）。

9.32　🔍斯尔解析　　**ABCD**　本题考查复议前置的情形。

有下列情形之一的，申请人应当先向行政复议机关申请行政复议，对行政复议决定不服的，可以再依法向人民法院提起行政诉讼。

（1）对税务机关作出的征税行为不服。（选项A当选）

（2）对税务机关当场作出的行政处罚决定不服。（选项D当选）

（3）认为税务机关存在未履行法定职责情形。（选项C当选）

（4）申请政府信息公开，税务机关不予公开。（选项B当选）

（5）法律、行政法规规定应当先向行政复议机关申请行政复议的其他情形。

申请人对其他行政行为不服，可以申请行政复议，也可以直接向人民法院提起行政诉讼。（选项E不当选）

9.33　🔍斯尔解析　　**BCDE**　本题考查具体行政行为应当停止执行的情形。

行政复议期间，具体行政行为不停止执行。但是有下列情形之一的，可以停止执行：

（1）被申请人认为需要停止执行的。（选项B当选）

（2）行政复议机关认为需要停止执行的。（选项C当选）

（3）申请人、第三人申请停止执行，行政复议机关认为其要求合理，决定停止执行的。（选项D当选、选项A不当选）

（4）法律、法规、规章规定停止执行的。（选项E当选）

9.34 斯尔解析 ABC 本题考查行政复议中止与终止的辨析。

行政复议期间，有下列情形之一的，行政复议中止：

（1）作为申请人的公民死亡，其近亲属尚未确定是否参加行政复议。（选项 C 当选）

（2）作为申请人的公民丧失参加行政复议的能力，尚未确定法定代理人参加行政复议。

（3）作为申请人的公民下落不明。（选项 A 当选）

（4）作为申请人的法人或者其他组织终止，尚未确定权利义务承受人。

（5）申请人、被申请人因不可抗力或者其他正当理由，不能参加行政复议。（选项 B 当选）

（6）依照《行政复议法》规定进行调解、和解，申请人和被申请人同意中止。

（7）行政复议案件涉及的法律适用问题需要有权机关作出解释或者确认。

（8）行政复议案件审理需要以其他案件的审理结果为依据，而其他案件尚未审结。

（9）申请人依照规定提出对有关规范性文件的附带审查申请，或者行政复议机关在对被申请人作出的行政行为进行审查时认为其依据不合法。

（10）需要中止行政复议的其他情形。

选项 DE 不当选，属于行政复议终止的情形。

9.35 斯尔解析 CE 本题考查行政复议终止的情形。

行政复议期间，有下列情形之一的，行政复议终止：

（1）申请人撤回行政复议申请，行政复议机构准予撤回。

（2）作为申请人的公民死亡，没有近亲属或者其近亲属放弃行政复议权利。

（3）作为申请人的法人或者其他组织终止，没有权利义务承受人或者其权利义务承受人放弃行政复议权利。（选项 C 当选）

（4）申请人对行政拘留或者限制人身自由的行政强制措施不服申请行政复议后，因同一违法行为涉嫌犯罪，被采取刑事强制措施的。

（5）发生下列行政复议中止情形满 60 日，行政复议中止的原因仍未消除的：

①作为申请人的公民死亡，其近亲属尚未确定是否参加行政复议。（选项 E 当选）

②作为申请人的公民丧失参加行政复议的能力，尚未确定法定代理人参加行政复议。

③作为申请人的法人或者其他组织终止，尚未确定权利义务承受人。

选项 A 不当选，属于行政行为停止执行的情形。

选项 BD 不当选，属于行政行为中止的情形。

9.36 斯尔解析 ABCE 本题考查税务行政复议决定。

选项 D 不当选，行政行为事实不清、证据不足，经行政复议机关查清事实和证据的，行政复议机关应决定变更该行政行为。

9.37 斯尔解析 BCE 本题考查税务行政诉讼的原则。

税务行政诉讼的基本原则包括：（1）审判权独立原则（选项 C 当选）；（2）以事实为根据，以法律为准绳原则；（3）合议、回避、公开审判和两审终审原则（选项 B 当选）；（4）当事人法律地位平等原则；（5）使用本民族语言文字进行诉讼原则；（6）辩论原则（选项 E 当选）；（7）人民检察院对行政诉讼实行法律监督的原则。

税务行政诉讼的特有原则包括：（1）依法审查原则（选项 A 不当选）；（2）有限变更原则；（3）被告举证原则（选项 D 不当选）；（4）诉讼不停止执行原则。

9.38 🔍斯尔解析　**ACDE**　本题考查税务行政复议简易程序。

行政复议机关审理下列行政复议案件，认为事实清楚、权利义务关系明确、争议不大的，可以适用简易程序：（1）被申请行政复议的行政行为是当场作出（选项 A 当选）；（2）被申请行政复议的行政行为是警告或者通报批评（选项 D 当选）；（3）案件涉及款额 3 000 元以下（选项 B 不当选）；（4）属于政府信息公开案件（选项 C 当选）。上述规定以外的行政复议案件，当事人各方同意适用简易程序的，可以适用简易程序（选项 E 当选）。